丝绸之路文化丛书

——历史篇

天山女神

康家石门子岩刻画文化探新

巫新华 著

·桂林·

图书在版编目（CIP）数据

天山女神 ：康家石门子岩刻画文化探新 / 巫新华著. --
桂林 ：广西师范大学出版社，2020.9
（丝绸之路文化丛书. 历史篇）
ISBN 978-7-5598-3199-6

Ⅰ. ①天… Ⅱ. ①巫… Ⅲ. ①岩画－研究－昌吉回族
自治州 Ⅳ. ①K879.424

中国版本图书馆 CIP 数据核字（2020）第 169704 号

广西师范大学出版社出版发行
（广西桂林市五里店路 9 号　邮政编码：541004
网址：http://www.bbtpress.com）
出版人：黄轩庄
全国新华书店经销
保定市中画美凯印刷有限公司印刷
（河北省保定市西三环 1566 号　邮政编码：071000）
开本：880 mm × 1 240 mm　1/32
印张：11.25　　字数：250 千
2020 年 9 月第 1 版　　2020 年 9 月第 1 次印刷
定价：75. 00 元

总序

丝绸之路曾经塑造了过去的世界，甚至塑造了当今的世界，也将塑造未来的世界。

2013年，习近平总书记提出共建“丝绸之路经济带”和“21世纪海上丝绸之路”的重大倡议，得到国际社会高度关注。在经济全球化背景下，复兴丝绸之路，属于“中国梦”的重要部分。从历史发展的眼光审视，丝绸之路彰显的是一种风雨兼程、同舟共济、心手相连的人类命运共同体意识。在21世纪的今天，我们有责任保存好丝绸之路这张识路地图，将它交给子孙后代，交给未来，交给与我们共生共荣、共建共享的世界。

昌吉回族自治州作为丝绸之路核心区的一个重要节点，具有深远的历史价值和现实意义。昌吉，地处天山北麓、准噶尔盆地东南缘，古称庭州。此区域为横亘南部天山的北坡，习惯称之为“天山北坡”。昌吉历史悠久，早在新石器时期就有原始人类活动。西汉神爵二年（公元前60年），汉朝设西域都护府后，历代中央王朝均在此设官置府。1954年，昌吉建州。

昌吉有骄人的辉煌和繁荣。历史上，随着丝绸之路开通，数千年来昌吉都是主要的通道区域，素有“丝路要冲，黄金通衢”之誉。区域内的神山博格达、汉代疏勒城、唐代北庭都护府、元代别失八里城、清代东西方商贸大道枢纽古城奇台，以及木垒四道沟出土的天山地区最早的谷子与小麦、呼图壁的康家石门子岩刻画、玛纳斯的天山碧玉等，俱为新疆历史的见证。新中国成立以来，昌吉这片古老而神奇的热土开辟了历史发展的新纪元。西部大开发战略的实施，给昌吉的全面振兴带来了宝贵的机遇，经济社会持续快速发展，现代化建设日新月异。

今天，昌吉州独特的天山北麓经济带地理区位、厚重的丝绸之路历史底蕴，在“一带一路”核心区新疆发展大潮中又一次重回潮头。

以史为鉴，可以知兴替。

丝绸之路文化丛书的出版，有助于我们更好地了解昌吉的过去，把握昌吉的今天，展望昌吉美好的未来。

丛书历史篇包含《天山的种子——木垒的历史与文化》《古城驼铃——湮没的丝路奇台商道》《神山博格达》《天山女神——康家石门子岩刻画文化探新》《天山瑰宝——玛纳斯碧玉的前世今生》五卷，通过山川风物的开掘呈现，涵盖丝绸之路精华焦点，重现“一带一路”途经的千年古迹、沧桑古道。

丛书内容精当，史料翔实，脉络清晰，图文并茂，融知识性、可读性于一体，为广大读者提供了一种独出心裁的视角，让我们有了一个了解昌吉历史文化的读本，有了一个展示昌吉历史文化的窗口。

历史文化是一个地方的根脉与灵魂。回顾并梳理昌吉的历史文化，可以从一个极为重要的角度了解中华文明及其对人类文明的伟大贡献，延续优秀文化之脉，增强我们创建现代文明的自信心与自豪感。

回顾历史的进程，我们深深地感到，每一代人都承担着自己的历史使命。在建设中国特色社会主义的道路上，在实现中华民族伟大复兴的进程中，奋发图强，加快发展，为昌吉的全面振兴奠定坚实的基础，是我们义不容辞的责任。知史明志，我们应当多一点责任感和紧迫感，以求无愧于历史。

我们坚信，昌吉在共建“丝绸之路经济带”的进程中必将再创辉煌，昌吉的明天将会更加美好。

前言

新疆康家石门子岩刻画位于新疆呼图壁县西南部山区的侏罗纪砂砾岩崖壁上，所在地是中国最长的侏罗纪山脉，形成于7000万年前的喜马拉雅造山运动，被称为“天山地理风光走廊”，而此处的侏罗纪山脉，是新疆侏罗纪地质地貌的标志地，有“百里丹霞丽景”之美誉。康家石门子岩刻画代表着古代天山部族的社会文化行为，它的发现为我们打开了一扇了解该区域史前艺术造型、宗教信仰和史前文化的大门。

经专家学者多年来的考察研究认定，康家石门子岩刻画是亚欧草原，尤其是天山草原地带最为重要的古代崖刻艺术精品，就其艺术水准、社会功用、思想内容而言，既是丝绸之路亚欧草原地带史前顶级艺术品，其所在地也是天山地区早期游牧部族人群最大的祭祀圣坛。岩刻画的发现与研究迄今已近40年，成果蔚为大观，主要研究者为王炳华先生（专著与论文），其他学者的研究是在王炳华先生的学术成果的基础上进一步的专项内容学术研究，有补益增新。学术界关于核心文化内涵的主流观点均为原始思维“生殖崇拜”，关于岩刻画的年代虽然有不同意见，大体也认可王炳华先生判定的距今3000年左右的观点。

康家石门子岩刻画主要集中在60平方米左右的范围内，男女舞蹈的情景人物总数有300多人。其规模之恢宏，造型之优美，人像之硕大，技艺之娴熟，都堪称举世无双的精品。前辈学者研究认定岩刻画的基本主题，是追求氏族、部落群体能有强大的生殖繁衍能力。我们研究的新进展在于，在判定康家石门子岩刻画第一阶段人物图像以倒三角纹构图的上区七位人像为主，而且人像均为女相的前提下，认定其所蕴含的女神崇拜文化已经是天山史前社会高度发展和较为完善的系统原始宗教思想。同时，我们研究发现，岩刻画早期画面并无夸张突出的男性生殖器刻画，男性生殖器刻画是一种较为特殊的反常现象。也就是说人像画面刻有男性生殖器图案的均位于岩刻画下部区域，而且画面的打破关系说明这些男性生殖器图案基本上是后来加刻的，应该是后一阶段进入天山呼图壁的不同文化部族对原有主题明确的女神崇拜、天崇拜文化的修改或者说反动。

此外，康家石门子岩刻画所在的丹霞山体具有几个特殊甚至可以说是奇异的视觉与听觉以及其他身体感受特点：一是自然景象气象万千，如同人间仙境；二是丹霞山体如同仙山、天柱、天梯、神树通天入地；三是岩刻山下气候温和，阳光普照，生命之气充沛；四是岩刻山的岩层节理层层遍生野葱，直观犹如“葱岭”；五是万物之声回旋入耳，丝丝入扣犹如天籁；六是整个天山山脉东西长达2500多公里，南北宽约300公里，河谷盆地无数，唯独岩刻山无论山形、气候、四个方向视觉景观等均为上佳之选。

岩刻画位于山体高达200多米处，山势陡峻，峭壁如削，丹霞砂岩根部岩面。岩刻画画面主要集中于山根岩体向外倾斜裸露岩面中央位置的底部岩面上，东西宽约12.5米，最低处岩刻画面距地面高约2米，最高处岩刻画面距地面高约8米，系古代天山史前部族的社会文化行为而非个人涂鸦。

以上这些特异之处，极有可能在我们的史前先人刻制这些巨幅岩刻画艺术品之初，就是选址重点关注的内容，也有岩刻画重要社会文化意蕴所包含的自然环境因素，这些恰好也是本书关注的重要方面。

2017年8月2日至5日，在呼图壁县委县政府的支持下，来自中国社科院考古研究所、中国社科院世界宗教研究所、中国社科院边疆研究所、首都师范大学儒教文化研究中心、国家博物馆考古部、中央民族大学考古学系、四川省成都文物考古研究院、四川省凉山彝族自治州考古所与博物馆、伊犁师范大学历史学院以及美国加州大学伯克利分校、马来西亚道教学院等海内外专家学者对新疆呼图壁县康家石门子岩刻画进行了深入的实地考察，并进行多场学术讨论。大家达成几点共识：

第一，新疆呼图壁岩刻画是青铜器时代极为宝贵的人类物质文化遗产，是“古丝绸之路”天山道典型性的史前宗教文化圣地，是古代欧亚大陆多元文明双向交流的关键性节点，具有非常重要的历史考古价值，其背后的神秘图像符号在召唤我们更多地关注新疆地区丰富的多元文化和历史地位。

第二，新疆呼图壁岩刻画是中国青铜时代规模最大的“巫君

（王）合一”崇拜遗迹，保存着相当完整的亚欧大陆太阳（天）崇拜、双马神崇拜、女神崇拜等文化元素，与中国西南横断山区的青铜树形器具有相当吻合的文化同源关系，是天山道与西南藏彝走廊古代多元文明交流和族群互动的重要桥梁。

第三，新疆呼图壁岩刻画所展现的集体性、规模性的巫舞形态，是《山海经》等中国古文献及各地考古发现的西王母人物造型的重要文化原型，对中国古代特别是西南地区的西王母信仰观念的变迁具有深远的影响。学术界对新疆呼图壁岩刻画与西王母起源的关系，应开展更为深入的跨学科合作研究。

第四，居于昆仑山的西王母形象是考古器物摇钱树上的关键母题，它是西汉以来的中华文明吸纳、融合欧亚文明的文化成果之一，同时也是新石器时代晚期以来欧亚草原和边地半月形文化传播地带的青铜文明主动融入华夏文明进程的缩影。以新疆呼图壁岩刻画为代表的西北、西南等地区的古廊道为我们了解博大精深的中华文明文化多元一体格局打开了一扇门。

第五，新疆呼图壁岩刻画的多元文化密码尚未完全向世人开启，诸如生殖崇拜母题只是不同时代的岩刻画主题的部分文化元素，不能代表呼图壁岩刻画所潜藏的其他更为关键的中西文明交流的意义。社会各界人士应该对如何传承这份人类古文化遗产达成广泛的共识，特别是要做好考古工作规划和文化保护规划，从而丰富国家“一带一路”倡议的新的历史与文化内涵。

我们的研究发现，康家石门子岩刻画女神崇拜文化与四川省凉山彝族自治州盐源县发现的青铜树形器中人像以及文化内容高度关联，并与中国早期西王母文化的起源直接关联。此外，岩刻画还与中国古代普遍存在的女神崇拜、太阳崇拜、天梯神树崇拜、天柱山岳崇拜、天崇拜等文化一脉相承，是一种古代中国文化共同体现象。本书在尝试讨论上述文化内涵之同时，力图阐明古代天山地区实质存在的中国核心文化底蕴，以期为新疆的文化旅游事业提供可资利用的优良资源，并同时服务于新疆社会长治久安的发展需要。

目录

第一章　天山早期文化瑰宝：康家石门子岩刻画

第一节　“呼图壁”名称来源探新

康家石门子岩刻画是亚欧草原尤其是天山地带最为重要和世界知名的古代崖刻艺术精品，既是丝绸之路亚欧草原地带史前历史阶段的顶级艺术品，也是天山地区3000年前早期游牧部族人群最大的祭祀圣坛，还可以说是天山早期文化的集大成者。[1]无论艺术水准还是历史文化内涵，都具有早期天山独此一处的唯一性。

“康家石门子岩刻画”，在许多国内外文献中还以“康家石门子岩画”“呼图壁岩画”进行指称。为了更为切合地表达这一文化遗迹的性质与内容，本书继续选用主要研究者王炳华先生所用

1　王炳华:《原始思维化石——呼图壁生殖崇拜岩刻》，商务印书馆，2014，第162页。

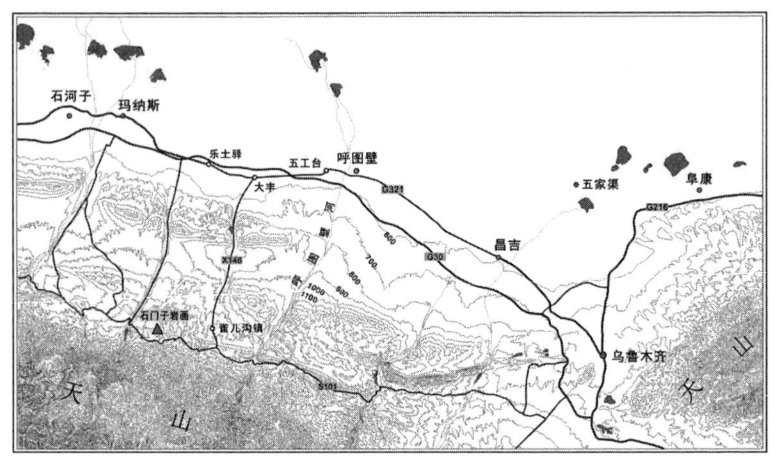

图1　康家石门子岩刻画位置示意图（覃大海绘）

“康家石门子岩刻画”[1]这一更为具体达意的称谓。

一、康家石门子之名

走访了解，“康家石门子”的名称源于清末民初之时。据说清朝末年，战祸连年，呼图壁百姓流离失所，四出避祸。有一康姓农民流落到这里，见深山荒野，禽兽出没、人迹罕至，却又气候晴和，宜于垦殖和居住，还有较为便捷的道路可以通往山外，于是携家带小避祸入山，落下脚来。这家康姓农民因行二，故被人称作“康老二”。久而久之，他们居住生活的小山沟就被称为

1　王炳华:《原始思维化石——呼图壁生殖崇拜岩刻》，商务印书馆，2014，第1页。

“康老二沟”(也作康拉尔沟，与康老二谐音)。而康老二沟的丹霞地貌山形十分像两扇石门，进而得名为“康家石门子”，并沿用至今。

可以看出，康家石门子一名的出现，很晚近，得名也不过是因为山沟沟口石崖陡峭耸立，形似石门。这样一处享誉海内外的岩刻画与康家石门子名称，单从上文关于康老二沟的记述中看不出任何其他较为久远的历史文化渊源。那么这处3000年前天山地带顶级岩刻画，数千年来是否一直为世人所知？它的存在又反映在哪里呢？这恐怕只能从呼图壁地名的历史渊源中寻找。

二、文献记载的呼图壁名称

“呼图壁”一词，通常被认为源于准噶尔蒙语，寓意为吉祥如意的地方。至于是否还有其他历史名称，是否与康家石门子岩刻画有关联则没有深究。在世界范围内有着如此影响力与文化地位的康家石门子岩刻画，我们的先民在漫长历史长河中不可能从来没有注意到。

那么这样一处伟大的史前文化遗址，到底有什么样的历史记忆呢？这恐怕要从呼图壁县的名称“呼图壁”说起，因为岩刻画所在地域最早的地名只有呼图壁。下面我们由近及远地大略梳理文献就“呼图壁”的基本记述及其含义与来源，并做一些讨论。

呼图壁县位于东天山北麓中段、准噶尔盆地南缘，大致可以分为山地、丘陵、冲积扇、冲洪积平原四个地貌单元。呼图壁县政府网站介绍："呼图壁"一词源于蒙古语，寓意为吉祥如意的地方，县城东距乌鲁木齐市68公里，312国道、201省道、乌奎高速公路、北疆铁路横贯全境，是"乌昌核心经济圈"的重要组成部分和通往北疆各地及霍尔果斯、阿拉山口等边贸口岸的重要交通枢纽。全县南北长258公里，东西最大宽度52公里，总面积9721平方公里，总人口22万，其中县属人口14万，生活着汉族、哈萨克族、回族、维吾尔族等25个民族。县辖六镇一乡，有新疆兵团农六师芳草湖农场等24家驻县单位。境内呼图壁河、雀尔沟河两大水系年均径流量达4.87亿立方米，历年平均降水量167毫米，无霜期177天，年有效积温稳定在3500摄氏度以上。有宜农荒地130万亩，已耕种面积116万亩，盛产棉花、番茄、西甜瓜、葡萄、苗木花卉等多种特色农产品。石油、天然气、煤炭、蛇纹岩、石灰石、有色金属等矿产资源富集，已探明煤储量100亿吨，天然气储量347亿立方米，石灰岩储量8550万吨，蛇纹岩储量3亿吨。历史文化旅游资源丰富，是3000年前塞种人（塞人）文化的重要发源地和"新疆曲子"的传承地，拥有"天下第一岩刻画"之称的康家石门子大型生殖崇拜岩刻画、南部山区侏罗纪山系等旅游景点，具有较高的人文研究和旅游开发价值。[1]

《呼图壁县志》记述：呼图壁，是因自然地理实体"胡图克

1 呼图壁县人民政府：《呼图壁概况》，见 http://www. htb. gov. cn/zjhtb/htbgk/51562.htm。

拜河”而得名。呼图壁是准噶尔蒙古语，其正确译音是“胡图克拜”，在准噶尔蒙古语中原意为“吉祥”。后来一般人读急了便读成了“呼图壁”。按照准噶尔语意译，近似“有鬼”。所以历史上亦称呼图壁是“有鬼”的地方。《元地志》中的“古塔巴”和《西域土地人物略》中的“苦他巴”，都是“胡图克拜”一词急读或汉语“切音”的汉文记音。[1]

《西域地名词典》解释：呼图壁，清代地名。旧称“呼图克拜”，因境内有呼图壁河而得名。汉为东且弥、西且弥和乌贪訾离地，后属车师。唐属庭州，元为别失八里辖地。明为卫拉特蒙古牧地。清乾隆二十八年（1763）为呼图壁巡检，翌年筑景化城；三十八年（1773）置昌吉县后为其一部分。光绪二十九年（1903）改呼图壁巡检为县丞，置呼图壁分县，仍隶昌吉。民国七年（1918）正式置县，隶迪化行政区。民国三十六年（1947）改为景化县。1954年恢复旧名，仍称呼图壁县。今属新疆昌吉回族自治州。[2]

《西域地名》关于Khutukbai:《元史·西北地附录》古塔巴，《西域图志》呼图克拜，今新疆呼图壁县治。海屯《行记》Xut'ap'ay，亦指此地。[3]

---

1 呼图壁县志编纂委员会编，周万兴等主编《呼图壁县志》，新疆人民出版社，1992，第53页。

2 冯志文等编著《西域地名词典》，新疆人民出版社，2002，第154页。

3 冯承钧原编《西域地名》，陆峻岭增订，中华书局，1980，第52页。

谢彬《新疆游记》:

四月二十六日　晴

上午八时，发昌吉。西北行，徐知事、杨游击，分途送于郊。八里，过三屯河，即洛克伦河东支之入白家海子者，现无水。迤北有庙。四里，小西河。十里，洛克伦河正流，皆无水。洛克伦河有二源，一出孟克图岭，一出格珊图山。东北流，经昌吉城西，折西北流，会于呼图壁河。八里，芦草沟，有废堡，东西门墙，今尚岿然。其东门外，夹道有二民居。十五里，榆树沟。民居、面店共十一家，行人多尖于此。市东有旧垒，清驻把总，今无人。十二里，过横水桥，入呼图壁县佐境。三里，三十里墩，居民数家。二十里，头工。十里，呼图壁南关。住。是日行九十里。沿途树木入眼不绝，不似哈密迤东西弥望戈壁景象。城周约二里，筑于清乾隆（1736—1795）时。城垣塌颓，衙署卑小。县佐于采芹，发辫尚垂垂也。城内荒凉，商务皆在南关，大小商店七十余家。辖境民居，回乱以前二千余户，今仅千六百余户。南山有俄籍哈萨克数幕，偷牧其间，驱之不去，屡起交涉。闻持有前昌吉知事匡时私照，咄咄怪事。匡前年以言国事为杨督军枪毙，其罪状未识加入此款否。城西呼图壁河上流金厂沟，昔时采金之夫，恒数十人。近以产金甚微，成色亦低，无人过问。

呼图壁，元古塔巴地。清乾隆时，筑景化城，清末设县丞，民国因之，改县佐。其辖境东西一百五里，南北七百余里，领庄二十五。其民汉、缠、回、哈四种杂居，汉、缠最多，哈萨最少，回民则皆河湟产也。其俗鄙吝，然好稼圃，孳畜产，故多小麦、稻粱、蔬果，繁畜牛羊，俨然西路一县治也（按：现已升为县）。

四月二十七日　晴

上午七时，发呼图壁。西北行，道左有坟园，杂树丛蔚，幽整可观。八里，渡呼图壁河。源出松山之阴，北流经呼图壁城西，折西北流，会罗克伦河，又西北注于阿雅尔淖尔。河幅颇广，滩石撼车。十二里，五工台，农民十余户。十里，乱山子，居民四五家。过此行旷野中。三十里，大土古里，即图古里克。商店民居共十余家，市东有渠，流声淙淙，市西有关帝庙。五里，干河子。五里，入绥来境，其地曰深沟。二十里，乐土驿。商店民居共三十家，上下行旅不赶程者，可宿于此。二十五里，塔西河堡。有废堡，昔驻千总，今无居人。其北二十里有楼庄子，居民五十户。远望之，只见树木一线而已。渡塔西河，源出南山，东北流，塔西河堡西，又北逾孔道，止不流。又东出一支，北流，日澄槽渠，并入于沙。刻干无水，仅余石滩。二十里，包家店，商店民居约二十家。二十四里，靖远楼。楼南有学校，现任绥来知事何耀燊改建张班二侯祠，并自以长生牌位陪祀，自奉可谓不薄矣。一里，东关。住。是日行一百六十里。沿途地味膏腴，渠道纵横，树林尚多，村堡则稀；麦地铺青，草花在野，饶有春意，不似迪化近郊，尤是三冬气候也。抵此时间尚早，当偕何知事抽查印花，多未贴者。询之商民，则谓官厅向未督催。绥来有三城：南日绥宁，协署县治在焉；北曰康吉；中日靖远关边城。城周皆三里余，均清乾隆时筑，至光绪十年（1884），始通为一城。当同光之间，逆回妥得璘、索焕章窃据斯土，嗣经金顺、刘锦棠克复，伤亡至数万人，收复全疆大决战也。商务在中城与东关一带，商店三四百家，天津人为多。本地惟史培元称最。史有资百余万，擅富名于天山北路，家蓄牛马骆驼以千计。民国二年（1913）科阿战事，新疆援阿军队，后方输送甚赖之。城东二百余里，有地曰马桥子。清同治初(元年为1862年)，居民避兵于此，筑堡跨洛克伦河。贼至则扼险以守，贼退则耕田而自食。其地肥美，每种一石可获七八十石。及贼平，避难者皆归故里，田随荒芜。此在省闻之常笃生道尹者，渠幼曾避其间，故言之凿凿如是。城北有通阿尔泰官道，详后。城南有路通焉耆北山。每岁春秋，焉耆土尔扈特蒙民，运马来绥出售者，皆取斯途。马行七八日即达。[1]

《新疆乡土志稿》山：

本境东西北三面无山，惟正南八十余里有山产煤。渐进三十余里有小山俗呼扫虎达坂。又二十余里有土山名土圈子。又二百余里一峰耸出，春冬积雪，即大雪山也，人迹罕到，鸟兽不至。过此复行二百余里，又一大山虎踞，名天格达坂，云雪空横，惟通鸟道，蒙古猎户亦有梯蹑之者。逾此则属喀喇沙尔蒙古境矣。此山西接呼图壁之石梯子山，东达迪化之南山，即天山之一脉云。[2]

《新疆图志》呼图壁分县：

城东十里头工，二十里三十里墩，居民四五家。三里横水桥，接昌吉西境官道。距昌吉城五十七里。

1　谢彬：《新疆游记》，杨镰、张颐青整理，新疆人民出版社，2010，第147—149页。

2　马大正、黄国政、苏凤兰整理《新疆乡土志稿》，新疆人民出版社，2010，第49页。

城西二十里五工台，居民十余家。十里乱山子，居民五六家。三十里大土古里，即图古里克，乾隆二十年，参赞策楞奏贼党阿巴噶斯于图古里克拒守是也。东有戈壁，约二十余里。五里干河子，五里出境，接绥来东境官道。距绥来属乐土驿二十里。

以上呼图壁大道。

城南五里和庄大渠，二十里二工，十五里宁州户，五里头渠，六十里石窑子，戈壁。自此入山，十里草达坂，五里青土达坂，五里骚呼达坂，十里杨家旱地，五里刘家旱地，二十里栒子沟，三里石梯子，过大石山。五里白杨河，折西南五里杨家旱台子，十里石梯子庄，过达坂。十里二工牛房子，过达坂。十里曼牛坡，过达坂。西行三十里塔拉盘山，五里回回梁，有支路，十里至煤窑沟。五里呼图壁河，旧名胡图克拜河，水涨时人马不能渡。折西北三十里鹊儿沟。

城北五里大桥，下三工渠。十里下三工，三十里土墩子，四十里东河坝，西行过呼图壁河，二十五里渭户，六十里桑家渠。又城北八里和庄大渠，五里马厂湖，八里上广东户，十五里五户庙。沿河行。十里胡桐窝，即下广东户。十五里中芨芨梁，十里中渠，折东行五里渭户，过大渠桥三。折北行十里沙门子，折西行五里六户半，芳草湖大庄地。折北行十里镇番户，十里长沙窝，五里丹坂，折西南二十里小东沟，折西行三十里大东沟，有支路，西南行五里老生地，折南行十里破口，十五里西沟，十五里蘑菇湖，逾戈壁九十里至乱山子，与西境驿路会。折西北三十里下芨芨梁，有支路，五十里至马桥。达绥来境。

以上呼图壁支路。[1]

---

1 《新疆图志》卷七十九《道路一》，[清] 王树枏等纂修，朱玉麒等整理，上海古籍出版社，2015，第 1516—1517 页。

《西域图志》呼图克拜：

呼图克拜（旧对音呼图壁），在芦草沟西二十里，东距昌吉县治九十里。乾隆二十九年，建景化城，门四，东曰熙景，西曰宝成，南曰阜薰，北曰溥信。呼图克拜郭勒出天山北麓，北流经其东。

以上属昌吉县。[1]

《西域水道记》呼图克拜河：

准语呼图克拜者，吉祥也。今彼中之谚，易曰呼图壁，译为有鬼。地理之義，名从主人，而民入山林，不逢不若，吉祥之称，固为允矣。乾隆二十九年，于其地筑城曰景化。昌吉县城西一百一十里。城周三里五分，高丈六尺，门四，东熙景、西宝成、南阜薰、北溥信。三十八年，移宁边巡检驻之。[2]

《西域同文志》卷五：

胡图克拜郭勒，准（噶尔蒙古）语。胡图克拜，吉祥之谓。犹云吉祥河也。[3]

1 钟兴麒等校注《西域图志校注》卷十，新疆人民出版社，2002，第192—193页。

2 ［清］徐松：《西域水道记》外二种卷三，朱玉麒整理，中华书局，2005，第186页。

3 ［清］傅恒等奉敕撰《西域同文志》卷五，乾隆二十八年武英殿刻本。

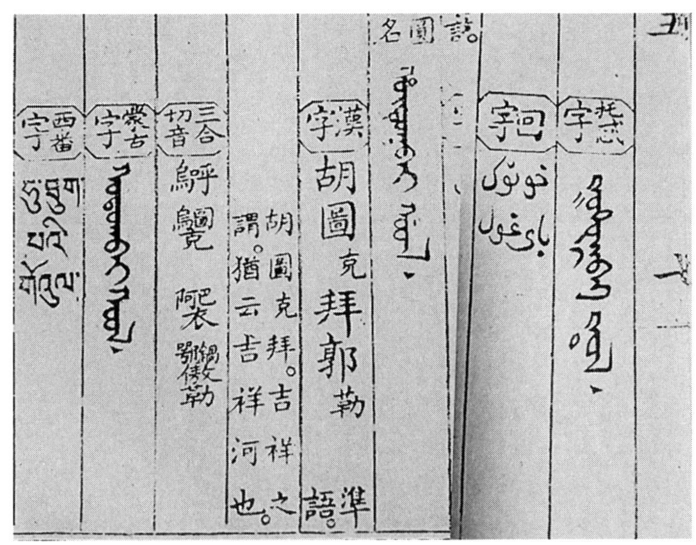

图2 《西域同文志》不同文字记载书页

《海屯行纪·鄂多立克东游录·沙哈鲁遣使中国记》：

> 他们从该地到达阿儿里黑（Arlex）、曲鲁格（K'ullug）、英格黑（Engax）、彰八里（Janbalex）、古塔巴（Xut'ap'ay）、仰吉八里（Angibalex）。[1]

根据上述记载可以清楚看出，过往历史中，呼图壁县域一直是多部族多人群繁衍生息之地，曾经在此地频繁活动的主要人群大致有塞人、月氏、乌孙、匈奴、车师、汉（秦人、汉人）、突厥、回鹘、契丹、蒙古、满、缠、回（南疆移民）等。两汉时为乌贪

1 ［亚美尼亚］乞剌可思·刚扎克赛等：《海屯行纪·鄂多立克东游录·沙哈鲁遣使中国记》，何高济译，中华书局，1981，第16页。

訾离国[1]、车师后国属地，唐代地属庭州、北庭都护府，宋代地属高昌回鹘，元代地属别失八里，明代地属瓦剌，明末清初呼图壁地方为蒙古准噶尔部游牧地。呼图壁一名译音应与蒙古语“胡图克拜”、词义则应该与“吉祥”“有鬼”等关联。

三、历史上呼图壁城镇与居民

清朝平定准噶尔蒙古叛乱之后，乾隆二十年（1755）设乌鲁木齐西路军台，称呼图克拜台，后设营塘，并随之进行有组织成规模的移民屯垦。乾隆二十二年（1757）设洛克伦巡检；二十八年（1763）改设呼图壁巡检；二十九年（1764），筑景化城，为乌鲁木齐巡检管理；三十八年（1773）置昌吉县，呼图壁属昌吉县。光绪二十九年（1903）改巡检为县丞，设呼图壁分县。民国二年（1913）撤销呼图壁分县，所辖区域悉归昌吉县管辖；民国三年（1914）仍设呼图壁分县，置县佐，名为昌吉县分驻呼图壁县佐；民国七年（1918）从昌吉县分置呼图壁县，属迪化道；民国三十六年（1947）年改名景化县，属迪化专区。1954年恢复原名，属乌鲁木齐专区；1958年至今属昌吉回族自治州。

根据谢彬的《新疆游记》可知，呼图壁城城周约二里，筑于清乾隆（1736—1795）时，其辖境东西一百零五里，南北七百余里，

1　笔者按：西域（古代新疆）历史上的所谓国，不过是西域地域范围内各个不同地理单元内生活的聚落人群，与国家概念无涉。

领庄二十五。其民汉、缠（维吾尔族）、回（回族）、哈（哈萨克族）四种杂居，汉、缠最多，哈萨克最少，回民则皆河湟产也。距离昌吉城大约九十里。沿途树木入眼不绝，自然环境优良。辖境民居，同治回乱（1862）以前两千余户，民国初年杨增新时期居民仅有一千六百余户。南部山区有俄国籍哈萨克族牧人毡帐数幕，偷偷游牧于其间，当地政府因其非法进入，多次驱赶，然而并未离去。原因是持有以前昌吉知事私下许可的个人文书，被视为咄咄怪事。城西呼图壁河上游金厂沟一带，清代常有采金之人，惯常有数十人。谢彬所见采金人数已经很少，金子的出产也少，成色很低，交易冷清无人过问。

较大规模的村落与城邑则主要是清代平定准噶尔叛乱之后的建设，常住居民似乎不多。近现代居民以汉、缠、回、哈四类人群为主杂居，汉民来得最早，其他依次更为晚近，尤以哈萨克族居民最晚。

从以上谢彬的《新疆游记》来看，村落城镇的出现似乎应该是清乾隆二十二年（1757）平定准噶尔蒙古叛乱之后先后在呼图壁地方设立呼图壁军台、呼图壁驿，并随之进行有组织成规模的移民屯垦，乾隆二十九年（1764）修筑景化城作为乌鲁木齐巡检的驻地。从明确的文献记载来看呼图壁正式村落与城镇的出现应该是清代中期，居民以汉人为主，距今不过256年。

呼图壁村落与城邑出现之前，呼图壁地带活动的人群应该就是游牧于天山北坡的古代部族人群。从康家石门子岩刻画的体量、规模、等级来看，呼图壁一地3000年前就是天山早期游牧部族高度重视的祭祀圣地，仅从常理揣度，岩刻画广为人知，具有很高的人气是必然的。

四、名称含义的探讨

上文所引文献关于呼图壁名称，大多是因自然地理实体“胡图克拜河”而得名。“呼图壁”作为一级行政区域的名称，从清乾隆二十八年（1763）设呼图壁巡检至2020年，已有257年的历史。呼图壁是准噶尔蒙古语，其正确译音是“胡图克拜”，原意为“吉祥”。

我们从《西域同文志》记载来看：

> 胡图克拜郭勒，准（噶尔蒙古）语。胡图克拜，吉祥之谓。犹云吉祥河也。

准语，即准噶尔蒙古语。《西域同文志》之准噶尔蒙古语的读音转写为：Hutugbai，与冯承钧先生《西域地名》所对音的“古塔巴”与《海屯行纪》之“Xut'ap'ay”近似，通常的读音转写应该是“Huta-bai”。

今蒙古语为“Hutuqbai”，由“Hutuq”与“bai”组成，“Hutuq”是名词，意为“幸福、吉祥”；“bai”是动词意为“有”。加上“Ghol”组合而言就是“有福之河”“福佑之河”或者“吉祥之河”。准噶尔蒙古语与现代蒙古语词“Hutuq”差别不大，一样是“福、福气、幸福”的意思。[1]

此外，Hutuqbai“吉祥”之意也应该来自阿尔泰语系满－通古斯语族与突厥语族词语“Hutuq”（福、吉祥），“bai”（有），历史上阿尔泰语系人群在天山地带的存在几乎是一定的。

其中，“Hutuq”一词的词根hut应与古代突厥语（古代回鹘语）的“qut”形成对应。例如，公元11世纪麻赫默德·喀什噶里《突厥语大词典》中就记录有“qut”一词，意为“幸福、福气”。[2]此外，公元11世纪优素甫·哈斯·哈吉甫的《福乐智慧》（*Qutadghu bilik*），其书名中的“Qutadghu”（幸福的），“bilik”（知识），Qutadghu（qut-adghu）一词的词根也同样是“qut”（幸福、福气）。

直到今天，“祝您节日快乐”哈萨克语仍然说：Merekeleringiz quttïbolsïn! 维吾尔语则为：Bayrimingizgha qutluq（qut-luq）bolsun！

清代文献记载准语“呼图克拜（胡图克拜）”名称，除了表达出蒙古部族从元代到清代准噶尔蒙古时期数百年的存在与影响，具体指向则与河名、地名对应。“胡图克拜”“呼图壁”是专指呼图壁一地的专用名称，具有唯一性。其所指无论是呼图壁河还是呼图壁地方，无非都有两种来源可能性：一是，历史上呼图壁一地少有人烟，因为所处地方正好是天山北麓古代交通干线，即西域丝绸之路必经的地方，且水草丰腴，故以河流标识其地；二是，当地3000年来一直存在，而且被历史上在呼图壁游牧的人群以及

1　达·巴特尔主编，内蒙古自治区社会科学院蒙古语言文字研究所编《汉蒙词典》，民族出版社，2005，第402页。

2　麻赫默德·喀什噶里：《突厥语大词典》第一卷，民族出版社，2002，第341页。

过往的商旅所敬畏的康家石门子岩刻画图像的影响，因为康家石门子岩刻画多种多样的内容和巨幅人像，不单是3000年前岩刻画创作者所属社会群体的精神偶像，也应该在此后漫长的历史过程中一直被本地甚至被广大天山地区古代居民所关注和敬畏，因而巨幅岩刻画这样巨大而又真实的历史存在，不可能不产生历史影响。目前我们尚未得到直观的考古资料与文献资料证据，那么从地名中讨论康家石门子岩刻画的历史影响也就十分必要。

笔者在广泛借鉴学术界已有的研究成果之基础上，提出：康家石门子岩刻画所在的山体被史前时期人们视作具有宗教意义的神圣宇宙中心，人们在这里以岩刻画人像的形式向女神虔诚祈祷，祈求她的恩赐与福佑。同时天山康家石门子岩刻画规模宏大，人像造型优美，是亚欧草原青铜时代整体画面规模与单独人像都最大且具有唯一性的史前宗教圣地。据此判断康家石门子岩刻画所在山体与崖刻可能是青铜时代天山草原地带游牧人群社会集团最高祭坛。[1]这样的观点如果成立，呼图壁也许无论是河名还是地名，不仅仅具有吉祥富贵的含义，还应该具有“神佑”“神圣之地”“天佑”或者“有鬼神之地”这样的含义才合乎情理。其中缘由就是康家石门子岩刻画巨幅人物图像，3000年来享誉天山的实际存在。

而关于呼图壁名称的记载多数都是清代文献，清代的统治者是满族人，清代疆域地名的命名中满语的影响作用不容忽视。下

1 笔者按：这一观点是本书的核心要点，具体论述见后文。

面探讨一下关于“呼图壁”（Hutubi、Hutubai）这样读音的地名词语，在满语、锡伯语中是否有类似于“吉祥、福佑”或者可能存在更深一层的其他含义。[1]

根据发音，呼图壁在满语与锡伯语中对应的词语为“Hutubi”。“Hutu”为满语名词，意为“鬼、魔鬼、魑魅”，“bi”为助词、动词，意为“在、存在、有”，与“没有、不存在”对应。组合起来为“有鬼神之地”；而“吉祥、福气、幸福”在满语中则为“Huuturi”，是名词，意为“福、福气、福分”，组合起来读作“Huuturi bi”，意为“有福之地、幸福之地、吉祥之地”[2]，但是与地名呼图壁（Hutubi）读音有所差距。

从上述呼图克拜（胡图克拜）等发音来看，都与呼图壁一词的读音有一定的差距，反而是满语与锡伯语的“Hutubi”(有鬼神之地)最为接近呼图壁的读音。“鬼神”二字无论词义还是逻辑方面似乎与康家石门子3000年前岩刻画上的巨幅人物图像关联性较强。

至此，与呼图壁名称的关系从上述语言学的词义讨论中，似乎可以与“鬼神”有所关联。所以历史上亦称呼图壁是“有鬼”的地方可以说得通。这样的记述其实是有历史根据的，纪晓岚在《阅微草堂笔记》卷八记载了呼图壁地名的来历，并讲述了一个

1 呼图壁名称的满语、锡伯语读音与含义方面，笔者多次与中国锡伯族历史文化研究中心研究员、新疆作家协会会员、锡伯历史文化独立撰稿人安德海先生进行过讨论和资料交换，在此诚致谢意。

2 胡增益主编《新满汉大词典》，新疆人民出版社，1994，第88、426、435页。另参见安双成主编《汉满大辞典》，辽宁民族出版社，2007；刘厚生等编《汉满词典》，民族出版社，2005。

与之相关的一个鬼神故事：

乌鲁木齐巡检所驻的地方叫呼图壁，“呼图”词义是“鬼”，“呼图壁”的含义就是“有鬼的地方”。曾经有一个商人晚上在呼图壁一带赶路，黑暗中见树下有人影，怀疑是鬼，就大声询问他是谁。那人说：“我天黑后到达这个地方，害怕有鬼不敢继续行路，就在此等待人，好结伴同行。”于是两人结伴同行，边聊边走，渐渐觉得言谈融洽，那人就问有什么急事要冒着寒风夜行。

商人说：“我以前欠一朋友四千钱，听说他们夫妇都病了，日常饮食以及医药都难以为继，因此要连夜送还所欠的钱。”那人听了商人的话后，立即站到一棵树背后说：“本来要祸害你，以求得小小的祭祀。现在听了你的话，觉得你是一个忠厚长者，我不敢冒犯你，愿意在前边给你带路可以吗？”

商人不得已，姑且跟在他身后继续走路，凡是遇到险阻处，那人都提前告知。

过了一会儿，一轮弯月慢慢升起，已经能稍微看清道路等物，商人仔细观察发现同行的是一个没有脑袋的人，顿时吓出一身冷汗，倒退了几步，这时鬼也无影无踪了。[1]

---

1 ［清］纪昀：《阅微草堂笔记》卷八《如是我闻》（二）六十则，天津古籍出版社，1994，第157页。原文：乌鲁木齐巡检所驻，曰呼图壁。呼图译言鬼，呼图壁译言有鬼也。尝有商人夜行，暗中见树下有人影，疑为鬼，呼问之。曰：“吾日暮抵此，畏鬼不敢前，待结伴耳。”因相趁共行，渐相款洽。其人问：“有何急事，冒冻夜行？”商人曰：“吾夙负一友钱四千，闻其夫妇俱病，饮食药饵恐不给，故往送还。”是人却立树背，曰：“本欲祟公，求小祭祀。今闻公言，乃真长者。吾不敢犯公，愿为公前导可乎？”不得已，姑随之。凡道路险阻，皆预告。俄缺月微升，稍能辨物。谛视，乃一无首人，栗然却立。鬼亦奄然而灭。

纪晓岚可能是最早记载呼图壁地名与“鬼神”有关的人，他讲述的这个宣扬惩恶行善的传奇鬼故事虽然并不是他对呼图壁地名的考证，但是故事内容表现出“鬼”这一概念与呼图壁地方的密切关联确实是关键点。而呼图壁地方除了巨幅古代人像岩刻画，并无其他可能与鬼关联的实际存在。这样看来，无论从故事的直观内容还是逻辑关系上看都应该与呼图壁南山康家石门子地方3000年以来一直存在的大面积巨幅岩刻画人像不无关系。

结论而言，清代文献中“呼图克拜者，吉祥也”这样的记载，词语读音上与呼图壁一词的读音还是有较大的差距，而最为接近的读音是满语和锡伯语的“Hutubi”一词。元代蒙古语与清代准噶尔蒙古语均为“呼图克拜”，虽然“吉祥”“有福”隐含有“神佑”之意，却似乎并不近似“有鬼神之地方”“有神灵之地”的“呼图壁”，但是也已经存在着“鬼神保佑”进而“有福、吉祥”这样的历史文化背景含义。故此笔者倾向于认为“呼图壁”词义应该直接与“有鬼神之地”“神佑之地”关联，进而引申出有鬼神护佑故能幸福吉祥的说法。无论如何，其含义来源与康家石门子岩刻画上的巨幅人像直接关联，语源则与数千年来阿尔泰语系游牧人群在天山草原的持续活动关联。换言之，可以肯定地说呼图壁一名的来源与呼图壁历史上康家石门子存在3000年之久的岩刻画有密切联系。也就是说，呼图壁地名肯定与康家石门子岩刻画这处天山地带史前宗教文化圣地直接关联，在其漫长历史存在过程中也不是不为人知，而是无论哪一个历史阶段至少是此地居民肯定一直知道这处天山地带最大体量与最高规格的岩刻画，尤其是其中巨幅人像的存在。

唯一需要说明的是，这里天山地带早期敬神拜天的文化精神，至清代已经不为后来的人们所认识，仅就人们日常看到的巨幅岩刻人像而产生鬼神的联想。人们已经远离古代天山居民史前思想，也已经是对这处史前天山岩刻画的宗教文化神圣性与精深内涵毫无所知了。所以，本书的解读，出发点也在于此。

第二节　康家石门子岩刻画的发现与研究

一、最早的发现

根据中央民族大学民族学与社会学学院张嘉馨、吴楚克两位学者的调查[1]：康家石门子岩刻画早在新中国成立初期就被县征收牧业税的工作人员发现，但并未引起足够的重视，也未经专家鉴定，仅附近乡村的居民知道此处画作。1983年呼图壁县人民政府地名办主任李世昌（甘肃陇西人，18岁始到新疆）负责编纂《呼图壁县地名图志》和《呼图壁县行政区划》，在地名普查与走访中，根据当地维吾尔族牧民的描述发现了康家石门子岩刻画。据李世昌老人回忆，当地生活的维吾尔族牧民说那个崖壁（指康家石门子）上有鬼，会吃人。李世昌说自己是共产党员，唯物主义

1　张嘉馨、吴楚克：《康家石门子岩画调查与研究之一》，《艺术探索》2018年第4期。

者，不相信这个世界上有鬼，一定要去看一看。根据牧民对方位的描述，李世昌找到康家石门子岩刻画，现场拍照并绘制了素描图（李世昌具有建筑学专业背景）并上报至昌吉州博物馆，但并未引起博物馆相关人员的重视，只是将康家石门子岩刻画大概断定为南北朝时期。李世昌根据昌吉州博物馆的反馈，在参与编写的《呼图壁县地名图志》一书对康家石门子岩刻画的介绍为："在雀尔沟西部13公里处。克牧勒塔斯山断层壁立，在离地面5米处的岩石上雕刻舞蹈群像，画面横长4米余，上下宽约2米，人像大者有如真人，小者约20厘米，笔锋苍劲，画面古朴，初步考证产生于南北朝时期。"[1]这是目前所知关于康家石门子岩刻画最早的文字记载。

1987年，时任新疆考古所所长的王炳华先生考察呼图壁古城的过程中，听闻康家石门子岩刻画，经县文管所所长张峰柱引荐，李世昌向王炳华说明了情况，并带领王炳华前往康家石门子进行实地考察。经过王炳华的研究和相关文章的刊发，康家石门子岩刻画遂为外界所知晓。岩刻画作为早期人类对世界观和自我的表达，是人类思想、思维过程和对演进的理解在现实中的折射，是人类历史文化中重要的一部分，也是解读史前人类物质生活和精神生活的通道之一。康家石门子岩刻画的发现为我们打开了一扇了解该区域艺术造型、宗教信仰和史前文化的大门。

1　呼图壁县地名委员会编《呼图壁县地名图志》，内部资料，1985，第160页。

二、大事记

具有划时代意义的工作开始于1987年。王炳华先生前往考察康家石门子岩刻画，随后展开了对这一岩刻画的观察、记录、临摹、摄影、拓片、录像及分析研究工作，康家石门子岩刻画始入人们的视野并引起了学术界的关注。1988年，第二次全国文物普查时，定名为康家石门子岩刻画，列入不可移动文物名录。1990年公布为自治区级文物保护单位。2007年重新划定了保护范围，面积由原来的1万平方米扩大到20万平方米；同年实施岩刻画新排水沟的开凿、防水处理和画面表面染物清理、岩面的保护等抢救性保护工程。2012年，康家石门子岩刻画通过国家3A级景区评审，跻身国家3A级景区行列。2013年公布为全国重点文物保护单位。2014年，康家石门子岩画保护工程开展，为科学保护岩刻画提供数据支持，利用三维扫描及微观观察技术进行数据采集工作。2015年呼图壁县岩画保护与研究中心成立；在第二届中国国际岩画论坛、中国岩画学会年会上，康家石门子岩刻画被认证为全国首批岩画遗存地。

三、研究成果概述

康家石门子岩刻画引起国内外的关注与王炳华先生的重视和研究分不开。他于1988年在《新疆文物》发表《呼图壁县康家石门子生殖崇拜岩雕刻画》一文，最先就康家石门子岩刻画的族属和年代问题进行了阐述：“呼图壁境内，天山深处新发现的康家石门子岩刻，是一处非常重要的遗迹。很可能，他们是与公元前3世纪以前，在新疆北部地区活动的塞人有关的一支居民。是他们雕凿在岩壁上的一页珍贵历史”“我们没有把呼图壁康家石门子岩刻造像结论为公元前3世纪，而结论为公元前1000年的前半期，最主要的，是考虑到这组岩刻画，自它始凿到完成，曾经历一个相当长的时间过程”。[1]王炳华先生在谈及岩刻画断代缺少比较准确方法的同时，也提及岩刻画的创作不仅在古代狩猎民族，而且在近现代的游牧民族中也是比较普遍的现象。王炳华先生判断的主要依据是：“我在这里，明知岩雕刻画断代存在这类十分棘手的问题，却还是明确提出了这幅岩刻可能在公元前1000年前期的倾向性结论，主要就是因为在岩雕的思想内容上，明显可以见到原始社会后期父系崇拜的思想内涵。而这一相对年代又有助于我们做出绝对年代的推断。这个方法，从理论上讲，当然是可以站住脚的。但具体分析是否完满、充分，自然还可以充分进行讨论。”[2]其后，王炳华先生陆续出版了《新疆天山生殖崇拜岩画》《原始思维化石——呼图壁生殖崇拜岩刻》两部著作，主要观点并无大

1　王炳华：《呼图壁县康家石门子生殖崇拜岩雕刻画》，《新疆文物》1988年第2期。

2　王炳华：《呼图壁县康家石门子生殖崇拜岩雕刻画》，《新疆文物》1988年第2期。

的变化。[1]

归纳而言，康家石门子岩刻画的主题内容为生殖崇拜的原始思维，分析康家石门子岩刻画遗存，可以清楚地认识它是东部天山呼图壁大地的古代居民在渴求人丁兴旺时，实施求育的圣地。岩刻画完成的绝对年代，在公元前1000年的前半期，但不会早到距今3000年以前。年代论断的依据是：在公元前1000年的前半期，活动在新疆北部及天山地带的古代居民，据有关文献和考古资料，主体就是塞人；作为岩刻人物的主体形象——狭面、深目、高鼻，具有欧罗巴人种的特征，而且头戴高帽，与文献中记载的塞人形体及服饰也是一致的。不过王炳华先生在坚持一贯观点之同时，也有新的发现："在20世纪末刊布的《新疆天山生殖崇拜岩画》一书中，笔者曾介绍过观察中的印象，也根据公元前1000年这片地区曾经居住过'塞人'，岩刻人物多有狭面、深目、高鼻，头戴尖顶高帽的特征，而提出过画面中的人物，有可能是'塞人'；与此同时，也说到与上述狭面、深目、高鼻，头戴尖顶高帽的人物共存，岩画人物中有面型宽圆、颧骨较高、形象粗犷、帽饰两支尖角的男性形象，具有蒙古人种特征。当年的这些介绍，今天看，仍然是清晰有据、可以信从的。只是根据这些引申，推论公元前1000年这片地区居民的种族、民族问题……新疆地处印欧人种族群为主的欧洲东部与蒙古人种族群为主的亚洲东

1　新疆维吾尔自治区文物考古研究所主编，王炳华编著《新疆天山生殖崇拜岩画》，文物出版社，1990，第42页；王炳华：《原始思维化石——呼图壁生殖崇拜岩刻》，商务印书馆，2014，第135—137页。

部之间，古代人种东来西走，相当方便，并不存在有了国家的认同，有了出于政治、经济利益要求下的边境管理制度。因此，在古代新疆，居民群体中存在不同种族、有远较其他地区复杂的诸多民族共存共处，是十分自然、合理的。大量考古、历史文献记录，对这一点已提供过相当清楚的证明。不同种族、众多民族混居、杂处在一个舞台上，彼此交流、融合、发展，既会有矛盾，也会有帮助。不论主观愿望如何，这都是情理之中的事情。历史进展过程，从本质上看，应该也会如是展开的。呼图壁这片记录了去今3000年前这片土地上曾存在过不同种族、不同民族血亲交融情形的岩画，可以说正从本质上清楚表现着、记录着当年新疆地区人民生活的实际。从这一点看，它的社会历史价值，确实珍贵、不可轻估。它的历史教示，也可发人深省。这一点是全世界任何一个多民族杂居地区都曾实际展开过的社会历史画面。共处在一个舞台上的不同族体，彼此平等、互相吸收、交融，从总的社会历史进程分析，也是值得记取、吸收、弘扬的历史真理。”[1]

之后，学术界对王炳华先生关于康家石门子岩刻画内容、性质、年代的观点与论述基本认同。苏北海先生在《龟兹石窟壁画裸体艺术溯源》一文中认同王炳华先生的断代观点，并作了进一步的说明：呼图壁县康家石门子的巨幅生殖崇拜岩刻画，属父系氏族社会时代凿刻，因为岩刻画上所反映的以男子为中心的生殖

1　王炳华：《原始思维化石——呼图壁生殖崇拜岩刻》，商务印书馆，2014，第140—141页。

崇拜，还未进入奴隶社会。根据中亚进入奴隶社会的大体时间是在公元前5—前3世纪，则康家石门子的巨幅裸体岩刻画应该产生于公元前1000年—前500年之间，即距今约2500—3000年时间。[1]宋耀良先生在《呼图壁岩画对马图符研究》中认为，在整幅岩刻画中对马的图像最为抽象，首尾相接形成一个封闭性的有意味的形式，且在画面的最高位置，可能是族徽。母对马在右，公对马在左，对照右大左小的人像顺序，母对马要显贵于公对马，由此推断出当时的氏族处于母系为主的时代，并与阴山托林沟对马岩画作了比较，认为这两处相隔万里的岩画具有同一文化内涵，之间可能存在着传播关系。[2]户晓辉先生认同宋耀良先生的观点并对虎岩刻画进行了探讨，认为虎是“母”，是女性的象征，而“虎鞭”可能是后来添加上去的，并且把虎作为对马的伴生图像，认为虎与画面中的女性形象是等值的，其功能也应该是相似的。他在关于对马的解释中认为对马图像与马祖崇拜思想相关，和十车国王马祠得子的故事结构可能同是原始生命信仰的艺术反映。[3]

林梅村先生从考察岩刻画中的对马图像入手，对比分析了内蒙古、宁夏、河北、新疆等省区的双马神像岩画和古墓出土双马神像艺术品，认为“康家石门子岩刻画上的对马显然是吐火罗神祇——双马神”，推断“天山和阴山古代岩画上的双马神则要追

1 苏北海：《龟兹石窟壁画裸体艺术溯源》，《新疆艺术》1989年第6期。
2 宋耀良：《呼图壁岩画对马图符研究》，《文艺理论研究》1990年第5期。
3 户晓辉：《跨文化视野下的呼图壁生殖岩画》，《西域研究》1994年第1期。

溯到晚商时期——公元前1400年—前1100年间”，其应出自吐火罗系统的月氏人之手。[1]后又修订为公元前1800年左右。[2]

刘学堂先生从考察岩刻画人物的帽饰入手，注意到其帽饰与塞克人的高尖帽不同，认为这种帽饰“是小河文化主人服饰文化的突出特征之一”，进而根据小河文化的年代断定岩刻画的时代要早于公元前2000年前后的青铜时代初期，其不是塞克人遗存，而是原始欧罗巴人群集团，即吐火罗人进入新疆后，刻于天山深处的大型祭祀岩刻画。[3]后又修订为“公元前3000年末或前2000年初”。[4]

李树辉先生认为康家石门子岩刻画的创作者是来自河西走廊的大月氏人：“月氏人徙居河西走廊及东部天山地区的时间不早于公元前201年，其主部即大月氏逃迁至伊犁河流域的时间为公元前176年。也即是说，月氏人栖居河西走廊及东部天山地区的时间在公元前201年至公元前176年的20多年间……纵观与月氏文化（如牛角形圆顶帽、双马神像、虎图）相关的岩画和考古资料，大致分布在内蒙古、宁夏、陕西、山西、河北、河西走廊、东部天山地区、塔里木盆地东缘、伊犁河流域、索格底亚那及巴克特里亚（大夏）等广大区域，而这一区域恰好与月氏人的分布区域

1　林梅村：《吐火罗神祇考》，载《古道西风——考古新发现所见中西文化交流》，生活·读书·新知三联书店，2000，第31—32页。

2　林梅村：《吐火罗人的起源与迁徙》，《西域研究》2003年第3期。

3　刘学堂：《呼图壁岩画的时代、作者及其它》，《新疆文物》2006年第3、4期。

4　刘学堂：《丰产巫术：原始宗教的一个核心——新疆考古新发现的史前丰产巫术遗存》(上)，《新疆师范大学学报（哲学社会科学版）》2007年第2期。

和迁徙路线相吻合，即内蒙古、宁夏、陕西、山西及河北等北方地区→河西走廊→东部天山地区、塔里木盆地东缘→伊犁河流域→索格底亚那、巴克特里亚（大夏）。……这一广大区域的相关岩画均出自崇拜牛图腾的月氏人之手：贺兰山有关岩画创作于公元前201年之前；黑山有关岩画和呼图壁岩画创作于公元前201年至公元前176年之间或更晚……”[1]

上述学者关于康家石门子岩刻画创作者的论断无论是吐火罗还是大月氏都没有超出塞人的范围，年代也是在王炳华先生观点范围内的进一步讨论。可喜的新进展出现于西北大学刘成教授的文保团队。2014年，刘成团队在进行文保工作时对康家石门子岩刻画进行了三维数字扫描，实现了数字化记录，并在扫描数据的基础上，根据刻痕分析了康家石门子岩刻画中图像的叠加关系，以此得出了部分图像在年代上的先后顺序，为康家石门子岩刻画的进一步研究奠定了基础。

刘成团队采用自己研发的数字拓片技术，对岩刻画画面模糊不清的部位，进行虚拟光线下不同视觉带来的图像效果制作，展示出了不同效果的数字拓片，结合实地勘察与电子拓片相互对比，项目研究发现了一些令人振奋的画面信息。

刘成团队通过观察打磨工艺与刻画手法的不同，提炼的岩刻画全面线图，清晰地看到了岩刻画早期题材主体人物并非生殖崇

1 李树辉：《康家石门子岩画的创作者和创作年代》，《西北民族大学学报（哲学社会科学版）》2013年第4期。

拜，而是一组由一男八女（含双头人像在内）组成的纯粹的舞蹈场面，那一个横躺着的突出生殖器的男性是在后续时代添加的，也就是说生殖崇拜内容是康家石门子岩刻画第二个时代形成的，具体年代还需要进一步研究。从电子拓片里，发现最早期的是一组人物的舞蹈造型，其中最大的人物雕像有别于其他人物，可以看到他的帽子装饰是单翎、他的脸部棱角粗犷、他的肩宽与腰身的比例更显力量、他的胳膊上的肌肉更加发达，这是一个标准的男性造型。加上与他们一同呈现的是同性对马相向打斗或者比武的情景，于是可以认定岩刻画最早期的雕刻是一组纯粹舞蹈的画面。

最后，在岩刻画的三维数据支持下，发现了岩刻画大量添加人物打破原有岩刻画的现象，打破与被打破人物特征都有所不同，这些都可以借助测绘数据说明。此外，还存在明显属于改造岩刻画画面性质的行为。[1]

归纳而言，刘成团队通过观察打磨工艺与刻画手法，以及精细绘制岩刻画全面线图，判断岩刻画早期题材主体人物并非直观地表现人物图像男性生殖器的生殖崇拜，而是人像崇拜，岩刻画整体可以分为第一、第二两期。在岩刻画的三维数据支持下，刘成团队还发现了岩刻画大量添加人物打破原有岩刻画的现象，进一步判断岩刻画人物出现了为女性岩刻画配备男性人物，有的甚至是原本的女性造型通过添加男性生殖器修改成男性的现象；明

1　刘成、陈金宝、高莉：《浅谈岩画保护理论与实践——以新疆呼图壁康家石门子岩画保护为例》，《中国岩画》2016年第1期。

确提出突出男性生殖器图像生殖崇拜内容是康家石门子岩刻画第二个时代形成的。

2015年，罗伯特·贝纳里克、保罗·塔森、马克西姆、汤惠生等岩刻画学者考察了康家石门子及阿勒泰岩刻画，贝纳里克认为康家石门子岩刻画的年代距今2000—3000年，其年代上限不早于距今4000年，年代下限不晚于距今1500年。

最新的研究是张嘉馨、吴楚克两位先生，他们认为：在康家石门子岩刻画中还出现了两对对马、身刻折线纹的老虎等动物形象，风格相似的马、老虎图像在贺兰山、阴山岩画中皆有出现。纵览康家石门子岩刻画主体图像的刻痕、风格和叠压关系，他们认为它应该不是在一个时期完成的，而是有一个制作的持续期并不断添加。对马的图像年代较早，人形次之，其中人形在制作年代上还可细分。根据对康家石门子岩刻画周边遗存的考古分析，他们认为康家石门子岩刻画主体图像是距今3000年左右大型氏族公社宗教仪式的产物，是在游牧与农业兼具的文化形态下产生的，表现了氏族权利和生殖崇拜的思想，也是原始萨满教[1]的遗存。其表现风格上与中亚岩画具有一定的文化关联性，由于新疆地区石器时代的文化及其与中亚之间的关系尚不清晰，康家石门子岩刻画与中亚岩画之间的具体关系和传播路径尚不可推判。

---

1 “萨满”缘起于中国北方胡人，不能算是一种宗教，它没有完善的社会组织，也没有体系化的理论，萨满的性质是原始迷信，把萨满说成宗教混淆了宗教与迷信，不够科学。见李志超《易道主义：中国古典哲学精华》，科学出版社，2017，第21页。

关于康家石门子岩刻画的研究，张嘉馨、吴楚克认为：先贤学者在年代的判定上基本观点为距今3000年左右，在族属问题上多归于塞人（Scythians，希腊文献译为“斯基泰人”，波斯文献译为“萨迦人”），在图像的内涵阐释方面集中在生殖崇拜、舞蹈起源、族群祭祀等。当然，我们还应注意到岩画的研究与20世纪的原始主义思潮和原始主义运动不无关系。随着殖民主义的扩张，原始艺术在欧洲等西方国家受到学者的重视。同时，19世纪末，西班牙阿尔塔米拉岩刻画的发现使岩画研究逐渐进入到学界的视野之中，并被考古学、人类学、艺术史方面的专家所关注。这一时期受到泰勒《原始文化》和弗雷泽《金枝》的影响，对原始艺术的研究多关注艺术起源问题，“为艺术而艺术”“巫术说”“宗教说”“舞蹈说”“游戏说”“模仿说”等观点相继提出，史前岩刻画往往成为学者论点的例证。同时，这一时期的岩画研究受到交感巫术（sympathetic magic）理论的启示，考古学家雷纳克（Reinach）、步日耶（Abbe Breuil）认为欧洲旧石器时代的洞穴岩画是狩猎或生殖巫术的体现。20世纪60年代，结构主义人类学发展，高尔汉借用结构主义方法对岩画进行阐释，之后阿纳蒂借用结构语言学对岩画进行讨论。到20世纪末，随着科技考古和碳14、釉系测年的发展，岩画研究中更多科技的力量介入，为岩画阐释提供了直接断代的年代学基础。康家石门子岩刻画的研究并未脱离大的学术舆论背景，20世纪80年代康家石门子岩刻画的发现和研究之初，正是国内文化意识反思和繁盛之时，其生殖崇拜说不仅仅是基于图像的分析，也受到了西方关于原始艺术思潮的影响。[1]

四、新观点的提出

2017年，笔者应呼图壁县的邀请，对康家石门子岩刻画进行考古调查与研究提出：包含康家石门子岩刻画相关文化思想内容的青铜时代天山草原文化曾于春秋战国时期传播到西南地区的四川和云贵一带，并直接影响了四川凉山彝族自治州盐源青铜树形器的出现。而盐源青铜树形器则是中国西南地区汉魏时期风行一时的西王母主题青铜摇钱树文化的来源。康家石门子岩刻画早期人物形象可能是中国西王母早期形象的母体，呼图壁康家石门子岩刻画有可能直观上是西王母文化的起源。[2]

五、关键学术研究成果摘要

康家石门子岩刻画的发现与研究均始自和集大成于王炳华先生的学术成果，主要以《新疆天山生殖崇拜岩画》与《原始思维化石——呼图壁生殖崇拜岩刻》两本书为代表。其他学者的研究

1　张嘉馨、吴楚克：《康家石门子岩画调查与研究之一》，《艺术探索》2018年第4期。

2　巫新华：《试析天山康家石门子岩画的早期西王母文化意涵》，《新疆艺术》2017年第5期；巫新华：《天山康家石门子岩画与古代中外交流》，《原道》2018年第2期。

是在王炳华先生的学术成果基础上进一步的专项内容学术研究，确实有补益增新，不过也无外乎其右，刘成先生团队在王炳华先生已经有所注意但是没有进一步重视和开展研究的方面做出了实质性进步的研究，对本书观点的形成助益良多，故摘录以上两位学者主要观点以飨读者和作为基础研究资料铺垫。

（一）首创研究者王炳华先生基础成果摘录[1]

1. 获得破解谜题的灵感

只有被深刻认识、深刻理解的现象，才显得简单、明白；而在它们没有被认识、理解时，置身在错综复杂的现象面前，却只会感到纷乱、条理不清、无章可循。就如置身在五里雾中，不知其所以然。

我在认识康家石门子岩刻思想内核的过程中，对这一道理深有体会。

装着从康家石门子带回来的许许多多具体问题，对照拍摄回来的多张现场照片、制作的幻灯片，我在一段时间内曾反复品味、推敲，仔细辨析。厚积在刻石上的尘土使图像灰暗、线条不清，看不明白。一天，我又把幻灯片打在了办公室的白粉墙上，突然从一个特殊角度，捕捉到一个典型的人物。我顿时受到强烈的启示，进而参透了整个画面的玄机。

在画面中部，是一个十分显目、非常高大的双头同体人，这

1　王炳华：《原始思维化石——呼图壁生殖崇拜岩刻》，商务印书馆，2014。

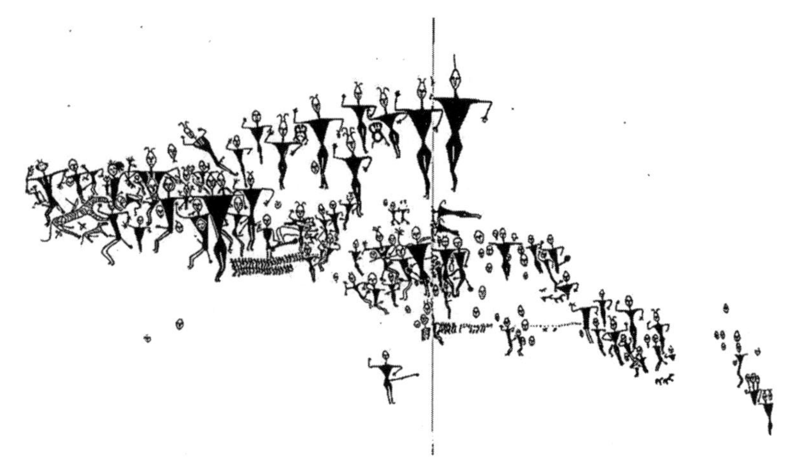

图3　康家石门子岩刻画全图（采自王炳华《新疆天山生殖崇拜岩画》，因折页图片未能完全拼接）

一双头同体人的右下方，可以约略看到一个面目比较粗犷的人物，额骨明显，他面对一个面目姣好、体形优美、亭亭玉立的女性。他们是一男一女，这一形似比较清楚。让人纳闷的是男子手中把持一根“棍子”，直向对面的女性，什么寓意？令人不解。我仔细捉摸、辨析这组图像，认真追寻、分析画面人物的每一根线条、每一个细节特征，试图找寻解开画幅内涵的钥匙。突然，在漫漶不清的画面上，在男性手持“长棍”的柄端隐隐约约似乎可以看到两个下垂的卵圆形。在泥沙、水渍掩盖下，这一蛋圆形图案虽不是十分的显目，却可以依稀判定。哦！老天，这不是表现着一个粗犷的手持经过无限艺术夸张、粗大得不成比例的男性生殖器形象吗！那蛋圆形，显示的是睾丸。这一图像，无可怀疑地挑明了它的特征、揭示了这一不凡男子的形体动作的特点：它表现着对修伟男性生殖器的崇拜、歌颂，表现伟岸男子对女性的求欢、求合。一结解开，全图皆活。男子对面、作舞蹈状的女性，面带喜悦。男、女形象下还有隐约可见成列欢跳的小人……这不正是像连环画一样表示着男女欢爱、子孙繁衍，氏族、部落昌盛的图景吗！它不正是显示着古远先民的生殖崇拜观念吗！

2. 初步参悟岩刻主题

迷案初揭，循着这个思路，再去分析、辨识每一个人物、每一根线条、每一组形象，真是让人无法抑制地激动：在东西长约14米、上下高达9米的刻画中，几乎无一不是表现着同样性质的内容，显示着同样清楚明白的思想内核：寻求强大的生殖繁衍能力！

密码破解了，那经过几千年风雨侵蚀、蒙受了难以避免的损坏，在污积尘封之下已难说完整，也并不十分清晰的刻画，终于基本上显露了它的本来面目。虽然，因为历史生活的巨大变化，当年的刻画及刻画后面寄托的祈求，今天还难说已经一无遗漏地被我们了解，但同样无可置疑的是这一画幅后面的基本主题——追求氏族、部落群体能有强大的生殖繁衍能力，是没有疑问地被我们把握了、认识了！

岩刻画面，镌刻在沙砾层中一块砂岩透镜体上。这类砂岩透镜体，是整个岩层中相对比较平整、细腻的岩面。当年沉积成岩时，这里砂质较为富集，岩性虽也坚硬，却是相对易凿刻的处所，自然就成了进行雕凿刻画较为理想的石壁。整个画面，东西长有14米、上下高达9米、面积达120多平方米。较之一般岩刻，可以说是规模空前。岩刻画面主体部分差不多都集中在这一范围内。最上部的刻像，距今日地表高达11到12米间；最底部刻像，距地表也总在3米以上。没有特殊梯架设施，人手已无法触及。

画面主要集中在60平方米左右的范围内，人物总数达300多人。其中大者高可达2米；小者则不过20厘米。人像有女、有男，或站或卧，除了一位女性着衣裙，几乎全部裸体。画上的形象清楚显示，并着意彰显了男女的不同形体特征。相当数量的两性交合场面及两性同体形象，加上男女交合图像下群列欢跳的小人，十分明白地显示出刻画目的在于祈求生殖、繁育子孙，这是岩刻的基本主题。根据联系岩刻画前面厚积的火灰，可以联想，这幅巨型岩刻，与原始宗教、巫术祈祝活动存在密切关联。

3. 九组：位置、内容和时代分析

一组：位于整个画面最上方，它明显居于最重要的地位，也是岩刻者们最先完成的画幅，人物由左至右，逐个变大，刻像清楚、形象完整，以透视的效果展示了人物的高大。全组刻像共十人：一人为男性，九人为女性，都裸体。手、足作舞蹈形状。男性，一人，显示其地位独大，身份不同一般。女性，九人，“九”为极数，可能有数量众多的意涵。女像排列自右至左，逐渐趋小。最左侧是一斜卧的裸体男性。每三个女像之间刻画一特征十分鲜明的对马图形，一组为牝马，另一组为牡马，性别不同。这类对马图形共见两组。

画面的基本特征：女性都是头戴高帽，帽尖部分收作小平顶，

图4　一组

图5　一组线图

上面插两根翎毛，斜向左右。唯一例外的是最右侧也是形体最高大的女性（身高达2.04米，过于真人），帽上饰一根挺直的、高达20厘米的杆状物。这特殊的帽饰，稍不同于其他女性。应该标示着她有别于其他女性的特殊身份。面部形象特点，都是面颊微修长，眉弓隆起、大眼、高鼻、小嘴唇，耳朵未表现。这组女性形象很好地显示了女性秀美的面容。形象整个脸面采用浅浮雕的技法，颇富立体感。面部当年曾涂白粉，余痕至今仍约略可见。这突出表现了女性姣美的形象。面部以下用阴刻线条勾勒出人体总的轮廓，胸、腿部略显浅浮雕效果。颈脖细长，胸部宽大，细腰，臀部丰满，两腿修长，小腿微弯曲。胸、臀部位与细腰形成强烈

图6　一组左：最优美女性；一组右：最高大女性

的对比，表现了女性优美的形体曲线。人体上部显示正面形象，但从双腿、脚趾的方向看，则曲向一边，无一例外都朝向对马。表明她们在环绕、面向对马舞蹈。

两手的动作，在刻画人物形象中，也是突出表现的一个环节。画中人物均右臂平伸、右肘上举、五指张开；左臂平伸、左肘下垂、手指同样张开。结合小腿微弯曲的造型，鲜明显示了正在进行舞蹈的情景。可以说是舞蹈进行过程中的一个剪影。

画面中男像居于女像左侧，作倾斜躺卧状。面部、身体朝向群舞女性，同样裸体。面部轮廓较为粗犷，浓眉大眼、高鼻、下颌较宽、大嘴、似有胡须。头戴高帽，高帽上也是分插两根较高的翎羽。双手上举，分置于头部左右，手指张开。颈下，约略见方形线条。这是具有特点的一件饰物，或是垂带，已难判定。上体略宽，近梯形，胸部似乎有一人头形的像，只是漫漶严重，不是特别明显，腰臀稍细、两腿瘦长。特意表现了勃起的生殖器和下垂的睾丸。他的身份不同于一般，因而通体涂染成朱红色，至今仍十分明显。

一组对马，位于从右至左第三、四女像之间，通体也涂染成朱红色。马体特征表现得比较准确：长头长颈，躯体细瘦。通长27.5厘米。马头、前后肢彼此相连接，形成一个封闭的卵圆形。尾垂于下，马尾末端有意刻画成三角形。这是一组母马。其左右侧各有三位女性舞者。根据脚趾的方向，可以看得很清楚，这些舞者只有五人以这组对马为中心。又一组对马，居于第六、七舞者之间，似未填朱红色。对马之形体特征与第一组对马近同，只

图7　卧躺男子

图8　左：公对马；右：母对马

是突出刻画了牡马的生殖器，标明其作为公马的特征。舞蹈的女性，粗看居其左右也各有三人，但朝向这对公马，以此为中心，翩翩起舞的实际只是四人，因为有一人的脚趾方向，是朝向牝马的。这些细节说明创作图像是有一定根据，并不随意的。公马左侧的舞者，细致观察，可以看出小腿图像为四条，是图像修改的痕迹，还是特别表现热烈旋动中的图景？这都是创作十分认真、一丝不苟的印痕。

在这一组比较明显的主体人物的下面以及旁边，经仔细辨析，还可以捕捉到一些已经难以辨别的人物轮廓。最清楚的一个例子，是在从左至右第六位女性的右大腿旁侧，可见到一个已经模糊的人头。人的身体及两手的刻画线已漫漶不清。这个实例启发我们：位于康家石门子岩刻画画面最上部位的这一组岩雕刻画，可能还不是这组画面中最早完成的作品。较它们更早，可能就曾有过人物形象的雕凿，只是在后来不断展开的新作中，相关人物已被磨蚀，让位给了这组围绕对马、面向裸体男子，激情群舞的画面。

通观这整组画面，舞女们形体秀美，动作轻盈，可以让人感触到它内在的圣洁灵魂，充满了对女性虔诚的赞美，对关乎种族繁衍这一神圣责任的追求与歌颂。

二组：位于第一组画面的左下方。居于主体位置的是一幅高大女性，如同真人的两性同体人像。通高达170厘米，其左右均为男性刻像。

两性同体人像，基本特征是双头同体、头部都有高冠，冠顶上部有左右分扬的翎毛。面部形象相差不大，并没有特别显示男性的粗犷与女性的柔美。只是右侧头像颈后有一根飘带稍稍下垂，似乎更多一点标示了女性特征。双头、双颈、身体部分交合为一体。双头像颈下都见朱红色下垂的饰带。身体比较宽厚。右臂伸出上举、左臂伸出下垂。手指均张开，胸部同样为三角形，腰部稍收缩，臀部稍肥硕，具有平常女性的特征。小腿稍细，脚趾向右，略有舞蹈意味。在这一两性同体人像的腰部、右向，还可以见到残存的两条腿，及一勃起的男性生殖器，其形态、姿势与第一组画面中斜卧的男性下肢、勃起的生殖器一样，只不过身体的其余部分已被叠压在两性同体人的身下，消失了痕迹。两性同体人上身线条清楚可见曾经加宽、磨平的痕迹。这些现象都启示我们，这处大型画面也曾经过修改。每组画面都不是随意涂鸦，而是精心设计，具有特定意涵的。

这一两性同体人像，不仅形体较大，而且明显占据着画面的中心，表示他也是画面的主体。他与总体刻画希望揭示的子嗣繁衍主题，关系也至为密切。

与这一两性同体人几乎密不可分，在他平伸出去的左右肘下，是位置相当、造型相近、姿势相同，只是方向相反的两个裸体男性，他们虽同样头戴高帽，但帽上并无翎毛。上身呈三角形，腰和臀部分是如水滴状的形体。这种水滴状的臀部形体，与画面上女性较为肥硕的臀部形象构成鲜明的对照。这成了可以帮助判别刻画人物为男性的基本特征之一。人物两腿细瘦如线、极度躬

图9　男子胸中含小人头

曲，只是着意刻画了勃起的男性生殖器及睾丸。这类男性生殖器，因为每个男性形象都着重表现，也就形成了一种规格化的造型：阴茎如棍，龟头似球，并且整区岩刻无一例外。两手同样作上举下曲的舞蹈姿势，结合形体，尤其是腿部形象，可以看出舞蹈动作十分热烈。居于两性同体人右侧的朝右，左侧的向左。值得注意的一点是在左侧男像的胸中，刻画了一个小人头。

与两性同体人右侧男像相连的是一幅身体略高人像。从人像显示的生殖器看，应为男性。但观察整个形体特征：清秀的面型、宽胸、细腰、肥臀、两腿修长、小腿微曲、左右手上下翻舞，这些基本特点，与这处岩刻表现女性特征的手法，可以说是完全一致。将这一女性形象与第一组中的几名女像相比较，也没

图10　形体为女，性征为男人像

有什么差别。然而勃起的男根、下垂的睾丸，却只能认定这是一个男性。这一造型上的矛盾点使人产生这样的联想：这一图像，很可能是在早期完成的女像身上，因为观念的变化，后来又加上了男性生殖器，从而出现了这一形体如女、生殖器为男的特点。当然，这种改造肯定包含着深一层的社会文化思想。进一步说明这一时段，男性的地位在被强化。

位于两性同体人肩上，是一个体形稍小、向左曲立的男像。生殖器勃起，男性特征明显。这一男像双手动作不同于其他人物，他左手上举，右手下垂、叉腰，右手肘外为两个叠压的人头，刻画细致，只是都不见身体。我们判定画面曾经多次刻凿，这又是一个例证。向左，仍是一个特征显明的男像与孤立的人面，但不见身体，应该同样是早期刻凿留下的痕迹。

三组：居二组左侧，虎形立兽右上方。这组画面，以一卧躺、屈腿的女性为中心，周围有四五个男性人体，其中可见一处两性交合的图形。

图11 两性交合图

卧女身体长36厘米，比较娇小。双腿极度上曲、分劈左右。为强调她的女性身份使用了浮雕手法，具体表现了微微隆起的乳房。站在地面看，并不显明；在整壁岩刻的数百人像中，这是唯一显示了女性乳房的刻像。她右手上举至头侧，左手下垂，手指向阴部。居其对面的裸体男性，身高达110.5厘米。两相比较，男女形体、大小差别明显。男子昂然挺立，头戴插有翎毛的高帽，隆鼻、大嘴、显须。两腿躬曲，生殖器勃起，挺向卧女的阴部，表现了交合的姿态。两手舞姿如常式，腕部显示出带形腕饰。男子的臀部也是如水滴形。尤其值得注意的是在这一男性宽大的胸腔中，也可以清楚见到一个精心雕刻的浮雕小人头。人头同样戴帽、插翎，下颏见胡须，显示了男性特征。在交合图景中，男子体内却有男性小人的刻图，十分明显地表现了男子决定着孕育、生殖，而且祈求生育子嗣也为男性的思想。这种认为在子女繁殖工程中，是男性决定生殖，只是通过交合，将男性体内的子嗣植入于女性腹中由其孕育的思想观念，至今仍可以在欧洲个别传统的观念中觅见其存在。这自然是一个十分值得关注的文化现象。它清楚表现了“女性决定生殖”这一观念已经消逝，男性成了子嗣生殖的决定性力量。虽然这种认识是荒诞的，但男性地位有了历史性的变化，已成为当年的事实。

除这一具体表示了两性交合的图像，还有一个细节也不应忽视：在男子平伸的右臂肘下，悬挂一物，作棍球形，它与整个画面上随处可见的男性生殖器图形完全一样。将它视为男性生殖器，是不存在疑问的。只是作为生殖器，竟然出现在了臂肘上。虽可解释成它是强调男子强大生殖能力，但用这种方式表现，确实令人费解。当年，这究竟有怎样的寓意，是又一个值得探索的问题。这一昂然挺立的男像身后，是一大小相类的男子。头冠也是高平顶，其上插直立枝干八九根，构成又一种缨饰。其右手不同于一般人物那样平伸上举，而是直伸向前，手指所向，是正作交合的女性阴部。他的动作既是唤起人们关注这一图景，也是说明这一交合现象的神圣，揭明这是当年社会的追求，是社会的时尚。

卧女头侧为又一裸体男性，生殖器显露。生殖器挺举在卧女头上。这一男性另一引人注意的地方是他的头后有一肥壮硕大的立兽。兽头直向前方，两腿直立，腹、臀、后腿部分正与男像之头、帽重叠，因此未做表现。而立兽尾部正好构成了男帽的一侧边缘。这也是值得关注的一个画面：是人头帽饰叠压了原来刻凿的立兽，还是用部分出露的兽体，象征着山林、野兽出没的环境？

四组：居三组之左，一直延伸到岩刻画面的西缘。画面内，主体部分是昂首挺立的两头猫科类猛兽。从遍体的条斑纹观察，似为虎豹之属。两头猛兽，一大一小，头向东方，通体突出表现了它们的条状斑纹，却故意略去头部特征，未做一点刻画。这自然也是特别有意的设计，绝非偶然的。立兽勃起的生殖器、下垂的睾丸，同样显目。长尾下垂，但尾端曲起，让人感受到它强大的力量。猛兽周围，可以看到几张满拉的弓弦及搭在弦上待发的利箭。弓箭后面，隐约可见一名作潜伏、爬卧姿势较大的猎人。猎人形象已模糊不清，这是一种有意的、艺术的处理，用以隐喻潜藏于林莽之中的情形，还是刻凿较差、自然侵蚀，成了今天这样的样子？这是留给我们的又一个问题。

笔者倾向于前一分析，认为它是创作者的刻意设计。既要隐匿狩猎者的具体身份，也表现了隐匿难见的环境，是一种艺术的手法。此外，在通壁作祈求人类繁衍的刻画像上，出现这两头不显面形的猫科类猛兽，明显是在诅咒以猫科类动物为其图腾神的敌对部落，求其败亡，因此才用弓箭射向他们的图腾祖先。立意、追求虽隐秘，但还是可以把握的。

图12　立虎、弓箭

立兽上部为一两性交合图像。比较醒目的两性交合动作发生在猴面人之间。猴面人作大耳、短额、尖下颏、圆眼、宽鼻，画面构图显示为一传神的猴头。无帽，头顶上见两支直立短角，颈、胸部位挂方形朱红色颈饰。舞动的手腕部，也见到带状腕饰。胸部稍宽，但总体看，自胸至臀几乎不见变化，不像女性有明显的细腰。双腿细瘦、躬曲向左、身体通高达102厘米。男性生殖器勃起如棍，睾丸也特别显目，生殖器指向的是一个曲分双腿、左右张开的女性的阴部。女性身高明显较男性为小，高只有48厘米。男大女小，对比鲜明。对男性的歌颂，也显示在这一图像之中，女性除个体小这一特点，面形未做刻画，只表现为阳刻的一个卵圆形头。女子右手上举到头侧，左手下指阴部。猴面男性的

图13　猴面人交合图

右肘及臀下，同样都悬挂着男性生殖器一类图像。

猴面人右侧，除了一个孤立的头像，还有另一组人形，显示着交合动作。女像挺立，深目、大鼻、大嘴、面形稍显圆润，宽胸、细腰，双腿挺立、脚向右；而右旁则为一挺立的男子，勃起的生殖器正斜指向女性的腹下。男像头部已漫漶不显。

立兽的右侧，与兽头相邻，为一作舞蹈状的男性，生殖器挺起。臀下也垂挂一根男性生殖器。

自这组图像向左，目前为一片浓重的赭红、灰褐色水渍，覆盖了岩面。其下当年曾否存在刻画，已无法说清。

图像下方，是一片粗糙不平的砂岩，隐约可以觅见两三个人头像，但身体其他部分已不见痕迹。

五组：居两性同体人右侧偏下方，直至一条天然的断裂岩隙。

这组画面中，包括了一组明显隐喻两性交合动作的男女及其下欢跳的小人；更右，又见两男一女的交合动作，以及一些显示生殖器的男子形象。

稍近于两性同体人的，为一挺立的男子。身高71厘米，右向站立，无帽。脸型略近卵圆，面部形象粗犷，浓眉、大眼、大嘴、高鼻，清晰显示着男性的气势和力量。这一面型特点与其他基本属长圆形面相的男子形成鲜明对比，似表现着种族的差异。他右臂平伸，右手上举，五指伸张；左臂下垂，左手同样五指张开，把持着勃起的生殖器。生殖器显得特别粗大，长达42厘米，相当于身高的一半以上，睾丸下垂。生殖器指向对面一亭亭玉立的秀美女性。女像通高80厘米，高帽着翎，面目清秀，宽胸细腰，两腿修长，曲线显明，形体俏丽，全身涂染成朱红色。两手上下翻腾，小腿轻抬，构成优美、轻松舒缓的舞蹈造型。在这组隐喻了男女交合的图像下，横列两排小人，上排34人，下排21人，上身前倾，极度躬腰屈腿，作热烈而整齐的舞蹈形。小人像由左向

图14　男女两性交合，其下为两列欢跳的小人

图15　五组线图 男女两性交合，其下为两列欢跳的小人

右逐渐趋矮，最高小人像17至18厘米，最矮只13厘米。从这种形象有规则地变小看，似乎表现一种由近及远的透视，显示出艺术的写实性。

东端，小人群像被体形如女性但具有男性生殖器的较大人物覆压。这一较大人物面型卵圆，高帽着翎，宽胸细腰，臀肥腿长。

图16　两男一女交合图

据这区岩刻画人物造型通例，这些明显是女性特征，但腰胯部位勃起的棍状生殖器，显为男性，也是确定无疑。如是，应是先期雕刻的一位女性，根据新的时代精神，在腰部后加上了一条男根，标明了他的男性身份。这一人像的对面为一面容较粗犷、浓眉大眼高鼻的男子，水滴状臀下为两条细瘦而躬曲的腿，同样有勃起的生殖器，这两个男性的生殖器相向而指，几乎碰在一起，其间为一屈腿分张的女性。两支男性灵根共指向这一女性的阴部。女性个体很小，在这两物中间几乎被人忽略。她两腿曲分左右，自然也显示着两男一女间的交合。如是关于两性交合（一妻多夫）的描绘，画面不止一处，而且有为此目的将女性改为男性的刻画，清楚说明这有着实际社会生活的背景，值得关注。

这两组性交图像左上方，还有三名裸体男性。

值得注意的地方还有在涂红女性的身下，可以依稀见到一支以阴线表现的似牛大兽，兽背上部有俯卧的人体，被覆盖在立女刻像身下。大兽头部空隙处，还有一只形体特征相当准确的小羊。用减地阴刻方法构成的三角块，很好地表现出小羊的腿部肌肉。

六组：位于画面右下方。岩壁上一条天然的裂隙成了它的上界。当年的岩刻创作，明显受到这条裂隙的影响。裂隙下岩面不是十分平整，侵蚀程度较重，画面上相当部分人物在数千年历史风雨的摧残下已不是十分清晰。

画面的中心部位，直立一长裙女性，身高达105厘米，全身涂染成红色。人物面庞近圆，似未着帽，不见翎羽。虽穿着长裙，但并未遮住她宽胸、细腰的女性形体。裙子款式可以归纳成圆领、无袖、喇叭形下摆。今天看，这款式也相当时尚。人物左肩上部有两根曲扬向上的飘带，长达30多厘米，两臂平伸、两肘上举、两腿直立。颈下胸前见矩形饰带，尤其不能忽略的是长裙下摆左右角，都见到棍球状的男性生殖器，或上翘、或下垂，相当伟岸。如是设计，似乎是在强调：这一红衣女性的左右，并不乏男性伴侣，同时，也表明男性在人类生育工程中有不同一般的地位。这一着裙女性，是整个画面中唯一穿衣服的人物。在这一人物上下左右，几乎都是裸体、显露生殖器的男性。

在着衣女像的左侧，有一头戴高帽，帽上饰三支翎羽的男子，右手上举、左手下垂，作舞蹈状。其粗大、挺举的生殖器，指向着裙女性，只是并未直接碰触。臀下垂挂又一棍形生殖器。这组男女像之间，可见身形稍小的又一男性，挺起的男根指向在其左下、身形更小的舞蹈状女子。在他们的左边，另见三个男像，双腿曲起，生殖器劲挺，指向上述男女人物。在着衣女像左手旁，有一组作彼此搂抱状的人物。一头上戴双角帽的人物，面庞粗犷，胸宽、腰细，俨如女性，但腹下有挺举的生殖器，臀下垂挂如男子生殖器的棍形物。他左手勾搂着一个面型宽圆的男子，同样生殖器挺举。

在着衣女像头部稍偏右上，有一组并头、齐身躺卧的人像。人物身体较修长，形体秀美，分别长达96.5厘米和86厘米。其双手上举下曲，均作舞蹈姿势。着衣女像头部稍偏左上，为又一组

图17　以直立、长裙女性为中心，多人交合图像

图18　六组线图 以直立、长裙女性为中心，多人交合图像线图

并立人像，身形较小，臀下垂挂棍球形男性生殖器形象。彼此搂抱的男子、齐身躺卧的人物、双人并列的画面等透露的文化信息是：在子嗣生殖繁衍的工程中，这兄弟搂抱的组合，具有不可轻忽的地位。他们与四围挺起男根的男像一道，是这一时段社会生活中氏族、部落人丁兴旺的决定性力量。

搂抱状人像的两旁，为多个人头，但不见身躯。再向右，可以看到又一躯挺立的女像，平伸的臂上见多个人头，不见身躯。女像右侧，又是几个互相叠压的人头。人头更右，为一躯女性像及两个勃起男根、颧骨显高的男性。画面至此，岩壁上有一条天然裂缝。

这组相当宏大的画面中，除了上述比较清楚的图像，在浓重的污渍中，还约略可见到一些头部轮廓、肢体的刻像及小羊等，互相叠压、错杂。但终是漫漶过甚，剥蚀较重，今天已难以完全清楚地描述、介绍。

七组：居六组以下，稍偏右一点。画面的内容、表现手法与五组画面中曾经说明的舞蹈小人近同。主体是30多个作整齐舞蹈动作的小人，排成一行，躬腰屈腿，整齐划一，俨如一幅集体舞的速写。相当部分躯体残缺。而在这列舞蹈小人的左右两端，是两个形体较大的男女。左侧男子，十分清楚地显示出男性生殖器，右向勃起，指向右侧女性。女像头部缺失，只余躯体。在这列舞蹈小人的中段，另有两个舞蹈者，一男一女。图像右边，可以看到又一群人像，身形相对高大。中心为一身姿造型相当标准的女性，高帽尖翎、大眼高鼻、宽胸细腰、两腿修长。女子右臂平伸、手上举，她左臂平伸、手下垂。造型一如第一组画面中的女性人物。在她左右，有五位女性，面型、身姿基本相同，只是其中一位手臂动作迥异：左臂平伸、手上举，右臂下弯、手叉腰。腰下叠压着又一人之双腿。其右为一双手上举、生殖器挺起的男

图19　男女像中间，一列舞蹈小人

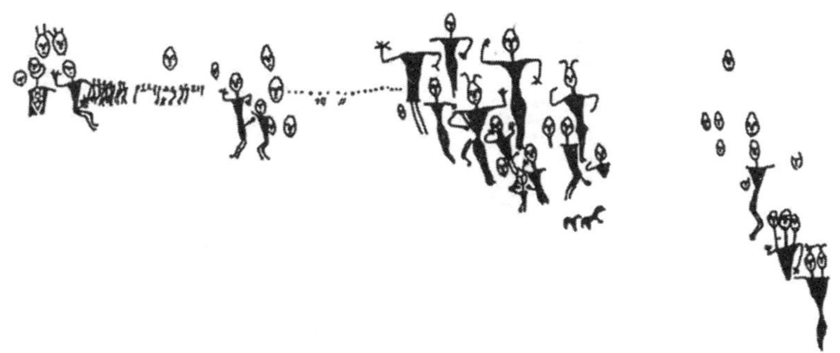

图20　七组线图 男女像中间，一列舞蹈小人

性。除了不见对马图形，与第一组画面人物造型，颇有相似处。

八组：位于第七组画面之右，稍偏下。令人抱憾的只是这部分岩刻画不仅侵蚀较严重、石皮脱落，而且随岗峦上部流水下泄，厚厚的赭红色泥浆淤覆了相当部分的岩面，致使很大一部分图像显得严重不清，局限了认识的深入。在部分刻痕较深、形象约略可辨处，可以看到不止一处的两头同体、三头同体人像。还有不少人头像，隐约可见，但身躯缺失。可以预见，在水渍清除后，

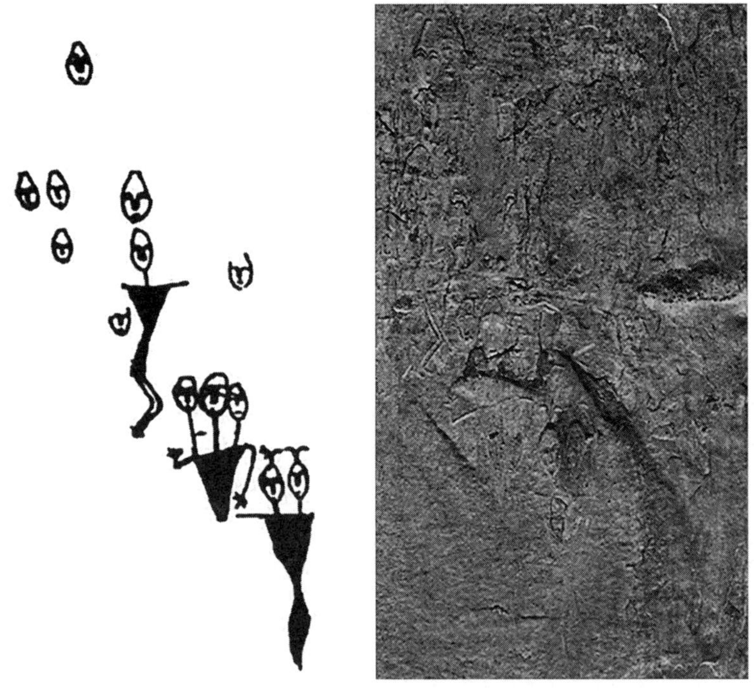

图21　八组 两头同体、三头同体人像

图22　九组 男性刻像

仔细搜寻，当还会有新的人物显示在这一岩刻画面舞台。

九组：在整个岩刻画中，已是位置最下，最接近地面的一个画面。画面是一个形体高大的男性。他头戴高帽，眼窝深陷，长颈、宽胸、细腰、肥臀，两腿修长，体形如女性。其右手上举，左手下垂作叉腰状。但腰际伸出一特别长的男性生殖器。生殖器指向的前方，是一片相当平整、未见任何刻画的空白岩壁。

此外，在这区生殖崇拜岩刻画的附近，还有两区动物岩刻画，主体为大角羊、鹿形象。从丛密密的动物岩刻画中，有一个孤立的幼童形象：他头戴尖帽，右臂平伸上举，左臂平伸，右肘下垂，手指张开；脸宽圆，大眼，眉弓凸起，颧骨高；头特大，而身躯较小。腰间的男性生殖器几与大腿等长。这是一种着意的渲染。这一人物的风格自然是与前生殖崇拜画面的精神完全统一的。让人费解之处在于：偌大的岩面，除了这一小人，再不见任何人物图像。他与上述直立、把持挺举之生殖器男性人像，透露着同一精神：岩刻创作当年，曾经还有过相类的图像设计，但只完成个别刻像后，再未得从容雕凿、铺展。一件突发的社会变动使崇信、创作了康家石门子生殖崇拜岩刻的聚落群体立即停止了岩刻画创作。面对他们无法把握、控制的形势，创作者们随同所在部落群体迅捷离开了这片沃土，进行中的生殖崇拜岩刻创作，只完成了两个孤立的人物，空留下无尽的悬念。

通过岩刻画面，可以清楚地把握巫术活动最强烈、最主要的祈求：其中的核心，就是强烈渴求岩刻者所在氏族、部落（总之，是集聚在此进行相关求育活动的人群）中的男子们，能有特别伟岸、强壮的生殖器，并且在两性交合中，具有超群的能力。这一时段的古代呼图壁居民，似乎认定只有男子主宰着后代生育的钥匙。男子在交合活动中的作用决定着子嗣的孕育、生产，是男子胸腔中的小人（还强调是有胡须的小人）通过交合，栽植入女子腹中，才有了子嗣的产生。这一理念，今天看去，幼稚而荒唐。但男子胸腔中刻画的男性小儿图像，却只能做出这一推定。

康家石门子岩刻画遗存，从岩壁下厚积的火灰分析，当年确曾是早期先民进行萨满巫术活动的重要地点，是萨满作法，燃火、交通天神、传达人间愿望的、近乎神圣的处所。凝集其上的刻画，就是芸芸众生向天神申达的诉求。

实施巫术的主要手段之一是巫师萨满的动作、语言。当年实际舞蹈祈求的声音、内容，今大已无法获知。但镌刻在岩壁上的画面，对男子生殖力量的强调，对两性交合行为的歌颂，及实现了大量子嗣繁殖后的欢乐，等等，这些艺术语言，表达了向神灵的诉求，是他们追求的社会目标。

岩刻画壁下有火灰，少部分岩刻画面还留有当年的朱红色涂染物渍。运用现代科技手段，通过物理、化学的分析，是有可能测定刻画完成之年代，或岩刻画存续时段比较准确之年代的。这是一项未来可以进行的工作。遗憾的只是在20世纪80年代，在发现画迹后，我却没有能安排去做这件事。当时也想到过C14测定，但缺少工作经费，这种设想没能实现，而只是逻辑推定它是“公元前1000年前期”的遗存，比较模糊。直到现在，仍是维持着这个大概的推定：康家石门子岩刻画，可能是去今3000年前期的一处遗存。

在康家石门子岩刻画中，通过两性同体画面，不仅表现了创作者们这一历史的记忆，而且他们还试图进一步伸张男性的地位，通过男子胸腹中有小人的画面，向世界宣告，他们不仅在子嗣生育过程中，具有同等地位，而且，是他们决定着后代的繁衍：他们将体内的小人通过交合，栽植于女性腹腔，才得有新生命的产生。当然，这一虚妄、不实的宣言，更多只是表示了男子在去今3000年前后的新疆呼图壁大地，已成了无可争议的社会生活中的主人，可以颐指气使，指挥一切了！

在20世纪末刊布的《新疆天山生殖崇拜岩画》一书中，笔者曾介绍过观察中的印象，也根据公元前1000年这片地区曾经居住过塞人，岩刻人物多有狭面、深目、高鼻，头戴尖顶高帽的特征，而提出过画面中的人物，有可能是塞人；与此同时，也说到与上述狭面、深目、高鼻，头戴尖顶高帽的人物共存，岩刻画人物中有面型宽圆、颧骨较高、形象粗犷、帽饰两支尖角的男性形象，具有蒙古人种特征。

概括而言，王炳华先生认为：康家石门子岩刻画的主题内容主要为生殖崇拜的原始思维，分析康家石门子岩刻画遗存，可以清楚地认识它是东部天山呼图壁大地的古代居民，在渴求人丁兴旺时，实施求育的圣地。岩刻画完成的绝对年代，在公元前1000年的前半期，但不会早到距今3000年以前。年代论断的依据是：在公元前1000年的前半期，活动在新疆北部及天山地带的古代居民，据有关文献和考古资料，主体就是塞人；作为岩刻人物的主体形象——狭面、深目、高鼻，具有欧罗巴人种的特征，而且头戴高帽，与文献中反映的塞人形体及服饰也是一致的。与此同时，岩刻画人物中也有面型阔圆、颧骨较高、形象粗犷帽饰两支尖角的男性形象，具有蒙古人种特征。新疆地处欧洲东部古印欧人种为主族群与古代蒙古人种为主族群混杂的亚欧腹地，西域居民群体中存在远较其他地区复杂的诸多民族共存共处现象，呼图壁岩刻画记录了3000年前这片土地上曾经存在过不同部族血亲交融的社会历史画面。

（二）西北大学刘成团队成果[1]

2014年，西北大学文保中心刘成团队承担国家文物局康家石门子岩刻画保护工程任务之后，与呼图壁县文物局合作在岩刻画内容研究方面取得新进展。所取得的成果是突破性的，对推动康家石门子岩刻画的进一步研究与文化产业创新意义重大，简要介绍如下。

保护项目开始，利用高空无人机测绘技术、高清摄影与激光扫描技术，对岩刻画所在地的地形地貌、岩刻画画面进行了精准的数字建模。图23是新疆呼图壁康家石门子岩刻画所在山体地貌全景，可以看到岩刻画所处的丹霞地貌，风景非常怡人。图24是岩刻画高空摄影的俯视图，可以看到岩刻画所在山体的精确朝向与位置。图25是岩刻画山体正视照片，岩刻画在山脚下，山体通高208米。图26是无人机高空摄影的正投影图，可以让我们精准分析每一个山体沟槽与裂隙的发育走向。此外，结合数字技术，我们编辑出虚拟漫游的动态模型，可以在展示岩刻画的全方位地理地貌上，发挥作用。图27是岩刻画矩阵影像，它是利用284张高清摄影照片拼接而成的。

康家石门子岩刻画绘刻于距地面10米高的侏罗纪砂砾岩崖壁上，岩刻画东西长约14米，高9米，雕刻岩刻画的面积达126平

1　刘成、陈金宝、高莉：《浅谈岩画保护理论与实践——以新疆呼图壁康家石门子岩画保护为例》，《中国岩画》2016年第1期。

图23　新疆呼图壁康家石门子岩刻画所在山体地貌全景

图24　康家石门子岩刻画高空摄影俯视图

图25　新疆呼图壁康家石门子岩刻画山体正视照片

图26　康家石门子岩刻画无人机高空摄影的正投影图

方米，平时如果想研究岩刻画，必须搭脚手架才能实现，而每次搭好脚手架在研究之后，必须及时拆除，因为岩刻画的保护管理还达不到条件。这样有这些岩刻画画面信息与山体地貌信息，我们可以在平面媒体上随心所欲放大观察岩刻画的细节，进行深入研究，图28是岩刻画整体三维数字化成果截图，可以在软件上进行精准计算与研究。这些信息采集都为今后进一步深入研究岩刻画画面信息，奠定基础。

康家石门子岩刻画画面上雕刻出300多个男女舞蹈的情景，其规模之恢宏，造型之优美，人体之硕大，技艺之娴熟都堪称举世无双的精品，独特的雕刻技法和独一无二的生殖膜拜文化，显示了古人对偶像的渴望。考古人员从大量男性形象的夸张表现上认定，这是从母系社会向父系社会过渡的男性生殖崇拜岩刻画。但是，这些研究成果是在之前用宏观观察分析的结果，由于研究条件限制，不能打制精细的传统拓片，研究分析应该会受到一些条件限制。

在信息采集与数字建模的基础上，如何体现岩刻画保护研究的价值理论？我们采用自我研发的数字拓片技术，对岩刻画画面模糊不清的部位，进行虚拟光线下不同视觉带来的图像效果制作，展示出了不同效果的数字拓片，结合实地勘察与电子拓片相互对比，项目研究发现了一些令人振奋的画面信息。

首先，通过打磨工艺与刻画手法的不同，我们通过提炼的岩刻画全面线图，清晰地看到了岩刻画早期题材主体人物并非生殖崇拜，而是一组由一男八女（含双头人像在内）组成的纯粹的

图27　康家石门子岩刻画矩阵影像（284张照片拼接）

图28　岩刻画整体三维数字化成果截图

舞蹈场面，那一个横躺着的突出生殖器的男性是在后续时代添加的，也就是说生殖崇拜内容是康家石门子岩刻画第二个时代形成的，具体年代还需要进一步研究。如图29和图30所示，上部一组三角形身体的，有第一期的，还有第二期的。第一期人物与同性对马组成舞蹈群组。从电子拓片里发现最早期的是一组人物的舞蹈造型，其中最大的人物雕像有别于其他人物，可以看到他的帽子装饰是单翎、他的脸部棱角粗犷、他的肩宽与腰身的比例更显力量、他的胳膊上的肌肉更加发达，这是一个标准的男性造型。加上与他们一同呈现的是同性对马相向打斗或者比武的情景，于是可以认定岩刻画最早期的雕刻是一组纯粹舞蹈的画面。

其次，通过数字建模数据库与电子拓片解析，在排除岩刻画画面相互打破与叠压关系之后，这次岩刻画信息提取过程，发现了岩刻画里一些不曾被看到的动物形象，如之前一直没有提到的站立姿势的两头牛、两只北山羊、五只犬，见图32，还有一组奔跑老虎追着马的图案，其电子拓片见图33。这些代表着岩刻画雕刻者生活环境，这些牲口与家畜，可以为我们研究岩刻画的生成年代与雕刻思想，提供有力证据。

再者，通过数字建模，曾经在学术界研究中多次提到的双头人身像，借助三维数据，发现是两个人紧密叠加在一起，肩并肩的双人组合，从图34、35可以看出，他们不是一个身体两个人头的怪物，通过岩刻画另一处比较明显的线条图，推论得出新的解释。

最后，在岩刻画的三维数据支持下，发现了岩刻画大量添加

图 29 岩刻画整体三维数字化成果线条提取图

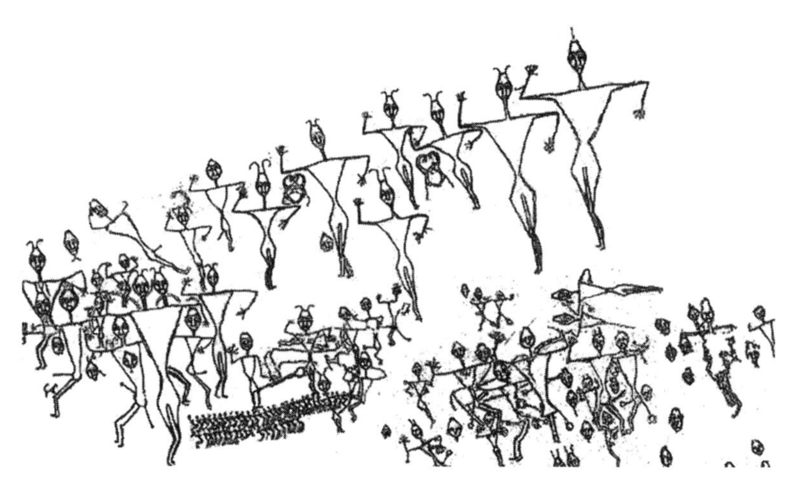

图30　岩刻画一男八女与其他后来刻画的人物线图

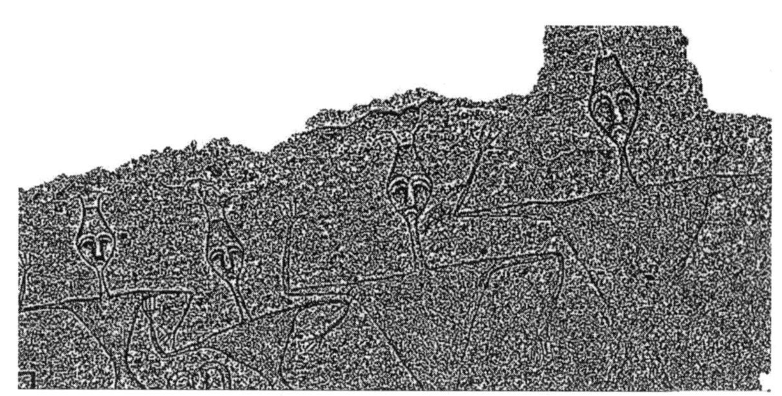

图31　最右边的人像推测应该是男性

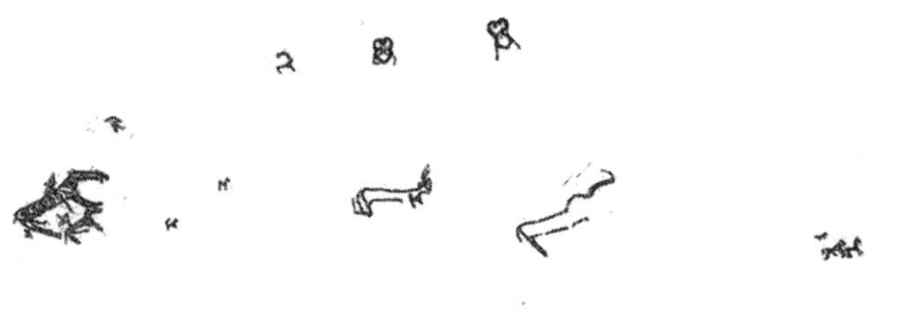

图32　从岩刻画线图里提取出来的动物造型与所在位置

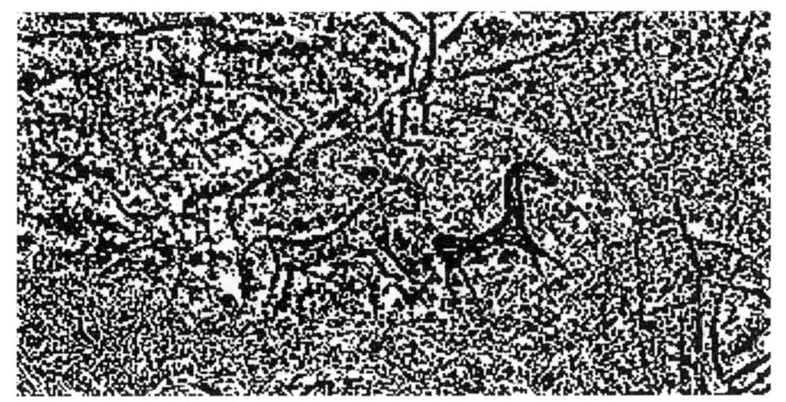

图33　三维建模与电子拓片清晰呈现老虎追赶一匹马的生动图案

图34　大型双头人身像的三维数字化成图

图35　岩刻画另一处小型双头人身像

图36　岩刻画人物自右向左依次打破左边的人物

人物打破原有岩刻画的现象，打破与被打破人物特征都有所不同，这些都可以借助测绘数据说明。值得一提的是有的岩刻画人物出现了为女性岩刻画配备男性人物，有的甚至将原本的女性造型修改成男性，这为我们研究不同时代岩刻画雕刻者的生态思维提供了很有利的文物信息。

例如图36由右到左，依次打破其左方人物，左边人物的肚子上后人添加了一个长着胡须方嘴唇的人物，其大小明显是给其右方人物配对。

例如图37岩刻画最左上方的王子与他的女人组图，该人物一直被称为王子，脸部像猴子，打耳孔，带有生殖器，在胳膊和屁

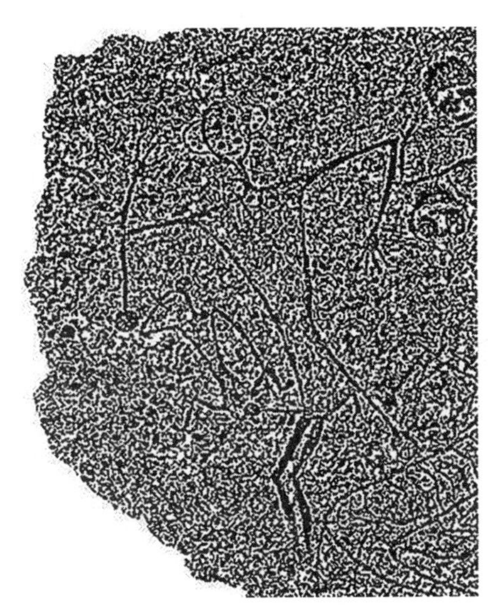

图37　岩刻画最左上方的王子与他的女人组图

股部位还有两个犹如生殖器的装饰物，其左边有一个女性人物配合他。但是，通过三维数据对加工工艺分析，王子原本是驾驭老虎的人，并没有性别标示，生殖器和弯曲的双腿，以及左边的女性都是后人添加的。这明显属于改造岩刻画画面性质的行为。

归纳而言，西北大学文保中心刘成团队，通过观察打磨工艺与刻画手法，以及精细绘制岩刻画全面线图，判断岩刻画早期题材主体人物并非直观地表现人物图像男性生殖器的生殖崇拜，而是人像崇拜，岩刻画整体可分第一、第二两期；并在岩刻画的三维数据支持下，发现了岩刻画大量添加人物打破原有岩刻画的现象，进一步判断岩刻画人物出现了为女性岩刻画配备男性人物，有的甚至是原本的女性造型通过添加男性生殖器修改成男性的现象；明确提出突出男性生殖器图像生殖崇拜内容是康家石门子岩刻画第二个时代形成的，为通过添加男性生殖器改造原有岩刻画画面性质所致。

第二章　康家石门子岩刻画文化探新

第一节　岩刻画所在山体环境的特异之处

康家石门子岩刻画位于新疆呼图壁县西南部山区，地理位置为北纬43°51'01"，东经86°19'05"，海拔1570米；东北直线距县城58公里，东距雀尔沟镇13公里；地处天山北坡低山带的丘岗地形，是良好的春秋牧场，它所在山体是中国最长的侏罗纪山脉，形成于7000万年前的喜马拉雅造山运动，被人称为“天山地理风光走廊”，而位于呼图壁县康家石门子景区的侏罗纪山系，是新疆侏罗纪地质地貌的标志地，这里山体雄浑巍峨，呈赭红色，橙、黄、青、绿相杂其间，峭壁悬崖，层层叠叠，酷似摩天奇峰，更多的山体像奇形怪状的巨型雕塑，是典型的丹霞地貌，被誉为“百里丹霞丽景”。

图38　康家石门子岩刻画的地貌景观（摄影方向：东—西）

一、山体柱立通天

岩刻画山体所在地是一处天山前山地带的小型盆地，具体位于两条山溪（康拉尔沟、涝坝湾子沟分别流经东侧和南侧）汇流处西北岸的侏罗纪晚期丹霞地貌山体南侧岩壁底部的垂直岩面上（图38）。该区域是天山中典型的侏罗纪最晚期的岩层，形成时间约距今1亿年，山石以水平状沉积直立凸起的砂砾岩为主。这样的侏罗纪晚期砂砾岩柱状地层，地质学者称之为“喀拉扎组”现象。

这里的丹霞山体沿着天山山脉东西方向连续排列，形成一系列因地层断裂和抬升的直立独立“柱状砾岩”，犹如一个个直刺

图39　北望康家石门子（采自王炳华《原始思维化石——呼图壁生殖崇拜岩刻》）

图40　岩刻画所在丹霞山体，犹如天柱或者神树树干

天空千万年、俯瞰人世历史烟尘无数载的通天神物——天柱。

岩刻画所在山体高达200多米，山势陡峻，峭壁如削，高高耸立的柱状风化巨大岩体背风向阳笔直挺立，走近直面仰望岩刻画所在的山体犹如一架直刺云霄、贯通天地的巨大天柱或者神树巨大的树干，给仰视者一种苍穹在上，天空山体万钧下压的无上气势，令人心胆剧烈震动，油然而生崇敬之情。

稍微拉开一些距离，远望此处丹霞山体也有如连绵山峦中的一座耸立入云的古代仙山。整个山体形态奇特之外，还有一种“清晰传声与放大”的特殊声音传播效果。在岩体南侧山脚下，人们可以清晰地听到附近山中任何一处地方所发出的声响（人声、动物声、风声等），尤其以岩刻画所在处的声音最为清楚；如果在岩刻画所在岩体附近，山脚下的声音以及附近各处的声音也尽收耳内，尤其以山脚下的声音最为清楚。再者，岩刻画山体笔直竖立，间隔1米或数米就有格外分明的一层岩层节理显露出来，每一处山体岩层节理之上都长满了1米多高的野生大葱，宛如一条笔直通天的“葱岭”。站在岩刻画丹霞山体一侧，无论春夏秋冬，只要是晴天，风和日丽，舒适惬意如沐冬季暖阳。

二、环境气象万千

从天山南部山丘高处俯瞰整个丹霞群山盆地，此起彼伏，视觉景象从天山主脉雪峰依次为垂直分布高山草甸地带、雪岭云杉带、灌木与山地草场、低矮丘陵、绿色丹霞地貌、荒漠丹霞地貌

图41　南望天山

图42　康家石门子岩刻画的地貌景观

等层峦叠嶂的区别性景观。景象最为动人之处则在于站在丹霞山体南侧南北远望：北望植被错落的蓬莱海外仙山般的丹霞岩体，东西方向依次排列的山峦犹如隐现在云海中的仙山，完全就是一幅古代中国山水画胜景；南向举目远眺，点缀五彩百花的天山葱绿的前山丘陵地带此起彼伏，云杉分布的带状山脉东西向延伸，蜿蜒山脉如同墨绿色巨龙见首不见尾，在远处高天碧空之下的雪峰犹如天界寰宇君临天下。总而言之，风光无限，气象万千，实为天山中段北坡地带丹霞地貌与山前小型盆地复合的地理单元。

三、选址独具匠心

归纳而言，康家石门子岩刻画所在丹霞山体具有几个特殊甚至可以说是奇异的视觉与听觉以及其他身体感受特点。一是自然景象气象万千，犹如人间仙境；二是丹霞山体如同仙山、天柱、天梯、神树通天入地；三是岩刻山下气候温和，阳光普照、生命之气充沛；四是岩刻山的岩层节理层层遍生野葱，直观犹如“葱岭”；五是万物之声回旋入耳，丝丝入扣犹如天籁；六是整个天山山脉东西长达2500多公里，南北宽近300公里，河谷盆地无数，唯独岩刻山无论山形、气候、四个方向视觉景观等均为上佳之选。以上这些特异之处，有无可能在我们的史前先人刻制这些巨幅岩刻画艺术品之初，就是选址时重点关注的内容，也有岩刻画重要社会文化意蕴所包含的自然环境因素，这些恰好也是本书关注的重要方面。

此外，岩刻画刻位于山体高达200多米处，山势陡峻，峭壁如削，丹霞砂岩根部岩面。岩刻画画面主要集中于山根岩体向外倾斜裸露岩面中央位置的底部，分布在东西宽约12.5米，高为距地面1.85米至8米的岩面上，系古代天山部族的社会行为而非个人涂鸦。

四、特殊的史前社会文化需求

且不说126平方米的岩刻画画面面积，仅以整个岩刻画最高处的画面来看，图形以人物为主，共有八个完整的人物和两组对马及一个单独的人头像。除了最左侧的人像体形较小、刻痕较浅且拙滞，其余人像的形体较大（最右的人像高达2.07米，见图43），浅浮雕图形雕刻精细，线条流畅，姿态优美，而且布局疏密得当，整个画面显得十分整洁美观，艺术感强烈。在3000多年前的史前历史阶段，这已经不是通常意义上普通岩画的个人涂鸦行为。在2米到8米高度且向外倾斜的巨大山崖岩面上以浅浮雕的方法磨刻高出2米左右的巨大人像等作为，已经是高度精细的巨大社会工程行为。那时史前天山地带是一种游牧社会生业状态，迄今为止康家石门子岩刻画都是天山区域规模最大、艺术水准最高、具有唯一性的岩画遗存，这样的工程，需要巨大的社会力量动员，也绝不是一般小部族的小型社会文化消费，而应该是天山地区一种大型社会集团的共同意志需要。

那么这样一种体量巨大的史前工程的内容是什么，以及为什

图43　上部岩刻画画面

么要建设这样巨大庄严的史前文化场所，就是本书以下章节探讨的主题。

第二节　康家石门子岩刻画的考古调查[1]

一、地理位置

岩刻画位于涝坝湾子自然村东北2.5公里一座高耸的侏罗纪

1　2017年5—7月，呼图壁县委宣传部为做好康家石门子岩刻画进一步研究与旅游文化开发利用工作，与中国社会科学院考古研究所新疆考古队合作，联合组成康家石门子岩刻画考古调查组，对康家石门子岩刻画进行了细致的田野调查。参加工作的主要成员有巫新华、刘晓成、王多伟、覃大海、高莉、陈代明、江玉杰等。

图44　康家石门子岩刻画所在处的山势（一）

图45　康家石门子岩刻画所在处的山势（二）

图46　岩刻画南临的涝坝湾子沟

晚期丹霞地貌山体南面的岩壁上（图44、45），南临涝坝湾子沟（图46）。该山体高达200多米，山势陡峻，峭壁如削。自然的侵蚀使岩体岩面表面形成许多纵横的凸凹。裸露的山体中，上部多为沉积砾岩，底部为沉积砂岩，岩刻画即刻于底部砂岩的岩面上。

二、岩刻画分布情况

岩刻画主要集中刻凿于山体裸露岩面中央位置的底部，岩面向外倾斜，多有裂纹。主要岩刻画分布在东西宽约12.5米、高为

图47　主要岩刻画分布范围图

距地面1.85米至8米的岩面上。（图47）岩刻画的分布较集中于左侧，占据的面积较大，位置较高，图形较多、较大且较为集中清晰；右侧的岩刻画占据的面积较小，位置相对较低，图形较小、较散和模糊。

此外，该区岩刻画之下距地面1.2米至2米高的岩壁上有些零散的以红色绘制的羊、骑者、掌形以及圆点等彩绘图形；东西两侧数十米外的岩壁和坍落的大块岩石上也有一些岩刻画，主要图形有羊、鹿等，其中以羊为主。这些岩绘和岩刻画的年代当较晚，有些为近现代所为。

三、岩刻画图形、数量及保存情况

岩刻画的数量——该范围内的岩刻画以人的图像为主（包括完整的人体、单独的人头像以及人的肢体等），此外有少量的动物和工具图像。根据观察统计，可辨的图像共有301个。

岩刻画的保存情况——左侧的岩刻画保存相对较好，右侧的岩刻画保存较差，其原因可能有二：一是左侧岩刻画雕刻的图形较大、较深，而右侧的岩刻画雕刻的图形较小、较浅，故对比显得左区岩刻画更为清晰完好；二是左侧岩刻画自然破坏的因素弱于右侧，从现状观察，右侧岩刻画的岩面上的下流雨水冲刷多于左侧，其干湿的变数必大于左侧，故岩体表面的酥松、风化、剥落及漶漫也就大于左侧。此外，左侧岩刻画位于较高的位置，后人的干扰因素相对较小。

四、岩刻画的详细观察

（一）总体观察

整个岩刻画呈左高右低的排布，图形的大小、雕刻的精细程度亦呈同样的变化趋势。整个岩刻画可分为四区，即上区、左区、中区和右区。（图48）

上区岩刻画位于整个岩刻画的最高处，图形以人物为主，共

图48　岩刻画分区图

有八个完整的人物和两组对马及一个单独的人头像。除了最左侧的人像体形较小、刻痕较浅且拙滞，其余人像的形体较大（最右的人像高达2.07米），图形雕刻精细，线条流畅，姿态优美，而且布局疏密得当，整个画面显得十分整洁。

人物面部的鼻、眉、颧骨部位凸起，眼、嘴下凹，以浮雕式阳刻的方法来展示人物面部；肢体部分则是宽胸，细腰，肥臀，腿修长、微弯，四肢均右臂上举、五指伸张、左臂弯垂、五指伸张、扭臀屈膝。对马图中一组两马的头、前腿和后腿，彼此连接，马呈长头长颈、躯体瘦长状，通体涂抹红色；另一组与之形体特征基本相同，刻画有生殖器。（图49、50）

图49　上区岩刻画图像

图50　上区岩刻画线图（覃大海绘）

左区岩刻画位于上区岩刻画的左下、中区岩刻画的左侧，图位低于上区。该区图像较多，共114个，以人形为主，但单独的人头像和动物的图像增多，人体的体形大小、风格与上区的有所变化。除了中部的一个双头人体的大小、雕刻的精细可与上区的媲美，其余的雕刻较粗糙，线条拙滞，布局较杂乱，出现图像的相互打破叠压，人体及动物上出现生殖器的图形。（图51、52）

此区中刻画的人物有85个，人头像13个，动物13个，弓箭3个，人物用浮雕式阳刻表现，动物和弓箭则用的是轮廓性阴刻。人物面部的鼻、眉、颧骨部位凸起，眼、嘴下凹，肢体部分则是宽胸，细腰，肥或瘦臀，腿修长、弯曲，四肢大部分都呈右臂上举、五指伸张，左臂弯垂、五指伸张，扭臀屈膝状，只有一个人物为双手上举，五指伸张状；其中两排动作一致的小人面部以内凹呈圆圈的形式刻画，侧身，宽胸，细腰，翘臀，腿修长、微弯，上排31个，下排21个，共52个。

中区岩刻画位于上区的右下、左区的东侧，图位低于左区，图像151个。岩刻画的情形整体上与左区相似，但图形进一步变小，单独的人头像进一步增多，布局亦较杂乱，亦存在图像的相互打破叠压关系，部分岩刻画(主要在右侧)图形模糊、漶漫不清，除刻痕较浅，应为受自然破坏（水侵、风化、剥蚀等作用）所致。（图53、54、55、56）

此区中刻画的人物有97个，人头像41个，动物13个。人物

图51　左区岩刻画图像

图52　左区岩刻画线图（覃大海绘）

图53　中区岩刻画图像

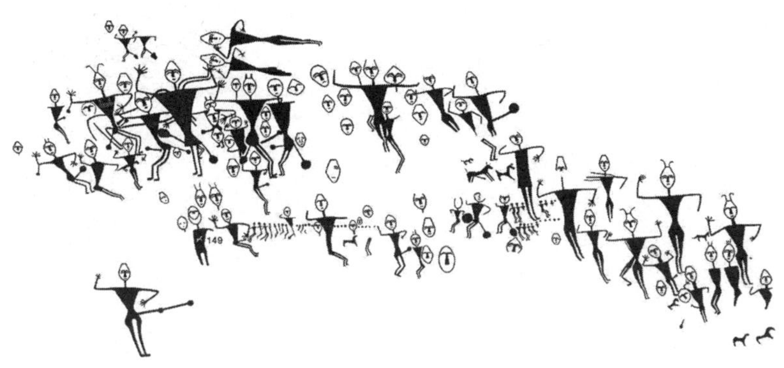

图54　中区岩刻画线图（江玉杰绘）

图55　中区岩刻画局部(左)图像

图56　中区岩刻画局部(右)图像

用浮雕式阳刻，动物和弓箭则用的是轮廓性阴刻。人物造型基本呈右臂上举、五指伸张，左臂弯垂、五指伸张，扭臀屈膝状，宽胸，细腰，肥或瘦臀，腿修长、弯曲，部分在裆部、臀部、肘部刻画有生殖器，较为夸张，与人物不成比例。人头像呈椭圆形，鼻、眉、颧骨部位凸起，眼、嘴下凹。

右区岩刻画位于中区岩刻画的右侧，之间约有1米空白的间隔，图位低于中区，最低的岩刻画距现在地面1.85米，为整个岩刻画最低的一区。该区岩刻画画幅较小，所刻图形25个，多模糊不清。该区的岩刻画图形更小，单独的人头像居多，刻痕更浅。（图57、58）

此区中刻画有人体7个，人头像18个，同样用浅浮雕式阳刻作画，人体基本四肢不全，部分可见右臂上举、五指伸张，左臂弯垂、五指伸张，头椭圆，细颈，宽胸，细腰翘臀，腿修长、弯曲，其中有一个为马步下蹲。人头像大部分可见面部，呈椭圆形，鼻、眉、颧骨部位凸起，眼、嘴下凹。

（二）图形观察

根据现场逐一辨认，岩刻画的图形共有301个，主要为人形图像和少量的动物及工具（弓箭）图像。（图60）其中完整人体和部分肢体的197个，约占总数的65.45%；单独的人头像73个，约占24.25%；动物28个，约占9.3%；工具（弓箭）3副，约占1%。（附表）

图57　右区岩刻画图像

图58　右区岩刻画线图（覃大海绘）

图59　右区岩刻画局部图像

附表：岩刻画图形统计表

部位	人（体）像	人头像	动物	工具	合计
上区	8	1	2（对马）	—	11
左区	85	13	13	3（弓箭）	114
中区	97	41	13	—	151
右区	7	18	—	—	25
合计	197	73	28	3	301

图60　岩刻画图形全图及编号（覃大海绘）

人体的作画方式为：浮雕式阳刻和轮廓性阴刻。所展现的动态为：右臂上举、五指伸张，左臂弯垂、五指伸张，其个别为双臂上举、五指伸张状；身体部分基本以头部椭圆，细颈，宽胸，细腰，瘦或肥臀（部分翘臀），腿修长、弯曲；人体面部鼻、眉、颧骨部位凸起，眼、嘴下凹；另外在左、中、右区中部分人体裆部或臀部刻画有生殖器，个别刻画于肢体肘部，较夸张且与人体不成比例，在左区和右区分别刻画有一双头和三头共用一身体的人体。

（三）雕刻技法观察

从整体观察岩刻画所属浮雕式阳刻和轮廓性阴刻；从痕迹观察，主要使用三种技法：一是凿刻法，以较尖锐并较大些的工具，进行连续性的凿刻，形成的痕迹为点窝状或短条凹槽状；二是划刻法，以尖锐轻小的工具，进行来回的划刻，形成的痕迹为较细的线状；三是打磨法，以石质打磨工具在已凿刻的图形轮廓内或划刻的线状轮廓内来回地打磨，形成比较光滑或平滑的岩面。康家石门子岩刻画中，部分岩刻画采用一种技法，而多数岩刻画则为两种或三种技法并用。如呈半浮雕的人像或单独的人头像皆为先凿刻或划刻后，再打磨而成。从迹象观察，打磨主要为干磨，少量为沾水打磨。

（四）彩绘观察

部分岩刻画中有彩绘的现象，但不是单独以彩绘画，而是在已完成的雕刻岩刻画内涂填颜色或进行补绘，所用颜色主要为红色和白色，白色主要用于脸部的平涂（图61），红色则用于脸部轮廓、躯体、四肢、生殖器以及胸饰的填涂和描绘（图62）。

（五）男性生殖器图形观察

在整个岩刻画中出现的男性生殖器（包括出现在非正常部位的和挂在肘下形似生殖器的图形）共62具，主要出现在左、中两区，其中左区32具，中区29具，右区1具。除了个别生殖器图像为单独出现，其余的均与某一人体相连或相近。部分生殖器为1人1具，有些位于正常的部位（裆部），有些则位于非正常部位（臀部或腰部）；部分是1人2具或3具，或位于裆、臀部或腰部，有的肘部还下挂1具。统计显示，位于腰裆部的共37具，臀部的16具，肘下挂的6具，单独的3具。位于裆部的生殖器一般平伸或上翘，端部呈圆状，有的根部还有两个圆点。而位于肘部和臀部的“生殖器”，形状与裆部的虽然相似，但均呈下垂或斜垂状；有些面相、体态为女性的人像也有男性生殖器的图形（图63），还有些生殖器是后添加或加长的（这些不正常的现象在进行研究时要加以注意）。

（六）岩刻画的打破关系

岩刻画中有许多图像打破叠压的关系。从痕迹观察，有人像图形打破动物图形、人像打破人像、动物图形打破另一动物图形的现象。（图64、65、66、67、68）打破现象在上区岩刻画中未有

图61　头部涂白

图62　躯体、四肢涂红和彩绘胸饰

图63　女性人像的男性生殖器图形

出现，均出现在上区之下的左区与中区中，而且有些图形间的打破关系比较复杂。例如，左区“双头人”组的岩刻画中，“双头人”的颈肩部及左臂打破了三个呈弯形的图形（应为大角羊的羊角图像，羊身部已被“双头人”的身体和左臂打破并叠压）；腰部打破叠压在左屈腿并有男性生殖器的人像上；左胸部打破叠压其左侧一向左曲蹲男性图形的右肘部；右胸部打破叠压其右侧一向右屈蹲男性图形的左手臂，而该右屈蹲人像的胸部又被一人头打破；右肘臂打破叠压于其右肩外侧一形体较小人像的左肘臂，而该人的右胸，又打破叠压位于其右的头顶饰有“七根竖条纹”人像的左肘部，头顶饰有“七根竖条纹”人像的右臂又打破了其右侧的一双腿右屈男性图像的腰部，该男性的胸部又被一有胡须的男性头像所打破。（图64）

人体（人头）图像打破叠压动物图像是左、中区岩刻画中一个值得注意的现象。左、中区可辨认的动物图像共26个（有些已模糊不清或已被打破叠压，原总量当不止此数），其中，左区13个中有7个动物图像被11个人体（人头）图像打破叠压（不包括动物打破动物）；中区13个中有3个动物图像被6个人体图像打破叠压。从人像图形与动物图形之间的打破关系来看，左、中区的部分人像晚刻于动物的图像，而且这些打破动物图像的多为左区和中区中体形较大或身体涂红，在该区岩刻画中占据主导地位的人像。

图64　左区岩刻画打破关系线图（覃大海绘）

图65　人像、动物打破关系现象图像（左区）

图66　人像、动物打破关系现象线图（左区，覃大海绘）

图67　人像打破人像和添加生殖器现象线图（左区，覃大海绘）

图68　人像打破动物图像现象线图（中区，江玉杰绘）

五、调查结论

（一）岩刻画的初步分析及分期

从整个岩刻画的图像来看，康家石门子岩刻画中最为突出、最引人注目、最具有震撼力的是上区的具有女性特征的图形，这些图形位于整个岩刻画的最高处，不仅雕刻精细、线条流畅、比例协调、姿态优美，而且布局讲究，画面整洁，是某一时间某一人群思想观念体现的“作品”，其表现的对象与主题为女性。位于其下的左、中、右区岩刻画，图形的种类增多（有人、虎、马、羊、狗等动物及工具等），人体上出现男性生殖器和一些交合的图形，画面的内容丰富于上区。但其画面和图像的排布比较杂乱，刻画的精细度不如上区，人像图形的形态与风格有所变化。痕迹观察显示，左、中两区岩刻画中，出现了图像相互打破和后添加的现象，既有一个人体（或人头）打破另一人体的现象，还有人体打破动物的现象；还有后添男性生殖器或添长男性生殖器的现象等。那些斜垂于臀部和肘部下挂的“类男性生殖器”的图形，应该不是生殖器，有可能是挂饰或佩带的某种器物。

根据岩刻画遗存、层位以及特征差异等现象判断，康家石门子岩刻画可分为三个时期或三个时间段：

第一期岩刻画位于整个岩刻画的最高处，即上区岩刻画中的七个女性和两组对马图像（该区最左侧的呈男性特征的人像，从其形态、刻技风格等观察，应属后刻者）。七女图像雕刻、打磨较深且精细，人像均为正面直立，身体上部呈倒三角形，两臂平伸，左手下垂，右手上举，五指张开；头戴梯形平顶帽，帽顶有饰物（其中右一为一根直立的饰物，其余的六人中五人为两根向外弯曲的饰物，一人为四根向外弯曲的饰物），形体优美、亭亭玉立。两组对马图像为“隔三”的位置关系，即两组对马分别位于自右向左第三、第六个人平伸的右臂下，其中左组对马为两个直立的头脚、阳具相对的牡马图像；右组对马形态、大小与左组对马相仿，但无阳具，可能表现的为牝马。对马可能是泛印欧语系民族重要神祇——双马神的一种表现图形，是马神崇拜的一种文化现象。对马图形与七女图像的组合，其主题应是神的崇拜，即女神与马神的崇拜。（图69）

第二期岩刻画继一期岩刻画之后，在上区岩刻画之下的左、中区中，出现一些动物图形的岩刻画，可辨的26个动物图形中，有10个动物被这两区中占主导位置的人像打破叠压。以此推断，第二期的岩刻画主要为动物图形（可能还出现了少量的人像岩刻画，如有，则是一些体形较小，不占据主导地位的人像；从布局和打破关系来看，左区两个大型动物即通常所说虎形[1]动物可能出现稍晚，当在三期），动物的种类有羊、牛、狗、兽等。（图70）

第三期岩刻画主要分布于上区之下的左、中、右区，在整个岩刻画中占幅最大，图像最多。这三区岩刻画的变化除了上述的

1 本书后续章节的讨论认为，此处虎形动物可能是大型家畜马，只是刻画形态较为粗放，恰好与第三期岩刻画侵入性、破坏性与粗放随意性相符。

图69　一期岩刻画的七女、对马线图（覃大海绘）

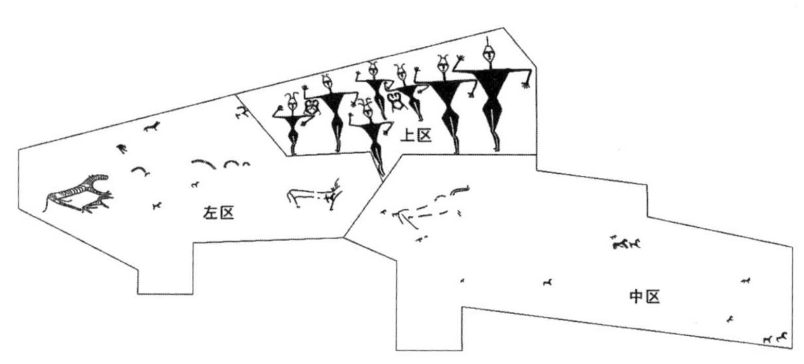

图70　动物岩刻画分布线图（覃大海绘）

单独人头像自上而下、自左向右不断增多，刻磨工艺不如上区（一期）岩刻画，该期岩刻画中占主导地位的人像图形打破叠压在二期的动物图形上，而且人体的体形、体态与上区亦有所变化：上身普遍变长而腿变短；下肢屈膝或侧蹲；头部出现圆头无冠形状等。最显著的是男性生殖器图形的大量出现。这些现象，显示出该期岩刻画与上区的一期岩刻画的人物图形风格发生了变化，而且表现的内容也发生了变化。从区位、层位、图像内容来看，这些变化和时间、人群、表现主题密切相关，即这一时期人们的思维意识、岩刻画创作目的已发生了变化，故所刻凿的内容也随之发生了变化。岩刻画的图形、组合、打破关系等，显示出三期的岩刻画也不完全是同一个时间段和同一人群完成的，是经历过一段时间、经过不同刻者刻凿而成，所以该期的岩刻画缺乏整体的布局，相当一部分的岩刻画拥挤一团；出现各刻者根据自己的思想与目的，各自安排和刻凿自己的岩刻画，有的不惜破坏已有的图像，在已有的图像中添加其他图形等现象。

（二）结语

岩画是古代人画在或刻在岩石上的石头画，它以优美的艺术形象及对于研究人类文明进程的巨大作用，为世界各国学术界所重视。然而时至今日，对于岩画科学的归属问题一直没有定论。艺术史家往往从艺术史的角度去研究，将其划入美术史的范畴；文物考古工作者又常从岩画题材所反映的历史现象去研究，将它划入考古学的领域。我们认为，岩画是世界上分布广泛、数量很多的文化遗物，有它自己独有的特点和规律。它虽然与美术史、考古学和历史学关系很密切，但有别于以上诸门学科。美术是绘画形象的；考古学研究对象是实物，通过实物去研究历史；历史学研究的对象主要是古文献，从中研究社会发展的规律。而岩画是通过古代的图画去考究历史，可以说是介于实物与文献之间的一种文化遗物，它的数量之多，内容之丰富，是任何学科无法包括的。各国岩画的大批发现和研究，已使岩画成为一个新的研究领域，一个自成体系的独立学科。[1]

岩画在中国从古到今曾有过许多不同的名称，如石刻、刻石、画石山、摩崖石刻、崖画、崖壁刻、岩刻画、岩刻、岩雕，等等。现在我们通称为“岩画”，国外则通称为“岩石艺术”，不管是在国内还是在国外，人们对这一称呼都不大满意，总觉得不能完全反映出其丰富的内涵，但是，又没有一个更好的名称来代替。中国岩画分凿刻和涂绘两种，前者多称“岩刻”，后者多称“崖画”“崖壁画”。[2]

康家石门子岩刻画是经过三个时间阶段延续多次刻凿而形成的一幅巨作，以艺术的表现手法，集大成地记录了史前“康家石门子岩刻画刻凿时段”的天山游牧人群的思维、信仰与追求。这幅巨作最早刻凿的是上区形体与动作优美的七女图像和两组对马图形，七女图像已经表现出女神崇拜的符号化思想以及崇敬和崇尚“七”的思想表达；对马则是马神崇拜思想的反映。此后，经

1 盖山林:《岩画学刍议》,《潜科学杂志》1983年第6期。

2 陈兆复:《古代岩画》，文物出版社，2002，第2页。

历过多次再“创作”，图形的相互糅合、添加，产生了以突出男性生殖器为特征的“生殖崇拜”思想内容的岩刻画。

以上康家石门子岩刻画考古调查工作是以现场观察为主，辅以照相、测量手段，近距离地对康家石门子岩刻画进行逐一的观察、辨识、记录与数据采集。同时，为了便于观察、分析、描述与研究，对岩刻画进行了自然分区与统一编号。室外观察工作结束后，在室内进行资料整理的过程中，又发现和辨识出了一些图形。通过实地观察和资料整理，形成了初步的对所观察对象现状的客观记述，旨在保证资料的客观性与科学性，为进一步研究提供可信的资料。

第三节　岩刻画主要人物图像文化意涵

康家石门子岩刻画的研究成果蔚为大观，上一章节已经有较为详细的介绍。概要而言我们认可王炳华先生关于原始思维生殖崇拜文化、原始巫术和刘成先生团队关于岩刻画画面存在打破关系、许多图像男性生殖器图案后来加刻等观点。不过我们在进一步进行细致考古调查工作的基础上，研究认为康家石门子岩刻画主要人物形象均为女性，大多数男性生殖器的刻画很可能并非同一时期与人物同时刻画的一体形象，而是在后来不同文化时期加刻的图案。

一、女神崇拜概述

我们认为康家石门子岩刻画早期人物形象应均为女神像，男性生殖器图案的刻画应该是后期不同部族文化发展变化再创作的加刻现象。岩刻画人像为女神，思想文化意涵已经从具象原始宗教的生殖崇拜、丰产巫术思维发展为女神崇拜、山岳崇拜、天崇拜等以女神崇拜为主的系统宗教思想文化，且与四川盐源树形青铜器存在承继关系，是中国西南地区西王母主题摇钱树文化的主要来源。

亚欧大陆很早就有女性（大母神、始祖母、女神）崇拜传统，从西欧到西伯利亚曾不断发现距今两三万年、被誉为“史前维纳斯”的女性雕像。这些雕像的共同特征是全裸、鼓腹、丰臀和突出刻画的生殖部位，是女神崇拜的最初形态——原始大母神。这类夸张女性性特征的“大母神”的主要意义在于生育，这是对女性生殖力量的崇拜。“它也被视为生育力的原型象征。”[1]不仅如此，大母神还被认为是后代一切女神的终极原型，其发展的最高形态是女性创世神话观念：母神作为一切生物乃至无机物之母，孕育出天地万物和人类。

欧洲大陆史前考古学家金芭塔丝（Gimbutas）认为，在父权制

1 ［德］埃利希·诺伊曼：《大母神——原型分析》，李以洪译，东方出版社，1998，第94页。

宗教以前，存在着女神宗教，并延续了相当长一段时间。在人类史前相当长的时间，大母神已演化为女性创世主，中国的女娲、西王母传说就是远古大母神信仰的遗迹。[1]笔者以为，康家石门子岩刻画中的女神像就是史前天山地区广为人们信仰的具有大母神神性特点的女神。

通常习惯称大母神为始祖母、祖母神，“母系文化的突出特征是远胜于男神的女神崇拜。女娲，是中国的始祖母形象，她创造人的巨大功绩正是始祖母生育功能的神化形式……生殖崇拜成为母系文化的核心精神。正因为生殖在原始人心目中的崇高感，就使始祖母的形象扩张发展，成为具有各种特殊功能的女神。女娲不仅是人类生命的创造者，还是人类安宁的保护者……西王母，是又一位著名的女神形象……现存的一些母系氏族部落认为，女性至一定年龄会自然怀孕，孩子的生命来自外界神秘的精灵或是祖先轮回的灵魂，与性行为无关。……在中国和世界其他氏族的神话传说中，都有许多关于无夫生育或是处女生育的故事”[2]。

在我国史前初民的观念中，能生育生命是一件神奇的事情，而且生育出来的子嗣在长大后能为部落氏族提供劳动力，维持部落的生存和发展，于是女性和大地，因为具有生育能力而享有崇高的地位。但要将女性和大地提升到神的崇拜，仅仅是具有孕育功能还不够，有生必有死，女性和大地必须具有无限的生殖

1　萧兵、叶舒宪：《老子的文化解读：性与神话学之研究》，湖北人民出版社，1994，第188页。

2　欧阳洁编著《女性与社会权力系统》，辽宁画报出版社，2000，第4—5页。

力——大地一岁一枯荣，却年年春生，循环往复，生生不息，所以为神。

20世纪70年代以来，我国考古也陆续发现了一些史前女性像。1979年在辽宁喀左东山嘴红山文化遗址出土有陶塑裸体孕妇像及大女坐像；1983年在辽西牛河梁出土了一尊大型泥塑女性头像和众多残破孕妇像；1983年到1989年河北滦平后台子遗址中出土六件石雕孕妇像；1984年内蒙古林西西门外兴隆洼文化遗址出土两件鼓腹突乳的女性石雕像；1989年在内蒙古林西拉木伦河北岸白音长汗遗址中出土一座插在地上的鼓腹突乳石雕女像；1991年陕西省扶风案板仰韶文化遗址出土一件陶塑裸体孕妇像。学术界倾向于把大多数女像看成女神偶像，它们分别代表了始祖女神、生育女神、地母神、火神等。[1]

从图71、72中几尊雕像丰满的胸部、隆起的腹部和臀部很明显可以看出，早在数万年前就存在鲜明生动的女性性象征崇拜，是人类最早的原始思维宗教意识。

女神崇拜对人类社会的影响大致如下：(1) 社会生产的需要，包括维持人类生命需要的物质生产与再生产，人类自身的生产与再生产，即种的繁衍。(2) 促进了氏族权威的树立。社会权威产生的根本基础在于社会生产与社会生活中需要并存在权威。在母系氏族社会时期，社会权威往往是女首领（女酋长）、女英雄或女巫（女萨满），这也是女神崇拜产生的客观物质基础，但女神崇拜

1　宋兆麟：《中国史前的女神信仰》，《中国历史博物馆馆刊》1995年第1期。

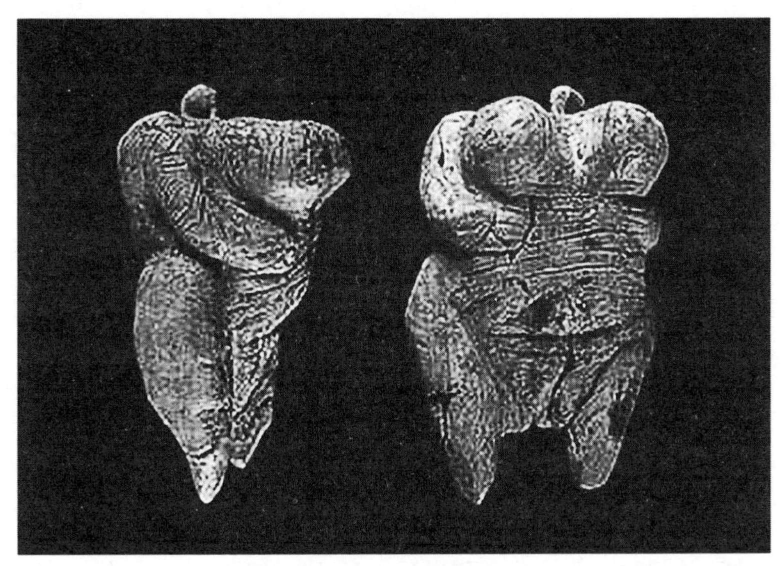

图71　霍勒菲尔斯的维纳斯

图72　左：持角杯的维纳斯；右：威伦道夫的维纳斯

一经产生，也会反作用于社会生活，无疑会增强女首领的世俗权威。（3）女神崇拜培养了古人类的群体社会意识。女神是初民心灵中光明与生命，公平与正义的化身与象征。这种原始宗教象征的文化是保证族群安生、繁衍、昌盛与幸福的基本条件。（4）族类概念内涵不断扩充。至女神崇拜的高级阶段，女神成为众多氏族部落，乃至整个部族或部族联盟的共祀神，“族类”这样的社会集团的概念几乎接近整个人类群体。[1]

由此推论，康家石门子岩刻画产生的史前社会原始宗教思维动因，便是女神崇拜背后蕴含的深沉的氏族生存与发展或人类群体社会意识关于“生命繁衍与死亡”“天地沟通”“至上神崇拜”等方面的思想文化。女神崇拜以一种比较稳固的原始思维意识形态（原始宗教）将史前天山地区人们的社会文化成果不断地传承、扩展，从而推动了史前社会发展。本书关于岩刻画主要人物图像文化意涵的讨论，便是基于这样的人类早期至上神——女神崇拜文化来着眼的。

二、岩刻画三角形人像身体构图的符号化文化含义

康家石门子岩刻画人像身体构图，均以倒三角形为唯一图形。三角形（代表女性阴部三角区）自史前原始时代直至当今时代都是一种中心性象征，代表着给予生命和再生。早至亚欧大陆

1　王小健：《有关远古女神崇拜的几种解释》，载《中国古代社会与思想文化研究论集》第三辑，中国会议数据库，2008。

西部的阿舍利文化时期（约公元前30000年），晚至西方现代圣玛利亚和基督教三位一体的形象，我们都可以看到这一象征的各种形式。

金芭塔丝认为三角纹是女阴（阴部三角区）的符号，沙漏形则是两个顶端连在一起的三角形。如果在这些几何形状上增加头部或乳房、胳膊和腿，就会变成拟人状的女神形象，三角形和沙漏形均为女神的符号。在新石器时代艺术中，三角形意指女性身体。神庙中巨大陶制、石质的三角形充当祭坛，在匈牙利南部科克尼多姆的一座约公元前5000年的神庙中耸立着一个三角形陶土祭坛，该祭坛下部的一个较小的三角形图案中，女神形象若隐若现。（图73左）

公元前4000年左右的库库泰尼陶瓶上刻画着一位多重身体的三角形女神，画面表现出强有力的生命力量。（图73中）图73右

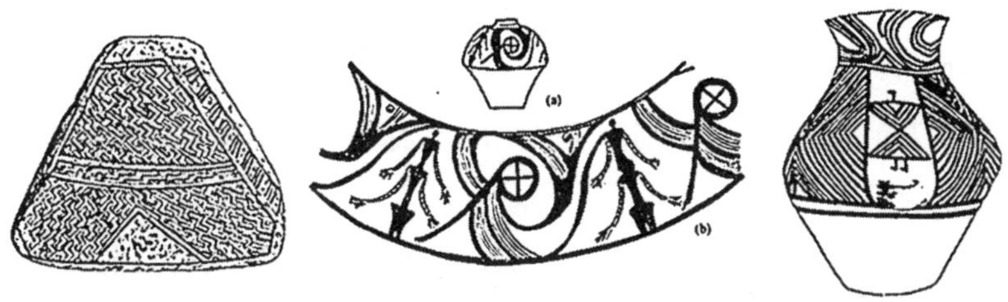

图73　左：三角形祭坛（距今约7000年）；中：多重三角形身体的女神图（图为陶瓶与陶瓶图案展开图，距今约6000年）；右：由两个相反的三角形构成的女神形象（盖雷斯地－内迪亚，罗马尼亚东北部，距今约6000年）

由两个相反的三角形构成的沙漏型人体图案，同样强力表现出再生女神形象。这些都是生命与生育女神，同时也代表死亡与再生之神，她是一个生命周期的完整循环过程，人类史前史中这是一个共性主题。[1]

除去岩画，三角纹更多地用于史前陶器等实物物品的装饰。关于天山地区早期文化中三角纹的使用与文化内涵，罗佳博士在其博士论文中有较为详细的独到见解，这里简要归纳介绍如下[2]：三角纹是天山地区史前彩陶中最为常见的纹饰，一般为倒三角形。以东天山为例，依其纹饰构成形式又可分为内填网格三角纹（图74-1—3）、内填斜线三角纹（图74-7、18）、垂尾网格三角纹（图74-9—12）、复道三角纹（图74-5、6）、叶脉形三角纹（图74-8）、实体三角纹（图74-4、13—17、20—26），或将曲折纹绘于口沿，形成近似倒三角的纹样（图74-27）。依据纹饰所绘位置又可将三角纹分为口沿纹饰、颈部纹饰和腹部纹饰三大类。

东天山地区绘有三角纹的彩陶最早见于青铜时代的天山北路墓地（公元前2000—前1500年），一直到时代约在西汉前期的巴里坤东黑沟墓地仍出土绘有倒三角纹的腹耳罐。这说明三角形纹饰在天山南北地区出现时间早，沿用时间长。该地区彩陶上的三

1　[美]米里亚姆·R.德克斯特主编，[美]马丽加·金芭塔丝著《活着的女神》，叶舒宪等译，广西师范大学出版社，2008，第288—289页。

2　罗佳：《东天山地区史前艺术考论》，博士学位论文，西安美术学院，2013。本节关于三角纹饰、十字纹饰等方面的讨论，对罗佳博士的学术观点与资料多有借鉴，特此说明。

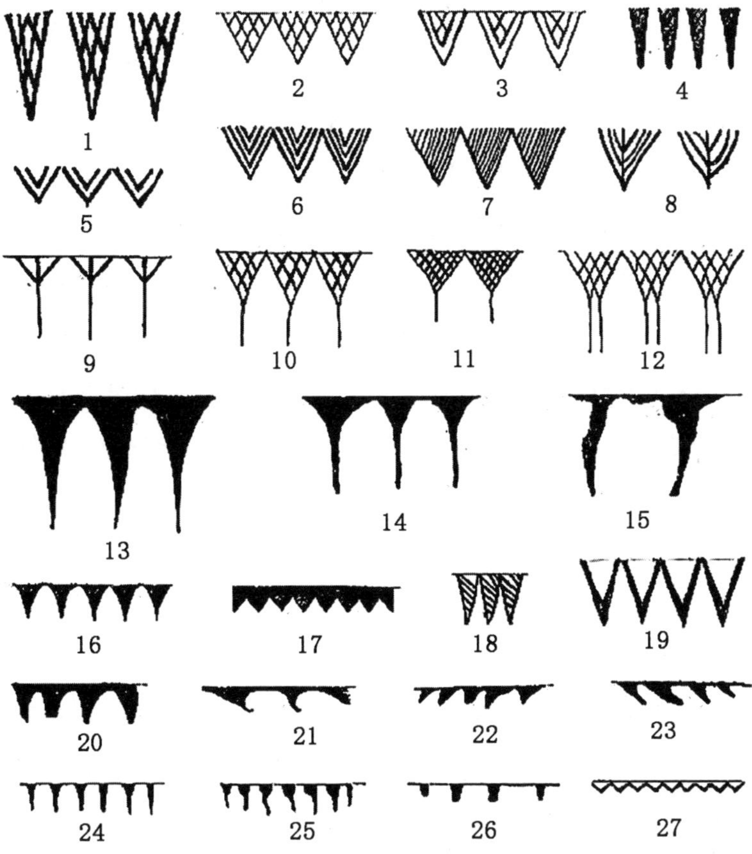

图74　东天山地区史前彩陶中的三角纹(采自罗佳《东天山地区史前艺术考论》)

角纹基本为倒立状，层次简约，布局疏朗。当地史前先民注重对三角形构成方式的创新，以各种不同的风格演绎着这一古老的纹饰母题。三角纹不仅仅是天山地区古老的纹饰母题，也是史前西域、甘青地区、中亚乃至世界原始艺术中普遍流行的纹饰。而从现有考古发现资料来看，康家石门子岩刻画中倒三角人像构图则是这种文化现象最集中、最大规模、最艺术化的显性表达。

新疆周邻地区，时间早于天山北路文化的早期考古文化遗址中，出现三角纹彩陶的有伊朗锡亚尔克遗址（公元前5500—前2900年）、巴基斯坦梅尔伽赫遗址第二期和第三期（公元前5000—前4000年左右）、土库曼斯坦铜石并用时代早期及中期文化遗址（公元前五千纪至四千纪中叶）和我国甘青地区的仰韶文化（公元前4899—前3360年）、马家窑文化（公元前3980—前2032年）、齐家文化（公元前2183—前1630年）、四坝文化（公元前1950—前1430年）等。

锡亚尔克遗址第一期发掘出土的彩陶上饰有丰富的几何图形和动物画像。几何图形纹饰中包括部分陶器口沿装饰的三角形纹饰。[1]（图75-1—7）李青先生认为，这些陶器也许是目前在中亚和西亚地区发现的较早的三角纹陶器标本。[2]梅尔伽赫遗址第二期始见陶器，数量较少，部分轮制器皿饰有简单的几何纹。梅尔伽赫遗址第三期出土彩陶饰有几何纹和动物图案，有的陶器口

1　[法]丹尼、马松主编《中亚文明史》第一卷，芮传明译，中国对外翻译出版公司，2002，第134—135页。

2　李青:《古楼兰鄯善艺术综论》，中华书局，2005，第143页。

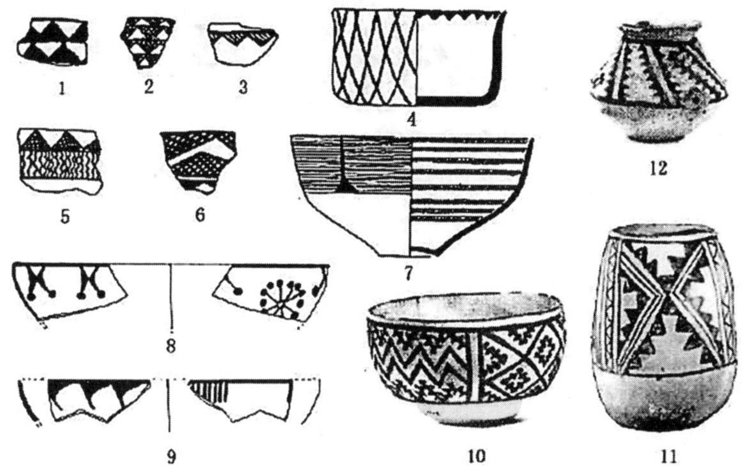

图75　中亚地区早期史前文化中饰有三角纹的彩陶。1—7. 伊朗锡亚尔克遗址第一期陶器遗存，8—9. 巴基斯坦梅尔伽赫遗址第三期的乞力古尔穆罕默德阶段彩陶，10—12. 南土库曼斯坦卡拉德佩遗址出土彩陶（采自《中亚文明史》第一卷）

沿处装饰有倒三角纹。[1]（图75-8—9）土库曼斯坦铜石并用时代早期，彩陶的主要风格是素净装饰法，用大几何形（特别是三角形）构成画面。卡拉德佩文化（公元前3300—前3000年）是南土库曼斯坦铜石并用时代中期农业聚落文化的一种，其彩陶仍然为几何图案装饰风格，连排三角纹呈锯齿状，成为装饰图案的

1　[法]丹尼、马松主编《中亚文明史》第一卷，芮传明译，中国对外翻译出版公司，2002，第86—89、182页。

主要艺术元素。[1]（图75-10—12）上述考古发现说明，三角形纹饰至迟在公元前三千纪中叶已是中亚地区彩陶装饰图案的重要图形元素了。

甘青地区史前彩陶中的三角形纹饰同样相当古老。大约距今6800年前，仰韶早期文化彩陶中三角形纹饰已被运用。甘肃秦安王家阴洼出土的彩陶盆（M37：8、M30：1、M55：1）绘有对三角夹平行斜线纹。该遗址的三角纹圆底彩陶钵（M13：4）高9.5厘米、口径20厘米，上腹以黑彩绘对三角、斜三角和斜线构成的几何形图案。[2]（图76-1）甘肃秦安大地湾三角花叶纹彩盆属仰韶中期文化，高16.4厘米、口径39厘米，腹部绘弧线三角形组成花叶纹。[3]（图76-2）此后，甘青地区马家窑文化、齐家文化至四坝文化彩陶图案中，三角形纹饰延绵不断，但表现风格和装饰位置逐渐有所变化。马家窑早中期彩陶罐上的三角纹，部分延续仰韶文化弧线三角纹的流畅柔美，同时又出现了锯齿状的简约刚劲之风。（图76-3—5）马家窑文化中后期三角纹更为盛行，开始成为独立口沿和颈部纹样，但更多时候仍从属于繁复的纹饰组合中，呈锯齿纹，多有神秘之意。（图76-6—10）齐家文化和四坝文化中，三角纹更为纯拙明朗，并独立成为器物的装饰纹样。（图76-11—12）

1　[法]丹尼、马松主编《中亚文明史》第一卷，芮传明译，中国对外翻译出版公司，2002，第160—165页。

2　甘肃省博物馆大地湾发掘小组：《甘肃秦安王家阴洼仰韶文化遗址的发掘》，《考古与文物》1984年第2期。

3　甘肃省博物馆编，韩博文主编《甘肃彩陶》，科学出版社，2008，第27页。

图76　甘青地区史前考古中发现的饰有三角纹的彩陶。1.半坡类型钵；2.庙底沟类型曲腹盆；3.石岭下类型罐；4.石岭下类型罐；5.马家窑类型壶；6.半山类型壶；7.半山类型瓶；8.半山类型壶；9.马厂类型罐；10.马厂类型罐；11.齐家文化双大耳罐；12.齐家文化双大耳罐（1—8采自《甘肃彩陶》；9—12采自《青海彩陶》）

从史前彩陶的三角纹来看，东天山地区与这些周邻地区文化之间的关系如下。由于东天山地区中石器时代至青铜器时代之间的考古发现尚属空白，史前文化发展序列的缺环让我们难以判断该地区彩陶文化中的三角纹是否存在本土文化源头。从文化传播的角度来分析，先前列举的那些较哈密天山北路墓地时间更早的考古文化遗址，从时间上来讲，都有可能成为天山史前彩陶三角纹的文化源头。但就地理位置而言，该地区东连河西走廊，与甘青地区的文化交流存在地缘优势。同时，我们要看到，新疆境内古墓沟墓地（距今3800年）[1]、小河墓地（距今3800年）[2]、克尔木齐早期遗存（公元前2000—前1200年）[3]等与天山北路同时期的考古文化遗址中，陶器文化并不发达，古墓沟墓地和小河墓地甚至没有发现陶器。三角纹在小河墓地尚属多见，但多刻在木梳（M4：19）、木别针（M4：11-1）、木箭杆（MC：54）等木质器物上，且其风格与天山北路墓地彩陶上的三角纹风格也不相同。因此，如果尝试将天山北路墓地彩陶的三角纹装饰风尚与中亚西部诸多遗址联系起来，似乎两者还存在很大的空白地段，依靠目前的考古资料还无法顺利地建立起文化传播路径。但是，显而易见的联系却可以在康家石门子岩刻画中看到。

公元前二千纪初至前一千纪前后，三角纹开始广泛流行于新疆周邻地区的辛塔什塔文化（公元前2000—前1600年）、安德罗诺沃文化（公元前1800—前1600年）、卡拉苏克文化（公元前1300—前800年）以及费尔干纳盆地的楚斯特文化（公元

1　王炳华：《孔雀河古墓沟发掘及其初步研究》，载《西域考古历史论集》，中国人民大学出版社，2008，第274—292页。

2　新疆文物考古研究所：《2002年小河墓地考古调查与发掘报告》，《边疆考古研究》2004年第1期；新疆文物考古研究所：《新疆罗布泊小河墓地2003年发掘简报》，《文物》2007年第10期。

3　王博：《切木尔切克文化初探》，载《考古文物研究——纪念西北大学考古专业成立四十周年文集》，三秦出版社，1991，第274—285页；林梅村：《吐火罗人的起源与迁徙》，《西域研究》2003年第3期。

前1500—前800年）中。[1]公元前二千纪中至前一千纪初，新疆地区陶器文化受之影响，三角纹亦表现出旺盛的生命力。奇台半截沟遗址（约公元前二千纪末至前一千纪初）[2]，准噶尔盆地东北缘阿勒泰库希村（公元前1300—前800年）[3]，中天山地区的石河子水泥厂墓地（公元前1300——前800年）[4]，伊犁河流域托里县萨孜村古墓地（公元前1600—前1300年）[5]，塔里木盆地北缘和硕新塔拉遗址（公元前1500—前1000年）[6]，库车哈拉敦遗址（约公元前1500—前800年）[7]都出土了饰有三角纹的陶器。

值得注意的是：新疆中天山地区、伊犁河流域史前文化中的三角形纹饰与新疆西北部周邻文化彩陶三角纹有明显传承关系，与东天山地区存在较大差异。这些差异主要体现在三个方面：第一，正立三角纹的大量运用，有别于东天山以及天山中段北麓

1 邵会秋：《新疆史前时期文化格局的演进及其与周邻地区文化的关系》，博士学位论文，吉林大学，2007。

2 新疆维吾尔自治区博物馆考古队：《新疆奇台县半截沟新石器时代遗址》，《考古》1981年第6期。

3 王博：《切木尔切克文化初探》，载《考古文物研究——纪念西北大学考古专业成立四十周年文集》，三秦出版社，1991，第274—285页。

4 新疆文物考古研究所、石河子市博物馆：《石河子市古墓》，《新疆文物》1994年第4期；新疆文物考古研究所、石河子军垦博物馆：《石河子文物普查简报》，《新疆文物》1998年第4期。

5 新疆文物考古研究所等：《托里县萨孜村古墓葬》，《新疆文物》1996年第2期。

6 新疆考古所：《新疆和硕新塔拉遗址发掘简报》，《考古》1988年第5期；新疆博物馆、和硕县文化馆：《和硕县新塔拉、曲惠原始文化遗址调查》，《新疆文物》1986年第1期。

7 黄文弼：《新疆考古发掘报告（1957—1958）》，文物出版社，1983，第104—114页。

地区的倒三角纹特征（康家石门子岩刻画人物构图即为此特征）。第二，通过反复叠加，密集排列所构成的繁复风格，与东天山地区彩陶三角形纹饰的简约风格迥异。第三，三角纹所饰陶器器形及装饰部位也与东天山地区有所不同。从该时期新疆地区各遗址陶器三角形纹饰的分布及特征来看，最早在公元前二千纪初中叶（距今约3500年），三角形纹饰在中亚西部、东欧草原地带以及南西伯利亚地区广泛流行，并随之形成了一股较强的东进之风，对新疆西北地区产生了影响。不过此时，东天山地区的焉不拉克文化彩陶也正在积极向西传播，其影响遍及东天山以及天山中段北麓地区，有关倒三角纹人物构图文化现象正是天山东部文化西向传播与影响的结果。

约公元前一千纪前后，新疆地区各文化之间三角形纹饰特征似乎出现了更强的交融趋势。吐鲁番盆地苏贝希文化（公元前1000年至公元前后）[1]彩陶的三角形纹饰十分突出。在木桶、服饰上也屡见不鲜，说明这种纹饰是吐鲁番盆地广为流行的一种文化现象。[2]仅陶器而言，这里出现的口沿内外的实体倒三角纹、网格倒三角纹、斜纹倒三角等都与哈密盆地焉不拉克文化的三角纹十分相似。鄯善洋海一号墓地出土的彩陶钵（M83：3、M184：1），

1　陈戈：《新疆史前时期又一种考古学文化——苏贝希文化试析》，载宿白主编《苏秉琦与当代中国考古学》，科学出版社，2001，第153—171页。

2　新疆文物考古研究所、吐鲁番地区文物局：《鄯善洋海一号墓地发掘简报》，《新疆文物》2004年第1期。

器表绘大倒三角纹，内填网格。[1]这些大倒三角纹与东天山地区的垂尾网格倒三角纹基本相同。塔里木盆地北缘察吾乎文化（公元前二千纪末至前800年）以带流陶器为典型，彩陶亦以带流器居多。其主要纹饰为棋盘格纹、网纹、云雷纹、三角纹。据研究者统计，仅三角纹就可细分为10余种。[2]其中，内填平行斜线的单体倒三角纹与焉不拉克文化的三角纹最相似，但两者的整体特征还是以差异性为主。新疆塔里木盆地南缘且末县扎滚鲁克古墓葬（距今约3000年）中曾发现饰有倒三角纹的彩陶片（89QZMC：04），为口沿残片，口沿内外侧均绘赭色锯齿状倒三角纹。[3]

这些相似性的出现，无疑证明了东天山地区与中天山地区文化交流的加强，甚至可以说倒三角纹从东向西传播影响天山中部北麓地区的可能性逻辑关系上是成立的。换言之，康家石门子岩刻画的倒三角纹人物构图方式有可能主要来自东天山地区，并进而关联到甘青地区的马家窑、齐家文化。

三角纹的普遍流行不仅是史前艺术的一个重要特征，也是一种广受关注的史前文化现象。最早三角纹被认为是“丧纹”。[4]随

---

1 新疆文物考古研究所、吐鲁番地区文物局：《鄯善洋海一号墓地发掘简报》，《新疆文物》2004年第1期。

2 新疆文物考古研究所编著，王明哲主编《新疆察吾乎——大型氏族墓地发掘报告》，东方出版社，1999，第288—297页。

3 巴音格楞蒙古自治州文管所：《且末县扎洪鲁克古墓葬1989年清理简报》，《新疆文物》1992年第2期。

4 ［法］雷奈·格鲁塞：《东方的文明》，常任侠、袁音译，中华书局，1999，第19页。

着考古材料的积累，人们渐渐发现，三角纹在岩画、服饰、木器等艺术中也被广泛使用。三角纹流行的原因及其内涵成为研究者们普遍关注的课题。

罗佳博士认为，三角形纹饰之所以能够为先民所接受，很可能是因为它抽象形式背后的深层意义在一定程度上满足了世界各地原始先民的共同心理祈求。目前，为更多研究者所认同的观点是“生殖崇拜说”。有研究者通过汉语古文字研究指出，“帝”字的原意为女阴。较古老的甲金文“帝”字的骨干为顶角向下的等腰三角形，字多作▽，置于器架之上。因为崇拜三角形女子生殖器的缘故，而将其陈列在三条腿的架子上面祭祀。[1]而笔者认为，“帝”字所表达的生殖崇拜、女神崇拜等中国早期史前文化，后来发展成为“天帝”“天命”的天崇拜文化——天命观。而在中国广大的北方地区阿尔泰语系语言分布地带，则以腾格里（天）崇拜为特点。

国外对三角纹也有文字学意义上的论述。如因曼（Imman）认为，希腊文字母 Delta，△，从形状上、观念上都是女性生殖器的表征。因为这个词 Daleth（希伯来语）和 Delta（希腊语）意指房屋的门，江河的河口。若把该形象翻转过来，底边朝上的话，▽恰当地代表着遮蔽人类女性性器官的阴毛造型。[2]

实际上，以抽象的纹样象征女阴和男根，见于世界各古老

1 萧兵、叶舒宪：《老子的文化解读：性与神话学之研究》，湖北人民出版社，1994，第 621—627 页。

2 转引自萧兵、叶舒宪《老子的文化解读：性与神话学之研究》，湖北人民出版社，1994，第 627 页。

民族和原始民族。公元前1400年古埃及的绘画中，象征天空和星星的女神，即以这样的三角形象征女阴。古埃及墓壁画中的女神纳特，也是以这样的三角形象征女阴。东欧特里波利耶-库库泰尼文化中的陶塑女像，同样是以三角形象征女阴。我国辽宁东山嘴红山文化遗址出土的陶塑女像也以三角形压印纹表示女阴。

总而言之，三角形作为具有女性生殖神力的象征符号，在亚欧之间的史前宗教艺术中广为流行，最终积淀为广泛意义上的丰产符号。[1]同时三角形也被用在艺术构图中构造人体，在某种意义上三角形图形本身也就代表女性、女神，是一种既表意又表形的思想性文化符号。

康家石门子岩刻画倒三角形构图的主要人像正是这种用倒三角形构造人体并赋予生命与再生的女神（见前文上区岩刻画图像），并非所谓纯粹的岩画艺术，而是渗透天山早期游牧人群思想情感内容的摩崖石刻。三角形构图人像就是距今3000年前后那个时代天山广大先民精神文化的艺术表现形式之一，而原始巫术或宗教是其较为突出的主旨文化色彩。其之所以选择或者说出现在呼图壁康家石门子，完全是因为这里独特的丹霞山体（天梯一般直耸入云的独立通天山体）和优越的自然环境。康家石门子岩刻画正是天山区域大型高等级原始宗教仪轨活动场面的写实与记录（因

1　赵国华:《生殖崇拜文化论》，中国社会科学出版社，1990，第168、345页。

其目前为止考古发现的唯一性），这是一种在直接社会物质生产与精神活动基础上产生的同构对应，也就是原始哲学与宗教思想的积淀。具体而言三角纹构图的女神、天柱神树一般的丹霞山体所表达的女神崇拜、天崇拜等史前文化，与中国古代“天帝”“天命”的至上意志崇拜文化——天命观（中国广大的北方地区阿尔泰语系语言分布地带的腾格里崇拜）存在一致性。

本章第二节，我们根据考古调查报告得出整个岩刻画的上区图像，为康家石门子岩刻画最早也是最高端的图画。此区图形以人物为主，共有八个完整的人物和两组对马及一个单独的人头像。除了最左侧的人像体形较小、刻痕较浅且拙滞，其余人像的形体较大（最右的人像高达2.07米），浅浮雕图形雕刻精细，线条流畅，姿态优美，而且布局疏密得当，整个画面显得十分整洁。其中左侧最边上的那个人像除了形体较小，构图方式虽然与其他七个图像大略相同，但是也存在明显的不同之处。这个最小的人像，人体髋部与上身比例失调，肩宽与身高、上身俱不成比例，髋部构图近似圆锥形状，与其他七幅人像一字平底裆部拟形三角的构图完全不同。再者，左侧人像头顶没有高帽顶部突出的软性条状装饰，尾部反而多出一条形似尾巴的下斜线。此外，浅浮雕雕刻手法拙滞，刻痕较浅，反映了制作时用心程度和人力物力投入不够的情况。最后，视觉上也可以看出明显的艺术手法和视觉审美的差距，七幅人像具有符合人体黄金比例的女性动态曲线美，因而我们认为上区最早制作的人像应该是七幅人像。

我们认为上区岩刻画中七幅庄严高大的女像（图77，应该还

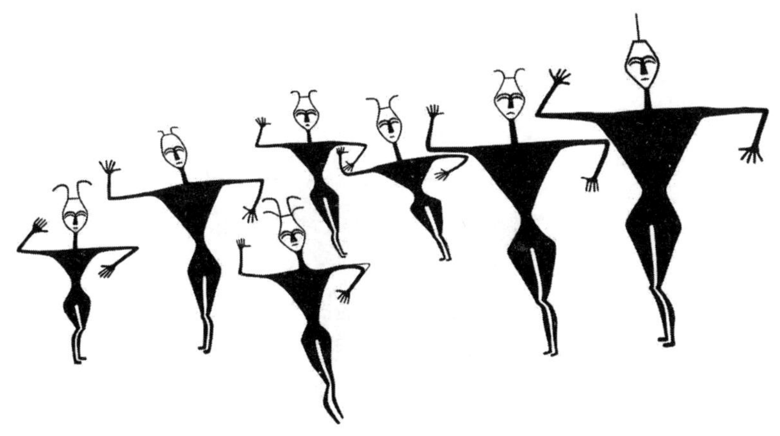

图77　康家石门子岩刻画上区三角形构图且工艺技法一致的七女神像

有早期数字“七”崇拜与古代天文天象观念在内），是天山史前时期系列女性人格神崇拜图像。推断依据与上文考古调查的观察和研究一致，主要是图像构图方式、人像身体比例、浅浮雕凿刻磨制手法。图像性质为天山草原区域早期女神，其手势表现的则是草原游牧文化背景人群共有的上下摆手的舞蹈姿态。（图78）人像手势与身体姿态有着强烈的符号化特点。仔细审视，我们发现这组图像的表现形式并不像表面看来那么随意自在，而是以规范化的人体舞蹈形式和符号化的思想寓意表现着人们更深层次的精神诉求，应该是以写实形态表现了青铜时代天山草原地区庄严的高规格史前巫术（或宗教）仪式。通过巫术向天神申达人间诉求，也是女神像崇拜表达的文化内涵。

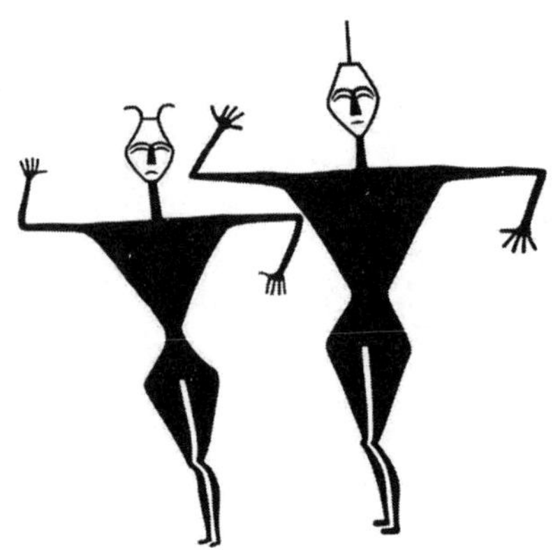

图78　康家石门子岩刻画两种女神像

根据上文的讨论，我们确定康家石门子岩刻画中的女神像最典型的艺术表现手法是以倒三角形表达女神的身体。三角形自史前时代直至历史时期一直都是一种女性中心性象征，代表着给予生命和再生。毋庸置疑，康家石门子岩刻画中的倒三角形构图女神像同样以明确的思想性符号表达自然万物生命的恩赐与再生，是一种至上神崇拜思想。

三、人像姿态的符号化含义

康家石门子岩刻画人物的动作举止完全一致，均为两臂平行

图79　左：高加索海伦多夫青铜壶上的丰产图（采自芮传明、余太山《中西纹饰比较》第63页，图Ⅱ-39）；中：古希腊壶上的女生殖神瑞亚（采自芮传明、余太山《中西纹饰比较》第75页，图Ⅱ-58）；右：特洛伊第三城遗址出土的铅质娜娜女神像（采自芮传明、余太山《中西纹饰比较》第76页，图Ⅱ-60）

一手小臂上举，一手小臂下垂，符号化的象征性特点明显。刘学堂先生认为其与广泛流传于亚欧大陆的早期卍（卐）符一致：呼图壁岩刻画人物的造型，极为特别——它们绝大多数上身稳定，两臂上、下摆动，当右臂平伸、右手上举时，则左臂平伸，左手向下，手指伸张，反之亦然，这种双臂平伸，一手上举，一手下垂构图风格是呼图壁岩刻画人物造型上最为突出的特征，是一种程式化的构图。[1]

实际上，这种图案结构，并不能仅仅理解为舞蹈动作，呼图

1　刘学堂：《呼图壁岩画的时代、作者及其它》，《新疆文物》2006年第3、4期；刘学堂：《丰产巫术：原始宗教的一个核心——新疆考古新发现的史前丰产巫术遗存》（上），《新疆师范大学学报（哲学社会科学版）》2007年第2期。

壁岩刻画不是简单地表现舞蹈的天山地区史前艺术品，更重要的它是巨幅系列史前天山女神崇拜原始宗教画。画面中的所有因素都出于原始宗教的目的，为原始宗教服务，表现宗教内容。我们认为呼图壁岩刻画人物上肢与身体形成的图案结，同欧洲大陆及近东史前时期广泛流行的卍字符同源。

卍字符在西方早期文化中极为流行，这里我们列出一些典型例证。希腊和波斯神话中诸多女神，如波斯的月亮女神、狩猎女神阿尔蒂米斯，希腊主司婚姻和夫妻恩爱的女神以及孕妇与产妇的救助神赫拉（相当于罗马女神朱诺），希腊的丰产女神与农业女神及婚姻保护女神德美特（相当于罗马的刻瑞斯女神），腓尼基神话中的月神、丰产女神及性爱女神阿斯塔尔塔（相当于罗马的阿佛洛狄忒女神）等女神的形象中经常看到这种字符。欧洲学者认为，将卍字符绘于女神下体，其意思很明显，它乃是女性生殖器的标志，亦即生育和繁殖力的象征，这种表达手法起源于美索不达米亚。出土于特洛伊第三城遗址中的铅质娜娜女神像，以一个大三角表示女神的阴部，而三角中则饰以直角左折卍字符，这被认为是卍字符象征生育、女性的有力证据。[1]见于古希腊壶上的一位有翼女神像，从她身旁有一狮子伴随来看，这位女神可能是瑞亚（Rhea），因为瑞亚的随侍动物通常为狮子。可以看到，女神身体周边有三个明显的卍字纹饰。在希腊神话中，瑞亚乃是母神，最早祀奉她的地方是克里特岛，传说她在那里生下了最高天神宙

1　芮传明、余太山:《中西纹饰比较》，上海古籍出版社，1995，第76页。

斯。所以，瑞亚本身有“养育万物”的含义。很明显，围绕着瑞亚周身的卍，是具有生殖神力的符号。作为人物造型，作为一种体势符号，这种形象早在新石器时代初期，便普遍见诸东欧地区的陶器上，考古学家金芭塔丝也将其解释为生育女神，这样的考古例证能举出很多。芮传明、余太山先生在《中西纹饰比较》一书中，对这类符号在中西方流行的情况及象征意义做了深入的探讨。由此看来，呼图壁岩刻画中的人物，这种奇特造型的意义并不在于舞蹈，而所要表示的是具有符号意义的生殖、丰产图形。这和呼图壁岩刻画整体所要表达的主体思想完全相同，可互为印证。类似的岩画在裕民县巴尔达库尔山也发现过，巴尔达库尔岩画位于准噶尔盆地西北，向西是通往中亚的一条古老重要通道，

图80　青海柳湾卐字符彩陶罐（采自《青海彩陶》）

它也是以磨刻的技法，表现人物的交合。岩画中有的人物头上也装饰数根翎羽，有的人物也绘成一手上举，一手下垂的样子，其文化内涵和时代都应该和呼图壁岩刻画一致。

笔者认同刘学堂先生的观点，康家石门子岩刻画人像身体形态可能存在卍形纹拟形（手臂与身体）。不过我们还认为此种姿态也应该与十字符号接近（去除平直双臂上下方向的小臂，其与身体的关系基本就是十字）。

从大量的考古资料和有关史实来看，卍字符广泛分布于亚欧大陆的新石器时代的彩陶文化中，距今已有六七千年的历史，是一种史前原始宗教哲学思想性符号。其产生后对一些地区的民族，有着深刻而广泛的影响。在我国，卍字符最早出现于距今

图81　青海柳湾十字纹彩陶罐（采自《青海彩陶》）

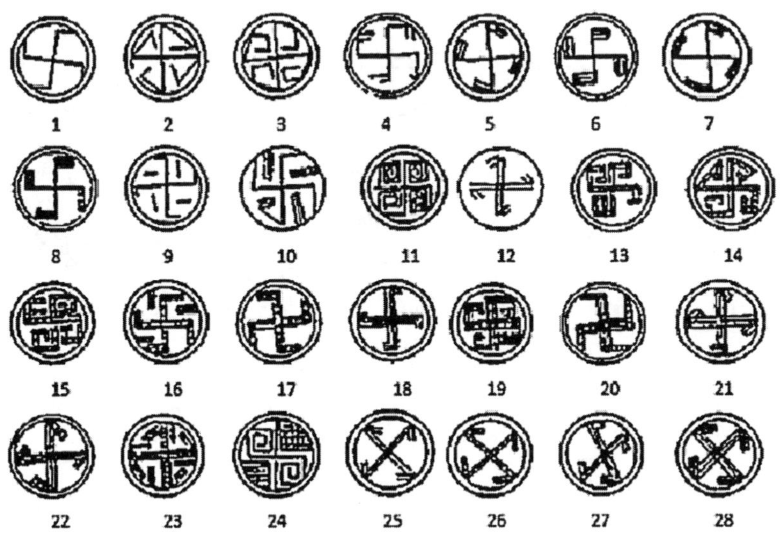

图82　马家窑文化马厂类型彩陶卍字符28种变形纹饰（采自郭戎晶《论“卍”符号美学意蕴的发展与演变》）

9000年左右的彭头山文化，在距今6900年左右的河姆渡文化（距今6000年左右的红山文化陶器上有少量）、距今5500年左右的东北小河沿文化、距今2400年左右的青海乐都柳湾马家窑文化马厂期，以及新疆以小河墓地文化为代表的青铜时代文化中均有大量显现。

中国史前陶器的卍字符，被国内外专家确定为中国史前原始宗教巫术的“巫”字，由于“巫”最早代表太阳的使者，所以卍字符阳光四射，象征太阳有魔力的东西。卍字符的基本造型是以

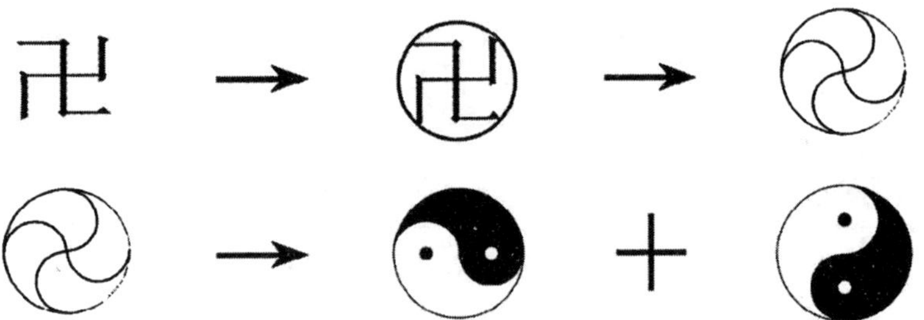

图83　卍字符的推演变化示意图（采自沈艳《“卍”字纹初探》）

十字为其纹样的母题，把十字四端比画向左折为卍，是逆时针旋转的十字；把十字向右折就是卐，是一个顺时针旋转的十字。由此可见，卍字符是由十字符号变化而成的，卍字符与“巫”有密切联系。[1]从正面看呈逆时针旋转，从反面看呈顺时针旋转的卍字符还具有另一种特殊的对称性。若将交叉点称作原点，卍字符以原点为圆心，顺时针或逆时针旋转任意90°、180°、270°或360°所得图形依然与原来的完全一致。此外，如图83，在卍字符之外加上一个正圆与之相切，除了可以明确看出旋转的十字符号与卍字符以及旋转的太阳，还能够表现循环往复、生生不息、日月天地、阴阳太极等意象。

笔者也由此认为卍字符的出现是原始巫术思想的表现，它是原始图腾的简化和抽象化的结果，是人们对太阳（生命）崇拜抽

1　王仁湘：《中国史前考古论集》，科学出版社，2003，第434页。

象化的表达方式。

考古发现我国许多地区的岩画中也都绘有太阳神或者象征太阳神的神像，如广西花山岩画、内蒙古阴山岩画、四川珙县岩画、连云港将军崖岩画、云南沧源岩画等。其中多数圆形图案中绘有卍字符的，其均表光芒四射之意。此外，出土的商周战国时期青铜器中也多有卍字符号使用。

关于古代艺术形式与思想性含义的符号，麦肯齐在《象征符号之迁徙》的前言说：“很难相信古人所创制的工艺品或图案，会是一种‘为艺术而艺术’的毫象征意义的作品。”“我们在下面各章中陆续谈到的不少纹饰，有比较复杂的人、兽组合图画，也有十分简单的几何图案，然而它们都是这种或那种宗教信仰的象

图84　马厂类型 趾抓纹彩陶豆

征符号。甚至越是简单的纹饰，可能包含的象征意义越是复杂多变。诸如卍形纹、十形纹饰，等等，都有许多种不同的解释”“为什么会产生‘象征性符号’(如上文所言，该词包括‘纹饰’和‘姿势’两个方面)，大家的意见似乎没有什么分歧。即认为，当古人发觉仅仅用言辞还不足以表达其内心深处的感受，或者不足以体现某种神圣的力量时，他们就用一种特定的姿势或图形、图案予以表述和强调”“可以使人产生视觉印象的图形，则能够长期地存在下去，十年、百年乃至数千年不变。于是十分自然地，一旦古人掌握了创制形形色色图像、图案的技巧后，使用这些纹饰取代——至少是部分地取代——象征性姿势，以表达他们心灵深处的观点或者抽象性的精神实体。纹饰主要使用于宗教性的场合”。[1]

卍字符源自十字符，乃是用图形表达向四面放射光芒的太阳。关于十字纹在天山岩画之外的应用，材料相对较多。这里仍然以天山早期文化中陶器纹饰为例进行说明，东天山地区史前彩陶上的十字纹[2]分为两类。一类似符号，由横竖两笔构成，十分简单，形同汉字中的“十”，本书暂且称之为“十字纹”(图85-9、10)，最早装饰于天山北路墓地双耳陶罐颈部，也见于巴里坤南湾墓地腹耳壶上。据目前已发表的考古资料来看，这种十字纹后未见于该地区其他史前墓葬、遗址的彩陶上。不过，值得注意的是，伊吾拜其尔墓葬发掘出土了12件独特的陶质十字器，其中4件放置

1　芮传明、余太山:《中西纹饰比较》导言，上海古籍出版社，1995，第3—5页。
2　此处关于天山地区出土彩陶十字纹的讨论，参考了罗佳《东天山地区史前艺术考论》，博士学位论文，西安美术学院，2013。

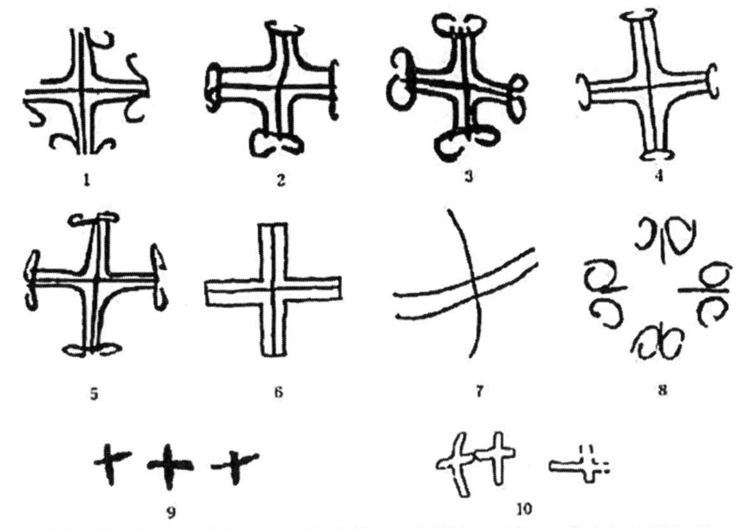

图85　东天山地区史前彩陶中的十字纹（采自罗佳《东天山地区史前艺术考论》）

于陶杯内成套出土。十字器呈浅褐色，纵向较长，横向较短。这类器物在该地区尚属首见，发掘者认为这显示出此处居民的独特习俗。虽然与彩陶纹饰并非同类物质，但都以十字纹为表现母题。两者间是否存在某种文化观念上的联系，是值得继续探讨的问题。此外，在伊吾乌尊萨依岩画中发现了十字纹、羊和弓箭组成的画面，颇为独特。另一类，通常被称为“双钩十字纹”，十字空心，四端加弯钩纹，似兽角。也出现一些简化的变体，或省略十字四端弯钩纹，或以单线勾勒十字。这种双钩十字纹是焉不拉克文化彩陶独有的纹饰，仅饰于彩陶豆豆盘内，也常间饰变形S纹或垂幛纹，形成一种较为固定的纹样组合。

十字纹的古老程度不亚于三角纹。作为象征符号或装饰纹样之用的十字纹，有若干种不同的类型，据相关学者统计，在与其他的纹饰结合起来之后，其品种居然多达385种。[1]若要探寻更早的十字纹，还是得追溯到史前时期。

在中亚西部地区，十字纹是彩陶艺术和印章艺术中常见的纹饰或符号。巴基斯坦梅尔伽赫遗址第二期轮制精细陶器上饰有十字。伊朗锡亚尔克遗址三期遗存中有同心十字符号和其他几何图案组合的印章。这是具有当地传统文化特征的器物。南土库曼斯坦铜石并用时代晚期（公元前四千纪末至前三千纪初）吉奥克修尔风格陶器上饰有大而鲜明的多色十字或半十字图案。撒拉兹姆的陶器上也有与之相同的十字或半十字图案。南土库曼斯坦早期青铜时代（公元前2300—前2000年）阿尔丁特佩文化有丰富的阶梯式十字形印章或其他包含十字纹的印章。（图86-1—8）阿姆河中游地区的萨帕利文化（公元前二千纪中叶）遗址出土的锯齿状十字形印章上，相互缠绕的蛇将四种动物包裹在内，形成一种徽章，这四种动物分别是山羊、野猪、狮子和一种猫科食肉类动物。（图86-9）[2]这枚印章是极具价值的艺术精品，无疑体现了中亚西部印章艺术的某些造型特征和文化传统。

1　转引自芮明传、余太山《中西纹饰比较》，上海古籍出版社，1995，第96页。

2　［法］丹尼、马松主编《中亚文明史》第一卷，芮传明译，中国对外翻译出版公司，2002，第86—89、140、161—173、253—255页。

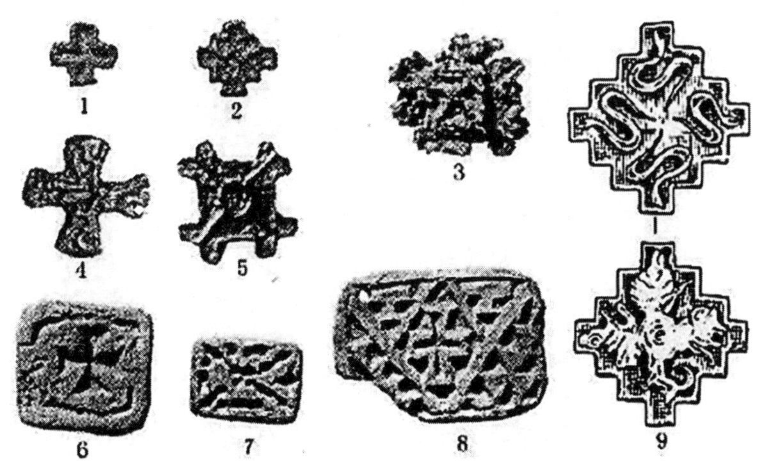

图86　中亚西部史前印章中的十字纹。1—8. 阿尔丁特佩印章，9. 萨帕利文化印章（采自《中亚文明史》）

甘青地区仰韶早期文化和马厂类型陶器上分别出现刻画和彩绘的“十”。[1]前者的“十”刻在彩陶钵口沿外的一圈黑色宽带上。作为彩陶钵黑带纹上刻画的诸多符号之一，这个十字纹更多被认为属于记事系统，是汉字的前身。[2]此外，将十字纹描绘在陶器颈部的装饰手法应兴起于半山类型和马厂类型彩陶中。（图87-1—5）

1　谢端琚：《甘青地区史前考古》，文物出版社，2002，第43、91—93页。

2　甘肃省博物馆编，韩博文主编《甘肃彩陶》，科学出版社，2008，第16页。

图87　甘青及东天山地区口沿饰十字纹的彩陶。1、2、4. 平山类型陶器，3、5. 马厂类型陶器，6. 哈密天山北路陶器（采自《甘肃彩陶》《青海彩陶》《新疆彩陶》）

这些绘制于器物颈部的十字纹多为双臂支地的形态，即呈“×”形。与哈密天山北路墓地出土的双耳陶罐颈部的正立十字笔法方向上略不同。（图87-6）双钩十字纹与十字纹虽母题相同，但在纹饰构造的复杂程度、纹样与器形的适合性等方面存在很大差异。如前所述，双钩十字纹作为陶豆豆盘的内彩，与装饰于十字四臂间的填充纹样共同组成了一种固定的纹样组合。这种纹样组合是一种圆形适合纹样。

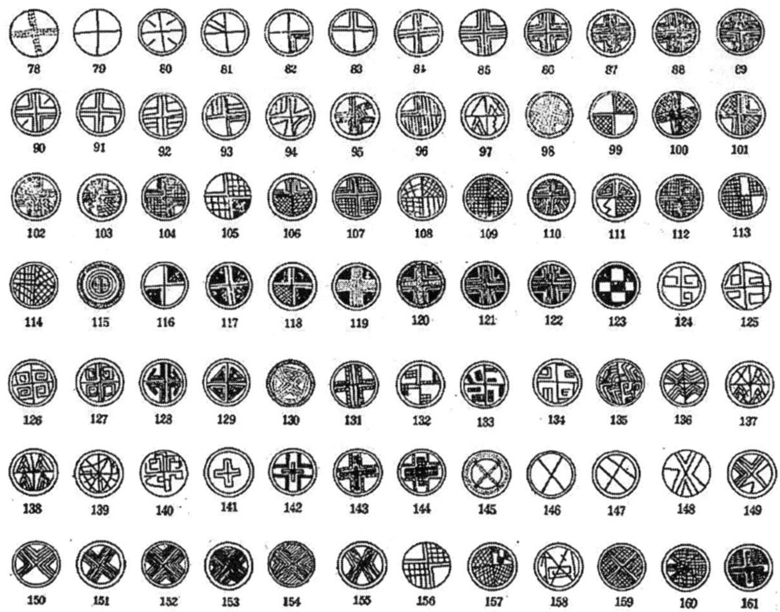
图88　青海柳湾出土马厂类型陶器圆圈十字纹饰图谱（采自《青海柳湾——乐都柳湾原始社会墓地》）

进一步查看甘青地区彩陶纹饰后，发现这种以十字为基本骨架，并填充装饰其他组合纹样的装饰风格，在半坡类型形成，至马厂类型已经基本成熟。（图88，图89-1—7）甘肃武威皇娘娘台遗址出土彩陶豆（M47：10），敞口，豆盘较深，壁微弧，矮圈足呈喇叭状。豆盘内绘十字纹，间饰变形青蛙纹。[1]（图89-8）玉门

1　甘肃省博物馆：《武威皇娘娘台遗址第四次发掘》，《考古学报》1978年第4期。

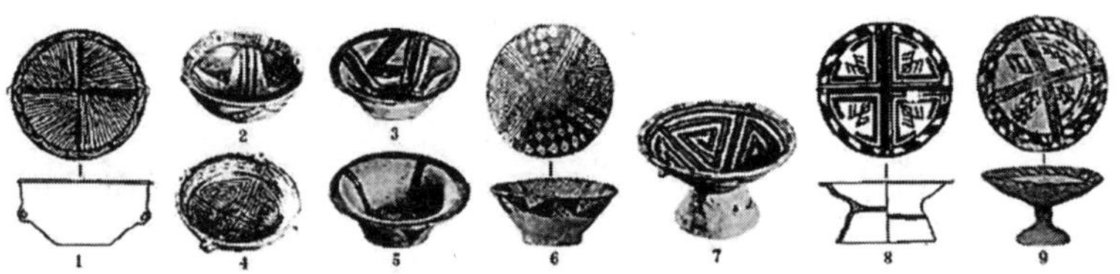

图89　马家窑文化、齐家文化及四坝文化陶盆、陶碗及陶豆内彩所饰十字纹。1. 半坡类型盆，2. 马厂类型内彩钵，3、6. 马厂类型内彩碗，4、5. 马厂类型内彩盆，7. 马厂类型内彩陶豆，8. 齐家文化彩陶豆，9. 四坝文化彩陶豆（采自《青海柳湾——乐都柳湾原始社会墓地》《青海彩陶》《甘肃彩陶》）

火烧沟出土内彩蜥蜴纹彩陶豆，口径17.7厘米、高9.6厘米，豆盘较浅，壁斜直，细足。[1]（图89-9）此陶豆整体造型与前述皇娘娘台彩陶豆有一定差异，但两者豆盘内彩的纹饰布局如出一辙，同样都是以十字形分割，间隙内填画变形的动物纹。柳湾彩陶豆与火烧沟同类器相同并且豆盘内的彩纹亦相同，都是以十字纹为主要母题。[2]显然，哈密焉不拉克墓地、五堡墓地、腐殖酸厂墓地、艾斯克霞尔南墓地、寒气沟墓地出土的陶豆豆盘的双钩十字纹正是对这一适合纹样的继承与发展。

十字纹的内涵究竟为何？研究者们的观点大体可以分为“文字符号说”和“象征符号说”两大类。郭沫若先生认为，包括十

1　甘肃省博物馆编，韩博文主编《甘肃彩陶》，科学出版社，2008，第103页。
2　谢端琚：《甘青地区史前考古》，文物出版社，2002，第149页。

字纹在内的半坡彩陶划刻纹，是具有文字性质的符号，是中古原始文字的前身。[1]也有研究者认为它们已经是文字，与商周甲骨文、金文一样，都属于象形文字系统。[2]陈炜湛先生将它们划分为数字和单字刻符，并指出它分别表示的是陶器的标号、种类和制造者。[3]赵国华先生通过对半坡彩陶鱼纹与八卦符号的复杂推演，甚至确切地指出陶器上的斜叉形“×”和十字形“+”相通，其义均是自然数“五”，他认为这些会意文字是在初民生殖崇拜的祭祀中诞生，具有抽象表示祭品（鱼）数量的功能。[4]“象征符号说”又包含多种不同的象征意义，但是以“太阳崇拜说”“生命说”“巫术说”等为主。[5]这些都为我们进一步探讨东天山地区彩陶中十字纹的文化内涵提供了重要线索。此外，还有一些研究者认为，十字纹饰即卍形纹饰，后者只是前者的另一种类型或变体。诚然，十字纹饰与卍形纹饰，无论就其形状而言，还是就其含义而言，均十分相似。但是，相似毕竟不能等同。[6]

综上所述，东天山地区史前彩陶中的两类十字纹分别于早期青铜时代和早期铁器时代先后出现，均与甘青地区彩陶文化的西传密切相关，主要流行于哈密盆地。其中，时代较早的十字纹

1 郭沫若:《古代文字之辩证的发展》,《考古学报》1972年第1期。
2 王志俊:《关中地区仰韶文化刻划符号综述》,《考古与文物》1980年第3期。
3 陈炜湛:《汉字起源试论》,《中山大学学报（社会科学版）》1978年第1期。
4 赵国华:《生殖崇拜文化论》，中国社会科学出版社，1990，第122—125页。
5 芮传明、余太山:《中西纹饰比较》，上海古籍出版社，1995，第104—125页。
6 芮传明、余太山:《中西纹饰比较》，上海古籍出版社，1995，第96页。

在巴里坤草原地区的陶器中也产生过一定影响。相对而言，双钩十字纹及其组合纹样与所饰器物之间有着十分确定的关系，极少出现装饰布局的变化。但它为焉不拉克文化所独有，影响范围极为有限。该纹饰在继承甘青彩陶十字纹的基础上尚有很多创新之处，是一种具有本土化艺术特征的纹饰。这两种不同类型的十字纹应该都不仅仅是作为一种装饰纹样而存在的，与世界各古老民族中的十字纹一样，也具有原始宗教（太阳、生命）崇拜的文化内涵。

十字纹所代表的太阳崇拜原始宗教思维，延伸发展成为卍符号，乃是用图形表达向四面放射光芒的太阳。在各种文化背景的人群中，以圆圈表达太阳，并以向各方发射的曲线或虚线表现其光芒。逐步简化后，光芒变为十字形的四条线。为了强调太阳周而复始的圆周运动（古人认为，太阳围绕地球旋转），这四条射线向同一方向弯折。于是，产生了卍形纹饰。卍形纹与十形纹二者最初基本文化意涵均为太阳崇拜。[1]

上述这方面的研究观点，我们基本肯定康家石门子岩刻画女神像姿态是一种天山地区史前太阳崇拜文化符号拟形，即为卍形纹与十形纹的形态模拟，所表达的正是太阳和旋转太阳，具有经典太阳崇拜以及生命与天崇拜宗教文化意涵。

1　芮传明、余太山：《中西纹饰比较》第二、三章，上海古籍出版社，1995，第39—126页。

四、天山地区陶器上三角形人物纹图案

三角形人物纹在天山地区的史前彩陶中极为少见。目前，该地区发现的唯一一件绘有人物纹的陶器出土于东天山地区天山北路墓地214号墓葬。[1]这是一件双耳彩陶罐，其上所绘几何风格人物形象位于罐耳与罐腹间。人物纹的造型及其所绘位置均十分独特。（图90）

因此，我们有必要对其做进一步的分析和探讨。此件人物纹双耳彩陶罐，口径11.3厘米、高14厘米，[2]敞口短颈，溜肩鼓腹，

图90　天山北路墓地出土人物纹双耳彩陶罐（采自《哈密古代文明》）

1　本节关于彩陶上的三角形人像构图与文化含义的讨论，参考了罗佳《东天山地区史前艺术考论》，博士学位论文，西安美术学院，2013；更多图片参见新疆维吾尔自治区文物事业管理局等主编《新疆文物古迹大观》，新疆美术摄影出版社，1999，第111页。

2　新疆文物考古研究所主编，穆舜英、祁小山编著《新疆彩陶》，文物出版社，1998，第93页。

图91　天山北路墓地出土双耳彩陶罐上描绘的人物形象（采自李肖冰《中国新疆古代陶器图案纹饰艺术》）

一对带状大耳位于口沿至腹中部；口沿内侧绘宽带纹，下接数组短斜线纹；口沿外侧与颈肩处各绘两条一组的宽带纹，其间饰以内填斜线倒三角形纹；腹部绘六个手形纹；器耳转折处绘两两相对的三角形组成的蝶形纹饰，器耳中下部至下腹间分别绘一男性和女性形象；两侧各绘一条弧形树枝纹。（图91）

彩陶罐的女性造型以三角形为主要图形元素，造型语言具有高度的概括性。其中，女性的头部与躯体仅用一正立实体三角形表示，看似头戴尖顶帽，身穿宽体长大衣。男性躯干由一对尖角相对的三角形组成，似乎身着束腰长装，头部似插有羽饰，胯下绘一小短线，似尾或生殖器。两者的手部均被描绘得相当突出，不仅五指俱全，而且比例明显被夸大。与人物正立肃穆的体态相比，这两双竭力张开的大手似乎在表现着人物的某种情绪。这两双独特的手与陶罐腹部描绘的六个手形纹相互呼应。整体而言，彩陶罐上人物纹所运用的简造语言增强了画面的形式感而又不失细节，抽象的艺术风格又激发观者对其生命状态的无限想象。这件双耳彩陶罐上人物纹的三角纹风格简约，具有突出的形式感。这种三角形构图的人物形象，因其突出的三角形风格，吸引了研究者对他们种族和身份的关注。

国内外学术界基本一致的观点：三角纹是生殖器的象征符号，具有生殖崇拜意义。一般而言，尖顶朝下的倒立三角形多为女阴象形[1]，亦是史前人类关于生殖丰产原始思维宗教观念的符号化表达，与原始太阳崇拜、天崇拜的动因完全一致。史前时期的东天山地区，三角纹是一种极为流行的纹饰。无论是陶器、木器，还是服饰，都饰以三角纹。史前先民用他们熟悉的三角纹描绘出这一独特的人物形象，从艺术造型的抽象性、完整性与生动性方面来看无疑是十分成功的。

而人物身体呈倒三角形的画法并不独见于呼图壁岩刻画和天山北路墓地人物纹双耳彩陶罐，而广泛见于各地史前陶器及岩画艺术中。（图92）天山北路墓地出土的彩陶三角纹人像与康家石门子岩刻画人像应该都是亚欧大陆史前东西方文化交流交融的天山区域的文化成果。

关于天山北路墓地彩陶罐上女性头戴尖顶帽，李肖冰先生认

1　萧兵、叶舒宪：《老子的文化解读：性与神话学之研究》，湖北人民出版社，1994，第627页。

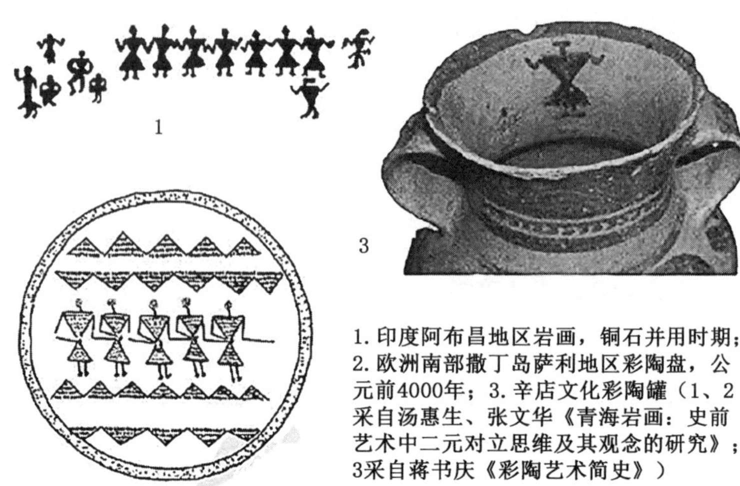

1. 印度阿布昌地区岩画，铜石并用时期；2. 欧洲南部撒丁岛萨利地区彩陶盘，公元前4000年；3. 辛店文化彩陶罐（1、2采自汤惠生、张文华《青海岩画：史前艺术中二元对立思维及其观念的研究》；3采自蒋书庆《彩陶艺术简史》）

图92　欧洲、南亚以及我国甘青地区岩画、彩陶上所见三角形构图人像

为是史前时期游牧于此地的古代塞种人。他指出：彩陶罐上的人物形象是塞种人描绘现实生活的产物，表达了他们缅怀先人的情愫。[1]林梅村先生注意到：彩陶罐上人物树枝状的手部，男性呈倒三角形的身体及其外露的生殖器等特征与呼图壁生殖岩刻画中人物形象十分相似，并且巴里坤县八墙子岩画与呼图壁岩刻画中都曾发现吐火罗人崇祀的双马神图像。于是，他指出东天

1　李肖冰：《中国新疆古代陶器图案纹饰艺术》，新疆人民出版社、浙江教育出版社，2000，第63页。

山地区北路墓地出土人物纹双耳彩陶罐上描绘的应该是一对吐火罗巫师形象。[1]还有学者认为这种三角形构图的形象可能来自中亚吉尔吉斯斯坦岩画遗址群塞伊玛里塔什，并在公元前三千纪到公元前二千纪早期，由生活在费尔干纳盆地附近的牧牛人向东传播，新疆乌鲁木齐东部博格达冰川边缘岩画也是这一传播的产物。[2]

然而，通过比较可以发现，无论是塞伊玛里塔什岩画遗址群，还是乌鲁木齐博格达峰早期岩画，其中的“对三角形”样式更多时候是用来表现动物，而非人物的。其实，天山地区无论陶器还是岩画，用倒三角纹结构人像身体的图像仅限于上文所说的东天山地区天山北路墓地出土彩陶罐和康家石门子岩刻画众多倒三角纹岩刻画人像。这一点非常重要，首先倒三角纹人像所在地点一个是东天山东部，一个在天山中部北坡偏东的呼图壁，虽然这种倒三角纹的出现距今3000年左右，而且亚欧大陆多处均有类似三角纹人像出现，但是东天山地区天山北路墓地出土年代更早的彩陶上的倒三角纹把文化互动的区域指向邻近的河西走廊和蒙古高原，可以说这种文化互动东方影响的指向性明确。

这已经为我们明确指出康家石门子岩刻画倒三角纹构图女神像与东天山地区天山北路墓地出土陶罐倒三角纹构图人像之间存在必然联系，而且从时间顺序上看应该是从东向西的影响关系。

1 林梅村:《吐火罗人的起源与迁徙》,《西域研究》2003年第3期。

2 郭物:《通过天山的沟通——从岩画看吉尔吉斯斯坦和中国新疆在早期青铜时代的文化联系》,《西域研究》2011年第3期。

其次是康家石门子岩刻画位于一般人很难到达的数米至十数米高的岩体之上，倒三角纹人像的单体体量达到2米多高，群像所占岩体面积达100多平方米，浮雕磨刻工艺精湛，视觉效果冲击力强大，确实是史前天山区域登峰造极的艺术精品。说明康家石门子岩刻画已经不是单个人的个体涂鸦行为，只有巨大的社会动员才有可能在经年累月的积累之后形成这样的体量和规模。因而，康家石门子岩刻画已经是一个真正意义上史前天山地区具有唯一性的大型宗教场所（神庙、神坛），其巨幅人像（女神）所蕴含的文化，已经是一种成熟的为天山区域史前社会所共同信仰的女神崇拜、天崇拜宗教思想体系。

五、岩刻画性质推断

前面章节考古调查报告记述：根据岩刻画遗存、层位以及特征差异等现象判断，康家石门子岩刻画分为三个时期或三个时间段。本书关注的女神崇拜是其最重要的文化内涵，在第一期岩刻画中已经有完整体现。

（一）分区内容

第一期岩刻画位于整个岩刻画的最高处，即上区岩刻画中的七个女性和两组对马图像。七女图像雕刻、打磨较深且精细，人像均为正面直立，身体上部呈倒三角形，两臂平伸，左手下垂，右手上举，五指张开；头戴梯形平顶帽，帽顶有饰物（其中右一为一根直立的饰物，其余的六人中五人为两根向外弯曲的饰物，一人为四根向外弯曲的饰物)，形体优美、亭亭玉立。两组对马图像为“隔三”的位置关系，即两组对马分别位于自右向左第三、第六个人平伸的右臂下，其中左组对马为两个直立的头脚、阳具相对的牡马图像；右组对马形态、大小与左组对马相仿，但无阳具，可能表现的是牝马。对马是泛印欧语系民族重要神祇——双马神的一种表现图形，是马神崇拜的一种文化现象。对马图形与七女图像的组合，其主题应是女神与马神崇拜。

第二期岩刻画继一期岩刻画之后，在上区岩刻画之下的左、中区中，出现一些动物图形的岩刻画，可辨的26个动物图形中，有10个动物被这两区中占主导位置的人像打破叠压。以此推断，第二期的岩刻画主要为动物图形(可能还出现了少量的人像岩刻画，如有，则是一些体形较小，不占据主导地位的人像；从布局和打破关系来看，左区两个虎形动物可能出现稍晚，当在三期)，动物的种类有羊、牛、狗、兽等。由于存在较多的打破关系，即后期加刻男性生殖器和人物，岩刻画内容趋于复杂，主题也不甚明确。

第三期岩刻画主要分布于上区之下的左、中、右区，在整个岩刻画中占幅最大，图像最多。这三区岩刻画的变化除了上述的单独人头像自上而下、自左向右不断增多，刻磨工艺不如上区(一期)岩刻画，该期岩刻画中占主导地位的人像图形打破叠压在二期的动物图形上，而且人体的体形、体态与上区亦有所变化：上身普遍变长而腿变短；下肢屈膝或侧蹲；头部出现圆头无冠形状等。最显著的是男性生殖器图形的大量出现。这些现象，显示出该期岩刻画与一期岩刻画的人物图形风格发生了变化，而且表现的内容也发生了变化。从区位、层位、图像内容来看，这些变化和时间、人群、表现主题密切相关，即这一时期人们的思维意识、岩刻画创作目的已发生了变化，故所刻凿的内容也随之发生了变化。岩刻画的图形、组合、打破关系等显示出三期的岩刻画也不完全是同一个时间段和同一人群完成的，是经历过一段时间、经过不同刻者刻凿而成，所以该期的岩刻画缺乏整体的布局，相当一部分的岩刻画拥挤一团；出现各刻者根据自己的思想与目的，各自安排和刻凿岩刻画，有的不惜破坏已有的图像，在已有的图像中添加其他图形等现象。

由上述考古调查结论可知，康家石门子岩刻画最完整、最高端、最早期的人像浮雕均在第一期，集中在上区。上区八幅人像图案中最左侧可能是后期刻画上去的，因为构图、雕刻手法与视觉艺术美感均与其他七幅相去甚远，故不能算在第一期。第一期人像刻画就是七幅大型人像与有规律分布其间的两幅对马图案。

通观康家石门子岩刻画，只有上区七女神像构图充满了成熟女性华美雍容的形体曲线与超凡脱俗的神性。图像表达出来的生命力量，在岩刻画丹霞山体和周边环境的衬托下，弥漫于岩刻画图像四周，形成一种包围式的强大气场，营造出无比神圣的神庙或祭坛气氛。在完全自然，然而环境气候特异的天山康家石门子山体之中，通过人（巫）的引导与互动完成社会集团高层最高的精神需求或宗教活动。前文已经讨论卍字符号是天山地区史前太阳（天、生命）崇拜宗教思想的具象表达，这里上区七幅浅浮雕女神像的卍字符号拟形姿态自然具有太阳崇拜、生命崇拜、天崇拜神格与神性。此外，岩刻图像女神形象表现的还有生命存在之中的母性力量：她们沟通天地、护佑人类、丰产万物和决定生死。也就是说七幅浅浮雕女性人像是掌管自然万物生与死的至上女神。

仅从图像表面来看，康家石门子岩刻画女神的体格大小决定神格，即女神的地位高低。身形最为高大、头顶帽子上有一个笔直且硬质的装饰则很可能是地位第一的标志，而身高次之、体态极为近似、头顶帽子上有两根或四根向上弯曲的软质装饰物的女性人像则表明地位次之。

（二）主要人像

由三个阶段四个分区的考古调查情况来看，康家石门子岩刻画的主要图像为三角纹构图的女神像。男性生殖器的突出刻画是第三个阶段的外来暴力加入，晚于女神崇拜。最有艺术价值和文化内涵的图像在上区，其中七幅浅浮雕人像磨刻手法风格高度一致且刻画极为讲究：打磨较深且精细，人像均为正面直立，身体上部呈倒三角形，两臂平伸，左手下垂，右手上举，五指张开；头戴梯形平顶高帽，帽顶有突出且较长的饰物，形体优美、亭亭玉立。其中右一人像头戴平顶高帽，冒顶为一根直立的硬质饰物，其余的六人中五人为两根向外弯曲的柔性饰物，一人为四根向外弯曲的柔性饰物。

（三）最高祭坛

康家石门子岩刻画与周边环境是统一的史前文化设施建筑，其性质是天山史前居民社会集团表达女神崇拜的宗教祭坛。就其体量、环境特殊性等诸多方面的唯一性而言，也是天山地区史前最大的原始宗教活动场所。

史前刚开始的岩刻画制作应该是从上区着手的，从现有地面到上区岩刻画顶部近10米，古代山体根部的倾斜度远大于现在，地面的堆积物也很少，所以原始地面到上区岩刻画的高度远高于现在。根据王炳华先生和刘成团队现场地面钻探获得的数据，地面堆积物燃烧灰烬的厚度5—6米，部分地方达到8米以上。

如此倾斜的山坡斜面和10米以上的岩刻画制作工作面，必须构建稳固的脚手架，需要的人工数量，各类物资以及凿刻等方面工作难度必然很大。正如前面讨论过的，那一定是一个大型社会集团力量才能支撑起来，而且这样的工程也服务于这个大型社会集团精神思想方面的需要。理由很简单：七个单幅规模与真人相差不大的神像，位于一个直耸入云200多米高红褐色山的山崖根部10多米高的位置，这种借助冲霄汉而上的垂直山体居高临下压倒一切的环境意境效果，形成足以影响所有身临其境之人的精神意志，对岩刻画与山体除了膜拜信仰别无选择的思想文化与个人情绪氛围。更何况，岩刻画山体自身和周边环境的独一无二景观奇异效果，更是帮助烘托气氛。所以这里只能是史前某个或者是整个天山区域大型社会集团的最高精神生活场所——宗教圣殿

（祭坛），文化内涵以女神崇拜与天（太阳）崇拜为主。

这样来看，史前天山早期社会集团最高宗教圣殿主题内容就是女神崇拜与天（太阳）崇拜，一切都是围绕女神与天开始的。所以最初的人力物力投入也是顶级社会动员的投入，以当时最高限度的工程能力建设了七女神摩崖浅浮雕神像，从而使神坛建设的必要条件得以满足。

正是这样一开始就顶格的建设规格与要求，使之后不同时期不同文化后续部族的增建与改建都没有达到最初建设者的决心与精神意志以及同样的财力物力投入。无论是脚手架能够到达的高度，还是岩刻画浮雕图像精细与精美程度均等而下之，无法与七女神像媲美。所以，上区七女神之下，左中右三区各部分岩刻画图像相互混杂，左右干扰，彼此倾轧覆盖的现象层出不穷便也得以解释。尤其是男性生殖器的出现与刻画均偏于下部，也只能是后来者并不具有初创部族那样坚定深刻迫切的宗教信仰与追求，在表达自己改变性（破坏性）文化思想意志的时候受财力物力投入程度的限制，并不能如同初创者一般极限投入，所做到的也就是我们今天看到的状况了。

康家石门子岩刻画凿刻在柱状节理，高达200余米峭壁如削的山体上。在亚欧大陆史前人们的观念中，这种高耸险峻的山体常被视作“宇宙中心”“世界中心”，其典型特点往往就是一座高山、一棵大树或一根立柱。这些象征性物体不仅是神仙聚居之处，也是诸神通往上天之梯，是最神圣的所在。[1]这就是学术界通常所说的史前原始崇拜中的“山岳（神山）崇拜”“天梯崇拜”“神树崇拜”，岩刻画中所有人像大臂平举小臂一上一下的卍形姿态，正是天然环境太阳（天）崇拜的寓意逐步向大型女神像创制的天与女神共祀祭坛或神庙转变的体现。再者，面向正南的岩刻画所在独立丹霞山体藏风聚气阳光普照的小气候环境，也进一步衬托出岩刻画所在地的史前宗教场所性质。

同时天山康家石门子岩刻画规模宏大，人像造型优美，是亚欧草原青铜时代整体画面规模与单独人像之最大，使之成为具有唯一性的史前宗教圣地遗址。据此判断康家石门子岩刻画所在山体与崖刻可能是青铜时代天山草原地带游牧人群社会集团最高祭坛。

（四）绝地天通

也就是说，综合联系岩刻画、丹霞山体与连绵的丹霞山脉、层峦叠嶂的山地盆地、远处的天山雪峰与天山主脉，还有藏风聚气阳光充沛的优良小气候等不同于天山其他地带的自然环境特殊性，使史前时期天山地区人们将康家石门子岩刻画与其所在的丹霞山体视作神圣的宇宙中心。得出这样的结论一方面是因为康家石门子丹霞山体盆地“人间仙境”一般的环境一枝独秀，在整个天山区域具有自然地理条件绝对优势；另外一方面，是因为康家

1　芮传明、余太山:《中西纹饰比较》，上海古籍出版社，1995，第239页。

石门子岩刻画规模之宏大，内容之丰富，以及仪态万千的卍形姿态七女神像等人文因素独步天山的独特性。

这座刻画了许多卍字符号拟形女神的独立丹霞山体应该起着沟通天地的作用。女神所在山体既是人世通向天界的天梯、神树，也是上天通过人们向女神虔诚祈祷来到人间的通道，即所谓的“绝地天通”[1]。如此推断康家石门子岩刻画与正面向阳避风聚气的丹霞山柱，以及盆地周边独特环境统一起来成为史前天山地带具有唯一性的神坛。人们通过向天柱一般的丹霞山体、岩刻画女神、太阳（卍字拟形）祈求上天的恩赐与福佑。

岩刻画与丹霞山体环境所表现的天山草原青铜时代女神崇拜、天（太阳）崇拜、天梯与神树崇拜、山岳（昆仑、天山）崇拜等文化思想既是天山地区早期文化的精彩内容，也是中国古代核心文化要素。不过，上述文化内涵除了岩刻图像和冲霄汉高耸的山体，其他早已沉埋于不可复现的历史岁月之中。它们的具体内容、形成过程、表现形式和传播影响等历史情况究竟如何，需要

---

1 “绝地天通”是中国古代思想史发展到政教合一，以集团的利益诉求，来赋予个人生命的意义阶段。那是黄帝统治时代，民神杂糅，神可以自由地上天下地，而人也可以通过天梯——昆仑山往来于天地之间。后来，黄帝的继承者颛顼对天地间的秩序进行了一次大整顿。他命重（颛顼的孙子）两手托天，奋力上举；令黎（颛顼的孙子）两手按地，尽力下压。于是，天地之间的距离越来越大，以至于除了昆仑天梯，天地间的通道都被隔断。《尚书孔氏传》说：“帝命羲、和，世掌天、地、四时之官，使人、神不扰，各得其序，是谓‘绝地天通’。”“绝地天通”的关键在于：天地相分，人神不扰。这是一种有序化、制度化的文化秩序重建，这为儒家的礼制提供了依据，也为法家提供了根基，为神仙家提供了神仙的体系，为远古先民的历史提供了思想治世的基础。

在考察岩刻画核心女神崇拜图像和山体象征的同时，结合考古资料梳理文献来帮助我们追索探寻，并由此推想出天山青铜时代祭坛的大致历史面目。下面我们依据和参考《老龙头墓地与盐源青铜器》[1]考古报告来讨论同样有着女神崇拜、太阳崇拜、神树崇拜、对马神崇拜、天崇拜等方面思想，但又距康家石门子岩刻画数千公里的四川凉山彝族自治州盐源县出土的青铜树形器。

1　凉山彝族自治州博物馆、成都文物考古研究所编著《老龙头墓地与盐源青铜器》，文物出版社，2009。此外，相关资料参见翟国强《北方草原文化南渐研究——以滇文化为中心》，《思想战线》2014年第3期；童恩正《试论我国从东北至西南的边地半月形文化传播带》，载文物出版社编辑部编《文物与考古论集》，文物出版社，1986；童恩正《我国西南地区青铜剑的研究》，《考古学报》1977年第2期；林向《四川西南山地盐源盆地出土的战国秦汉青铜树》，《华夏考古》2001年第3期；刘弘《若木·神树·鸡杖》，《四川文物》1998年第5期；刘世旭《四川盐源县出土的人兽纹青铜祭祀枝片考释》，《四川文物》1998年第5期；江章华《对盐源盆地青铜文化的几点认识》，载成都文物考古研究所编著《成都考古研究》(一)，科学出版社，2009，第404—417页；霍巍《盐源青铜器中的“一人双兽纹”青铜枝形器及其相关问题初探》，载《西南考古与中华文明》，巴蜀书社，2011，第35—54页；李帅《盐源出土人兽纹铜树形器渊源考》，《江汉考古》2016年第1期；刘弘、唐亮《老龙头墓葬和盐源青铜器》，《中国历史文物》2006年第6期；陈港娟、任萌《盐源铜树形器性质及来源研究》，《文博》2018年第4期。

第三章　大凉山与天山的史前对话

大凉山是中国西部山脉，位于四川西南凉山彝族自治州内，是大雪山的支脉。东北—西南走向，海拔2000—3500米，个别高峰近4000米。山地西侧美姑、昭觉一带为山原，丘陵起伏，顶部浑圆平坦，林牧业发达。东南侧为金沙江谷地，河谷深切，地面破碎。这里是中国从西北到西南南北方向几乎垂直到达的西部丝绸之路大通道关键枢纽，从这里向北通过藏彝走廊，越黄河经过甘青地区河西走廊或柴达木盆地可以直接到达新疆的昆仑山和天山地区。直线距离约2600公里。这条中国西部南北向丝绸之路通道藏彝走廊，名称是费孝通先生提出的。[1]

从地理区域上看，藏彝走廊主要指今川、滇、藏毗邻地区横断山脉区域由一系列南北走向的山系、河流构成的山谷地带，特

1　费孝通：《谈深入开展民族调查问题》，《中南民族大学学报（人文社会科学版）》1982年第3期。

别是岷江、大渡河、怒江、澜沧江、雅砻江、金沙江等六江流域，构成了历史上苗瑶和壮侗语族各先民部族人群北上、藏缅语族各先民部族人群南下的天然通道。

就文化特征而论，藏彝走廊地区古代部族人群，现代民族支系繁多、文化多样，既是一条独特的多部族人群文化沉积带，也是多元文化交汇、融合的锋面，是人文社会科学研究的宝贵田野资源。

从地理生态上看，藏彝走廊所在的横断山脉地区有其独特性。我国的地貌总体上是西高东低，山脉、河流走向也大体为“西—东”走向，但沿青藏高原东缘分布的横断山脉地区却是由一系列“南—北”走向的山系构成，其间岷江、大渡河、怒江、澜沧江、雅砻江、金沙江等六条大河也大致呈现出自北而南的流向。横断山脉这种独特的地势一方面阻隔了我国东西交通；另一方面，又造就了贯通南北的诸多通道，该区域内的山脉、河流“在交通方向上的便利与阻碍，就是便于南北，而碍于东西”[1]。正是因为横断山脉这种“横断东西、纵贯南北”的特点，才使得它成为一道天然的南北向地理屏障，其间形成了诸多古代部族和现代民族迁徙、流动的通道。同时，横断山脉地区峡谷深切，高原台地与低谷坡地之间落差多在2000米左右，形成了垂直分布的自然生态环境，亦形成了从高原游牧到山地耕猎到河谷稻作等多样的经济文化类型，各民族的生计方式共生互补，这也使得民族间的互通有

1 转引自李绍明《马长寿与藏彝民族走廊研究》，《广西民族大学学报（哲学社会科学版）》2008年第6期。

无为势所必须。两者都奠定了藏彝走廊得以形成和存续的地理生态基础。

从历史文化背景来看，包括藏彝走廊在内的西南地区自古便是多种民族、多元文化共生共存、交汇融合的区域。至迟自司马迁撰《史记·西南夷列传》起，这一区域就以其民族文化多元性为世人所瞩目，至今仍是我国最具民族、文化多样性的地区。藏彝走廊东西两侧是四川盆地和青藏高原，这就使得该区域成为农耕文明与畜牧文明的分界和交错地带，也在一定程度上促进了民族和文化的交融。可见，藏彝走廊成为重要的中国西部部族迁徙、多元文化交流的走廊通道，自身也具有深厚的历史文化根基。

第一节 盐源青铜树形器与康家石门子岩刻画女神像

一、盐源的地理位置与环境、区位条件

（一）地理位置与环境

盐源县位于四川省西南部，行政上隶属于四川凉山彝族自治州。地理坐标为北纬27° 07'—28'，东经100° 42'—102'，县境东西长103公里、南北宽100公里，总面积8374平方公里，海拔2500—2800米。地处青藏高原的东南缘，大部分地区属于川西南山地褶皱高山地带，系横断山脉的南延部分。境内山脉走向近南北，一般高程2300—4000米。山间多断陷盆地或谷地，与云贵高

原类似。

境内多山，山脉多系南北走向，锦屏山脉、马扎山脉和普尔后山脉是三大山脉。县境中部是一个断陷盆地，即著名的盐源盆地，盆地面积1049平方公里，盆底面积444平方公里。盐源盆地属盐源—丽江台缘褶断带，是经印支、燕山，特别是喜马拉雅造山运动的强烈影响形成的山间盆地。盆地海拔一般2300—2700米，盆地内起伏小，较平坦，阶地发育，多呈平顶状和延缓状。海拔最低点1060米。

气候主要受高空西风南支流和印度洋暖流控制，太平洋气流影响极小。盐源盆地的气候，冬季形成干燥少雨、日照充足、气候温暖的旱季；夏季则形成凉爽温润的雨季。气候具有垂直变化大、干湿季分明、冬无严寒、夏无酷暑、冬春干旱多风、夏秋潮湿多雨、气候年变化小、日变化大、日照丰富等特征。

（二）盐源盆地区位条件与古代丝路

盐源位于横断山脉中部的东沿，而横断山区是中国西部半月形文化传播带的重要组成部分。横断山区上接中国西北和北方草原，南连云贵高原，山脉河流又多呈南北走向，自古以来便是中国西部的一条南北民族迁徙之路，一条南北文化交流的大走廊。既是中国西南地区藏彝走廊的关键通道区域，也是中国西部贯通横断山南北方向丝绸之路大通道（丝路河南道）。

早在新石器时代，这条文化走廊就已开始发挥作用。这种文化交流在盐源青铜文化中得到充分反映，如北方草原文化风格的双圆饼首铜剑、弧背铜刀；蜀文化风格的三角援铜戈；可能从西北地区传入的双马神图案器物；岷江上游的腹部饰以螺旋纹的大双耳罐；滇西地区的曲刃戈；滇文化的铜鼓、编钟、靴形钺等，四面八方的文化因素都汇集到盐源盆地，表明盐源盆地是中国西部文化交流带上的一处枢纽。[1]

川、滇西部地区青铜时代出土的具有北方草原或中亚和西亚地区风格的早期文化遗物，与川、滇青铜时代传统文化风格的遗物有着明显的差异。这些具有异域文化色彩遗物渊源于何处？它是通过何种途径进入上述地区的？受哪些文化的影响所致？文化的传播与交流从来都不是单向的，它总是互动影响的。当一个族群与另一个族群具有不同的文化和信仰传统时，其对异文化的吸收或融合程度是有限度的，这些来自异文化的“舶来品”以“局外人”的身份出现于当地土著文化时，其在社会中的功用可能是从属性的；而当一个族群与另一个族群间有着相似的文化和信仰传统时，它对异文化的态度则是开放式的，这在许多情况下是二者间相似的信仰传统和生业形态使然。文化传播与交流对异域文化的影响或接受力度是有限的，在中国西南地区古代文化传播和交流的动力更多来自多元族群之间的移动，正是这些古代族群间的频繁移动形成了中国古代文化多元一体的格局。在观察这一地区青铜文化中所出土的具有异域文化因素的遗物时，我们必须将其置于古代中国中亚或西亚地区这一宏大的历史框架中予以描述

1　凉山彝族自治州博物馆、成都文物考古研究所编著《老龙头墓地与盐源青铜器》，文物出版社，2009，第196页。

和阐释。双环首青铜剑、铜鹫鹰纹饰、铜鹿头杖饰、弧背铜刀等可能渊源于斯基泰文化或者是受其影响；而有柄铜饰和铜树形器则可能直接来源于中亚和西亚地区古代文化或受其文化影响，它不见于我国北方草原地区古代文化；盐源战国秦汉时期墓葬中有用马头、马蹄随葬的现象，也是典型的北方草原游牧民族葬俗，即与西北和北方草原地区的古代文化有着明显的渊源关系。[1]

二、盐源青铜器

盐源盆地内出土的青铜器种类多，数量大，且具有十分突出的地域特征。器物可分为兵器、乐器、宗教用具、马具、生活用具、生产工具、装饰品及其他等几大类。兵器种类最多，数量也最多，有剑、戈、钺、矛、锹、刀、削、镶、臂箱、盾饰等；乐器有铜鼓、铃等；宗教用具有俎、案、杖、杖首、树形器等；生产工具有斧、凿等；马具有衔镳、节约、马头饰等；生活用具有套、镜、笠等；装饰品有带钩、带饰、牛角形饰、头饰、镯、挂饰、扣饰、指环、牌饰、泡钉、立人、动物形饰片等。其他类有笔状铜管、铜管、管状器、镂孔带形器、车轮形器等。这里我们重点关注青铜树形器。

1　凉山彝族自治州博物馆、成都文物考古研究所编著《老龙头墓地与盐源青铜器》，文物出版社，2009，第197—198页。

（一）盐源青铜文化与北方系青铜文化的关系

盐源出土的青铜器中有部分与北方鄂尔多斯青铜器相同或相似。相同者数量虽少，但对于研究两地之间的文化联系至关重要。这类器物有兔形铜饰和直柄铜削。老龙头M9出土了一件兔形铜饰，该铜饰器身扁平，平面为一兔子造型，圆头，圆眼，长耳竖立，这种器物在鄂尔多斯草原发现较多；盐源征集器物中有一件直柄铜柄铁削，柄上饰有一排三只飞鸟，鄂尔多斯草原也出土有一件铜削，柄上纹饰完全相同。此外，鄂尔多斯青铜器中有一种作回首张口状的虎形饰件，与盐源“干”字形铜杖上的虎非常相像。[1]

另一类是明显受到北方草原文化影响的器物，这类器物数量较多，如双圆饼首铜剑、弧背铜削、铜杖首和马衔、节约等马具。双圆饼首铜剑的主要特征是剑首呈双圆饼形。双环首青铜剑发现的数量较多，其特征是剑首呈圆饼形，柄部作圆柱体，剑身中部起脊，茎、首表面或素面或饰同心圆、三角、菱形、点纹、螺旋纹和折线纹。目前此类青铜剑除盐源地区，主要发现于滇西地区，如德钦纳古、宁蒗大兴镇、永胜金官龙潭，其中以永胜金官龙潭发现最多，达48件。这种青铜剑在我国北方地区有不少发现，内蒙古的和林格尔[2]、桃红巴拉[3]，河北北辛堡[4]，辽宁宁城南山

---

1 田广金、郭素新编著《鄂尔多斯式青铜器》，文物出版社，1986，第87—88页。

2 李逸友：《内蒙古和林格尔县出土的铜器》，《文物》1959年第6期。

3 田广金：《桃红巴拉的匈奴墓》，《考古学报》1976年第1期。

4 刘来成：《河北怀来北辛堡战国墓》，《考古》1966年第5期。

根[1]，此外，在西伯利亚的安德罗诺沃[2]出土了许多此类青铜剑，该类剑是北方草原地区游牧族群中常见的文化遗物，一般意见多倾向于认为此类青铜剑属于北方草原文化青铜剑的传统风格，与川、滇西部古代青铜剑传统不尽相同。但盐源出土的双圆饼首铜剑在剑首部位已经发生了变化，带上了地方性特色。尽管二者剑首形态有所变异，但对其渊源或承袭关系的关注将有助于拓宽我们的研究视野。

弧背青铜刀和削也是川、滇西部经常发现的一类有特点的器物，其特征为弧背、凹刃、扁平柄。德钦永芝墓地出土的青铜刀柄端有长方形穿孔，通长32厘米。[3]盐源老龙头墓地也出土了类似的青铜刀。在我国内蒙古、辽宁、山西等地均发现有与此类似的青铜刀。

盐源出土了一定数量的有柄铜饰，这些铜饰与云南德钦永芝出土的“短柄，方銎扁平圆形”的有柄铜饰[4]，西藏拉萨曲贡[5]和中亚、西亚等地区出土的带柄铜镜有不少接近之处，有学者认为此

1 辽宁省昭乌达盟文物工作站、中国科学院考古研究所东北工作队：《宁城县南山根的石椁墓》，《考古学报》1973年第2期。

2 张增祺：《云南青铜时代的“动物纹”牌饰及北方草原文化》，载云南省博物馆编，张增祺著《中国西南民族考古》，云南人民出版社，1990，第201—227页。

3 云南省博物馆文物工作队：《云南德钦永芝发现的古墓葬》，《考古》1975年第4期。

4 云南省博物馆文物工作队：《云南德钦永芝发现的古墓葬》，《考古》1975年第4期。

5 赵慧民：《西藏曲贡出土的铁柄铜镜的有关问题》，《考古》1994年第7期；霍巍：《再论西藏带柄铜镜的有关问题》，《考古》1997年第11期。

类器物可能从新疆经由西藏而至西南地区[1]。

根据以上《老龙头墓地与盐源青铜器》考古报告所述，盐源地区出土数量较多的青铜鹫鹰纹饰、青铜鹿头杖饰、环首青铜剑、弧背青铜刀、曲茎青铜剑、“触角式”青铜剑、青铜柄饰和青铜树形器，以及大量陶双耳罐均直接来源于我国古代西域和西北地区，且都可能渊源于斯基泰文化或者是受其影响。古代西域的广大天山草原地带与我国西北的甘青草原地带，正是我国古代塞种（斯基泰）部族人群活动频繁的区域，盐源地区与本书关注的天山区域，甚或天山康家石门子岩刻画地方通过古代丝绸之路西部横断山大通道，建立起彼此之间的文化交流联系或商旅、部族人群迁徙联系已是十分自然的历史事实。

（二）青铜杖首

青铜杖首12件，皆为铸造，上部为各式人物、动物以及几何纹样等造型，下为銎部，銎中可贯以木杖。依据首部装饰造型的差异，可分八型。这里以图93、95为例简要介绍。

B型1件。二虎相对杖首。

C：328，銎部作长圆锥形，上饰同心圆纹饰一个。上部为薄片状，作树枝形，一干分上下四枝，枝端有圆片，圆片上饰螺旋

1　林沄：《中国东北系铜剑初论》，载《林沄学术文集》，中国大百科全书出版社，1998，第311—334页；张增祺：《云南青铜时代的“动物纹”牌饰及北方草原文化》，载云南省博物馆编，张增祺著《中国西南民族考古》，云南人民出版社，1990，第201—227页。

纹，顶端左右各一蹲虎，虎首后顾，图案对称规范。通长18.6厘米，首长8.7厘米、宽7.1厘米，銎孔长径2.5厘米、短径1.5厘米。（图93-6）

C型1件。三虎杖首。

C：502，銎部作圆筒形，甚细。上部为薄片状，作树枝形，一干两枝，两侧各有一形状相同的立虎，顶端另有一立虎。通长20.6厘米，首长13.6厘米、宽12.3厘米，銎长7厘米，銎孔长径1.5厘米、短径1.3厘米。（图93-7）

D型1件。双马杖首。

C：154，銎部作扁圆筒形。上部为薄片状，作树枝形，共五枝，中部一枝已残，另四枝的每枝顶端有一璧，璧肉上饰芒纹（放射线纹），上面两枝顶端的璧上各立一马。通长18.2厘米，首长12.7厘米、宽9.7厘米，銎长5.5厘米，銎孔长径2.3厘米、短径1.6厘米。（图93-8）

E型1件。联星立鸟杖首。

C：27，銎部作尖方锥形，上饰鱼骨纹。銎上两侧对称各伸四枝，枝端皆有星状圆片，圆片中部微凸，四缘较薄，共八枚，每侧四星上下相连如星座状。顶端为一立鸟，长喙长尾。通长12.1厘米、宽10厘米。（图95-4）

F型1件。三鸟杖首。

C：604，銎部作圆筒形，上端饰有卷云纹。上部为一束腰圆形平台，台上立三鸟，长腿长喙，引颈朝天，似为涉禽。通长12厘米，首长6厘米、宽1.9厘米，銎长6厘米，銎孔径1.2厘米。（图93-5）

G型2件。四联星杖首，造型对称规整。

C：28，銎部作六菱形筒状。上部为薄片状，作树枝形。枝端有两大两小星形圆片，大者在上，小者在下，圆片上饰同心圆纹与联珠纹，四星相连如星座状。通长13.9厘米，首长8.6厘米、宽9.2厘米，銎长5.3厘米，銎孔长径2厘米、短径0.9厘米。（图95-3）

C：603，銎部作扁圆形筒状，大部因浇铸时铜液未能流到而残缺。銎之顶端与中部共伸四枝，枝端各有一星形圆片，大者在上，小者在下，圆片上饰四射光芒纹。通长10.4厘米，首长4.6厘米、宽7.8厘米，銎长5.8厘米，銎孔长径2.9厘米、短径1.1厘米。（图95-6）

H型4件。二连星杖首。銎部作扁圆形筒状，上部略细。顶端呈V形分枝，枝端各有一星形圆饼，圆饼中部凸起，两星间有横条相连，如星座状。

C：165，略残。通长7.8厘米，首长2.8厘米、宽5厘米，銎长5厘米，銎孔长径2.2厘米、短径1.3厘米。（图93-1）

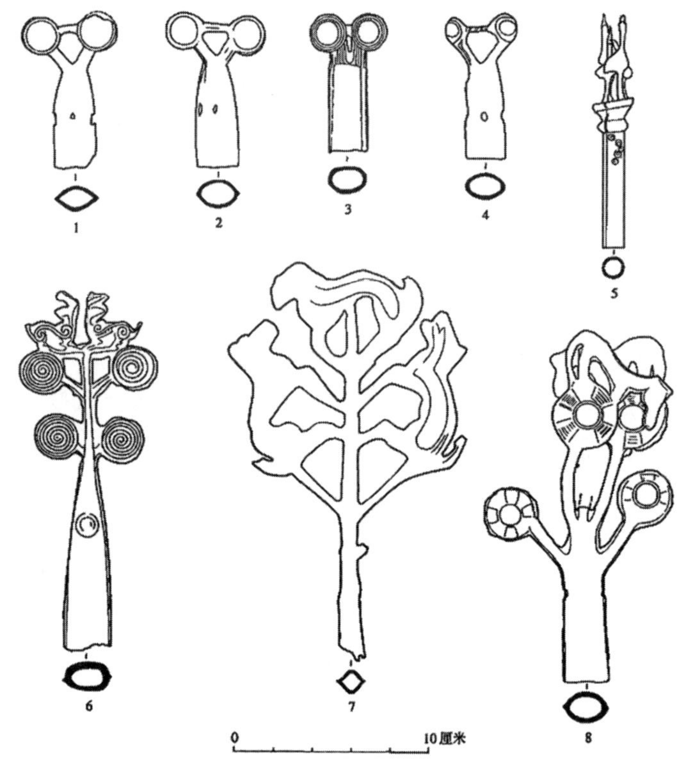

图93　盐源征集青铜杖首（采自《老龙头墓地与盐源青铜器》）

C：511，通长7.9厘米，首长2.5厘米、宽5.1厘米，銎长5.4厘米，銎孔长径2.2厘米、短径1.4厘米。（图93-2）

C：343，圆饼上饰有放射线纹。通长7.1厘米，首长3.1厘米、宽4厘米，銎长4厘米，銎孔长径2厘米、短径1.4厘米。（图

93-3）

C：645，星形圆饼略小。通长7.4厘米，首长2.5厘米、宽3.7厘米，銎长4.9厘米，銎长径2.1厘米、短径1.4厘米。（图93-4）

（三）青铜树形器

青铜树形器21件。青铜树形器为一种薄片状的树形器物，上有人物与动物图案。依据装饰图案的差异，可分三型。

A型12件。人首（马）纹树形器。薄片状，树形，枝干上有对称的人物、动物图案。树干两侧各斜伸一枝，每枝枝端有两枚

图94　左：1A型C：651；右：2A型C：29

上下相连的上饰芒纹的圆璧，圆璧下缘有一挂孔，顶端的圆璧上立有一马，马上骑一人。树端立一人，身体与树连为一体，人身体瘦长，长颈圆头，头戴长柄三叉状羽翎，腰间斜佩一剑（或棍），双手上举持马缰。

C：651，树端所立之人头无翎饰。通长17厘米、宽10.8厘米，干长5.3厘米、厚0.4厘米。（图95-1）

C：649，制作十分粗糙，略残。通长15.8厘米、宽12厘米，

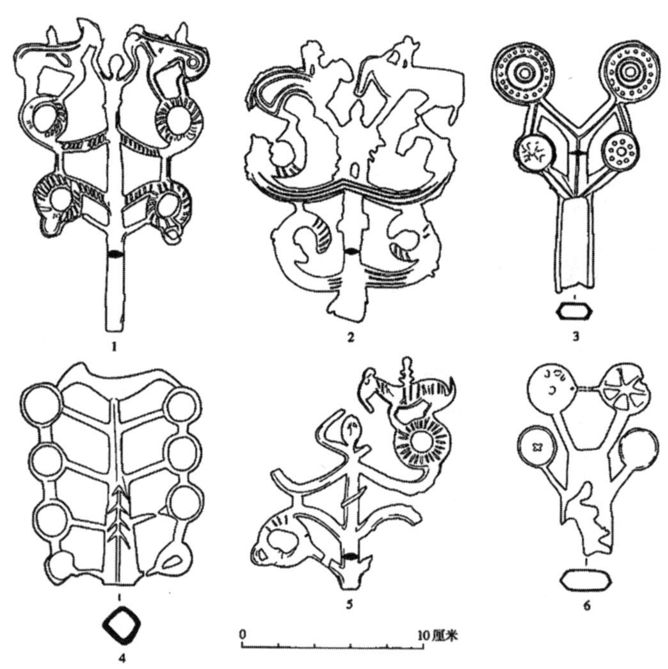

图95　盐源征集青铜树形器与杖首（采自《老龙头墓地与盐源青铜器》）

图96　左：3A型C：26；右：4A型C：646

干长2厘米、厚0.4厘米。（图95-2）

C：650，左上部与右下部残。残长12.7厘米、残宽10.4厘米，干长0.5厘米、厚0.4厘米。（图95-5）

C：29，通长20.3厘米、宽11.2厘米，干长7.7厘米、厚0.4厘米。（图97-1）

C：26，略残。树端之人头无翎饰，璧好甚大。通长16.1厘米、宽10.2厘米，干长1厘米、厚0.4厘米。（图97-2）

C：646，通长16.4厘米、宽10.5厘米，干长3.9厘米、厚0.4厘米。（图97-3）

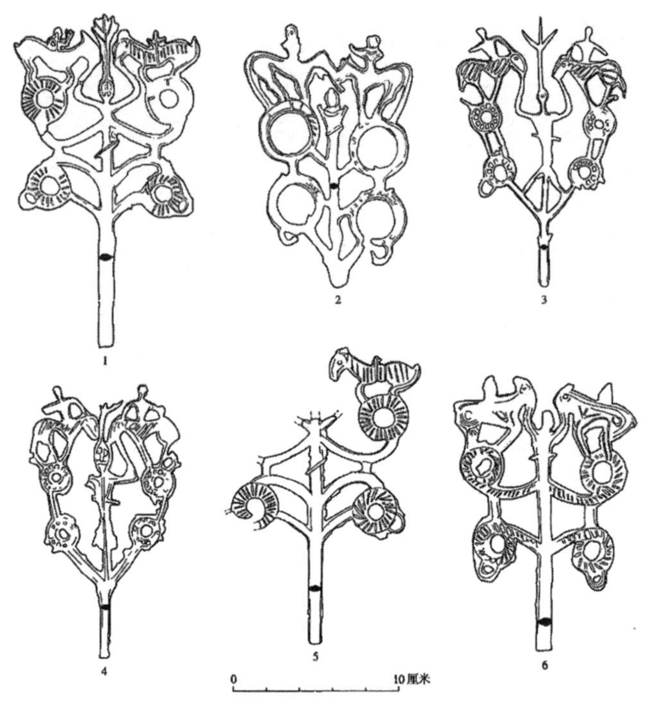

图97　盐源征集A型青铜树形器

C：647，略残。通长16.7厘米、宽9.3厘米，干长4.6厘米、厚0.3厘米。（图97-4）

C：653，上部残。通长17.7厘米、残宽10.6厘米，干长6.2厘米、厚0.4厘米。（图97-5）

C：648，通长16.6厘米、宽11.3厘米，干长5.7厘米、厚0.5厘米。（图97-6）

图98　左：5A型C：647；右：6A型C：654

C：652，左半部残。通长15厘米、残宽11.4厘米，干长4.6厘米、厚0.3厘米。（图99-1）

C：654，树端立人两腿分立树枝上，且与树枝连为一体，上身呈倒三角形，胸部凸起，肋骨毕现，似为男性，腰间横佩一剑（或棍），左手按剑（或棍），右手上举牵璧端两马。通长15.6厘米、宽9.8厘米，干长3.5厘米、厚0.3厘米。（图99-2）

C：655，中部残，马的造型清晰。厚0.3厘米。（图99-3）

B型4件。顶端的圆璧上立一立耳环眼细腰长尾之兽。树端

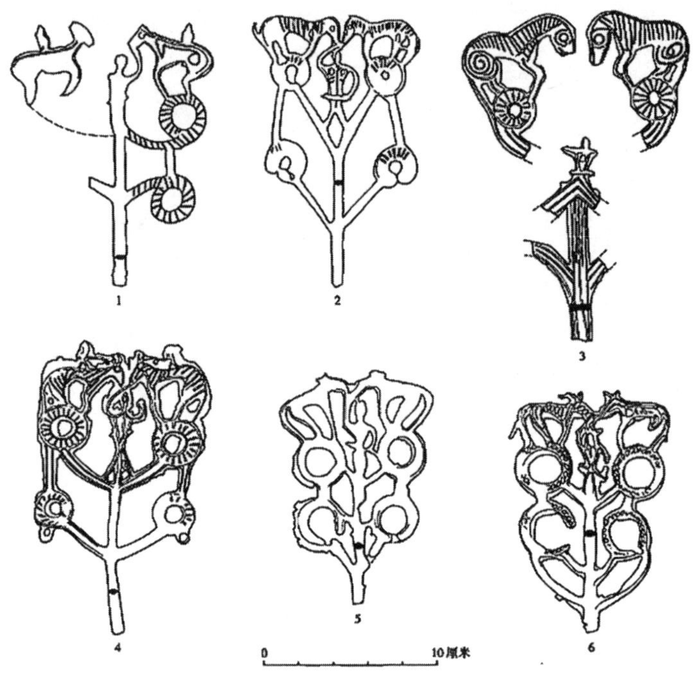

图99　盐源征集青铜树形器（采自《老龙头墓地与盐源青铜器》）

立人身体与树连为一体，上身呈倒三角形，多似男性两手上举持缰牵两兽。下面两璧的下缘各有一挂孔。

C：656，通长17、宽9.6厘米，干长4.3厘米、厚0.3厘米。（图99-4）

C：657，唯树端立人斜肩细腰，似为女性，左手按剑（或棍），

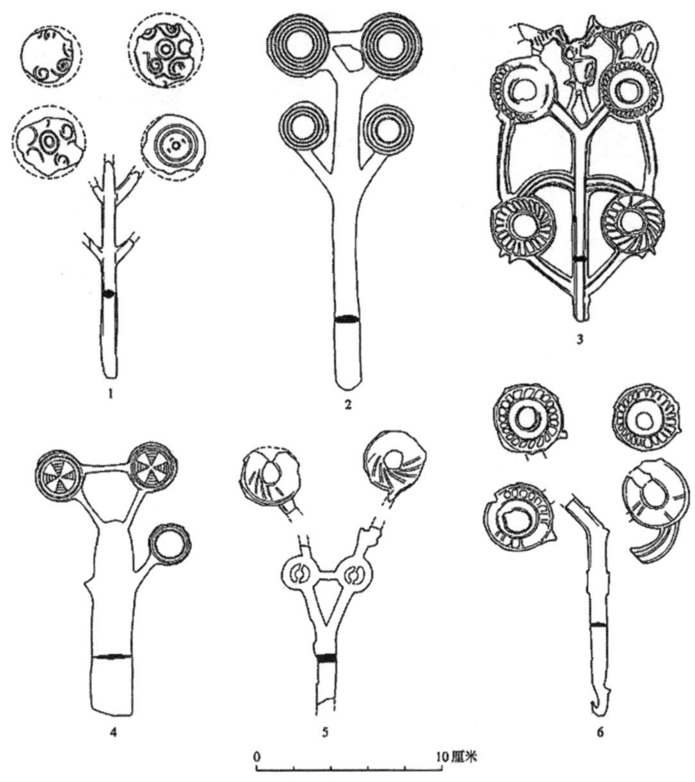

图100　盐源征集青铜树形器（采自《老龙头墓地与盐源青铜器》）

右手上举持二兽之缰。通长13.4、宽9厘米，干长1.8厘米、厚0.3厘米。（图99-5）

C：658，树端立人上身倒三角形，似为男性，璧上无挂孔。通长13.9、宽9.1厘米，干长1.8厘米、厚0.4厘米。（图99-6）

C：659，左上部略残。通长16.5、宽9.3厘米，干长1.5厘米、

图101　左：7B型C：656；右：8B型C：657

厚0.3厘米。（图100-3）

C型5件。薄片状，树枝形，枝端有圆片，对称装饰着图案。

C：661，较残，唯剩枝干与四件璧，璧上饰螺旋纹。厚0.4厘米。（图100-1）

C：516，左右分四枝，枝端皆有一圆片，上者较大，下者较小。圆片上饰同心圆纹。通长20.2厘米、宽8.4厘米，干长10.6厘米、厚0.4厘米。（图100-2）

C：660，左下一枝残，圆片上饰芒纹。残长14.6、宽7.7厘米，

干长6.6厘米、厚0.2厘米。（图100-4）

C：662，残甚，唯剩枝干与两件璧。厚0.4厘米。（图100-5）

C：663，较残，唯剩枝干与四件璧，璧较大，上饰芒纹。厚0.2厘米。（图100-6）

盐源出土的青铜器中还有大量来自西北地区青铜文化的因素，如青铜人兽纹树形器是盐源青铜文化中最具特色的器物，该器物以马、人物和类似带有放射线的圆环或璧等饰物为基本造型，装饰在一树形器上。该类器物一般为长约20厘米的透雕饰片，整体形状似树干，树干的两侧有左右对称的一层或二层枝条相连，上层末端的璧形物上各立一马（有少量为兽，但是也应该是马，只是铸造工艺不到位导致外形差别，而不太像马），马首相向，有的马背上还骑有一人。另有一倒三角纹构图的人立于树端之间，有的头戴翎状冠饰，腰间斜插短杖（或剑），单手或双手牵马缰。树形器上对称出现的带芒纹的璧，是盐源青铜树形器十分重要的构成要素，每一件青铜树形器上芒纹璧（日轮）都是标配。我们认为这是天崇拜（天命）、太阳崇拜的象征性符号，因而这种树形青铜器作为杖首本身就有天命象征，其原型应该就是祭天的重器，本身就具有天和天命的象征含义。另外璧环两面通体饰芒纹也直观表现其与太阳、天有关系。因而这种兼具了神人（女神）、神兽（对马神）、神树以及天与太阳形象的随葬青铜树形器，与青铜时代活跃在该地区族群的丧葬习俗、宗教祭祀和礼仪活动有着密切联系。上文述及的青铜杖首也是带芒纹璧形饰物与对兽形装饰对偶出现，与青铜树形器极为相似。

此类器物的基本造型是对称的双马形象，而这种形象与中亚地区的双马神有着相似之处，为我们认识盐源地区的青铜树形器的意义与功能提供了描述或阐释的空间。[1]

双马神是古代印欧人的某种马神崇拜，是印欧人共有的多神教神祇之一。最早见于公元前3200—前2200年里海—黑海北岸的颜那亚文化。[2]随着印欧人在亚欧草原的迁徙，其崇拜双马神的习俗被亚欧草原的游牧部落所接受并传承下来。斯基泰人等印欧语系部族和其他阿尔泰语系各语族游牧部族人群在各自的宗教和礼仪活动所使用的艺术品中创造了大量双马神的形象。伴随着印欧人的东迁，在晚商时期，这类艺术形象进入了我国新疆天山（如康家石门子岩刻画双马神）和内蒙古的阴山地区，并由此向古代中国的腹心地区渗透。[3]公元前2000年左右，东迁至甘肃和青海地区的来自天山地区操印欧语系伊朗语族语言的塞种部族人群影响了早期羌人[4]的信仰传统，并由此开始了其“内地化”的过程。盐源盆地地属横断山脉东缘，位于中国古代南北民族迁徙，也是南北文化交流的大通道上，盐源出土的树形器对马与双马神极为

1　凉山彝族自治州博物馆、成都文物考古研究所编著《老龙头墓地与盐源青铜器》，文物出版社，2009，第195页。

2　林梅村:《土火罗神祇考》，载《古道西风——考古新发现所见中西文化交流》，生活·读书·新知三联书店，2000，第8页。

3　林梅村:《土火罗神祇考》，载《古道西风——考古新发现所见中西文化交流》，生活·读书·新知三联书店，2000，第8—9页。

4　林梅村:《土火罗神祇考》，载《古道西风——考古新发现所见中西文化交流》，生活·读书·新知三联书店，2000，第24页。

相似，应是该文化曾从西北天山地区沿横断山区南传的反映。

三、盐源青铜树形器与康家石门子岩刻画的关系

（一）盐源青铜树形器简介

这种青铜树形器一般为长约20厘米的透雕饰片，以树形、女像（倒三角形身体、个别人像有女性双乳）、带放射线璧（芒纹璧、日轮）和对马（所谓对兽，笔者以为均为马，原因在于铸造工艺精细与否导致外形差异）共同构成。主要出土于墓葬，是明器，年代大致为春秋战国（下限至西汉），数量达数十件之多。虽然盐源青铜树形器在细节创作上变化多样，但整体形状都呈现“不断生发的树状”。这里仅举图102为例，对此类器物造型作简单介绍：最底层是树的三根枝干，其上有分叉而生的侧枝分两层向上延伸。第一层对称而生的侧枝上分别生出圆形日轮，日轮上多带有代表光芒的纹饰；第二层树枝分别从中间的主树干和两旁的日轮生发出来，主树干的顶部在这里向上生发成V形枝干，在V形枝干的中间站立一人，此人的身体部分大致呈倒三角形（胸部有双乳，为女性生理特征），一只手臂弯曲叉在腰间，另一只手臂向上弯曲作舞蹈状；第二层生发出来的四根侧枝的结合部位再分别生出两个芒纹璧，这两个芒纹璧分别位于人物的两旁；两边的芒纹璧上又生发出对向而立的双兽，它们的嘴部与人物向上弯曲的手臂连为一体。树形器兼具了神树、女神、神兽和太阳的形象，与青铜时代晚期活跃在该地区族群的丧葬习俗、祭祀和社会

礼仪活动有着密切的关系。[1]

总结而言，盐源青铜树形器和康家石门子岩刻画具有显性与隐形共性文化元素，简单概括如下。显性共性文化元素：1. 处于中心地位的人像均为倒三角上身，束腰；2. 长颈椭圆形头型；3. 人像头顶戴胜（明显突出于帽子顶部的装饰物），康家石门子人像头戴高帽，帽顶有数量不等明显高耸的硬质或软质装饰物，盐源青铜树形器人物头上多为一种夸张高耸的三叉状装饰物；4. 双马神崇拜（双牡马或牝马）；5. 明显的女性人物形象，如 A 型树形器。[2]（图 102，图 103）

隐形共性文化元素：1. 神树崇拜，康家石门子岩刻画所在的丹霞山峰犹如树干（柱）形状与盐源青铜树形器的树形造型对应；2. 太阳崇拜，康家石门子岩刻画人像姿态的卍字符号或十字形符号象形与盐源青铜树形器上树枝顶端日轮（带有明显的放射线）；3. "祭祀通天"，天梯与通天神树的文化意涵；4. 二者之间存在实质性青铜文化历史交流，古代西域和北方草原文化大量通过中国西部南北方向丝绸之路天山—横断山大通道传播到盐源一带；5. 年代时间有前后承继的可能。康家石门子岩刻画年代为西周至春秋，盐源青铜树形器的年代大致为战国至西汉。文献中亦可找到川西高原与游牧民族文化的联系。据记载盐源是笮人聚居

1　凉山彝族自治州博物馆、成都文物考古研究所编著《老龙头墓地与盐源青铜器》，文物出版社，2009，第 194—198 页。

2　凉山彝族自治州博物馆、成都文物考古研究所编著《老龙头墓地与盐源青铜器》，文物出版社，2009，第 136 页。

图102　盐源青铜树形器6A型C：654，上身倒三角纹构形、胸部女相、放光的芒纹璧

图103　盐源青铜树形器4A型C：646，明显的对马图像、人像戴胜（帽子上高挺的三叉装饰物）、人像上身倒三角纹构形

区[1]，关于笮人族源问题，影响较大的说法是源于先秦时南迁至川滇西部地区定居的西北氐羌。如《后汉书·西羌传》:“秦献公初立，欲复穆公之迹。……忍季父卬畏秦之威，将其种人附落而南，出赐支河曲西数千里，与众羌绝远，不复交通。其后子孙分别，各自为种，任随所之。……或为白马种，广汉羌是也。”[2]很可能在这次迁徙过程中，西域天山草原文化与北方草原文化因素大量进入川西高原。

因而我们认为盐源青铜树形器与康家石门子岩刻画内容存在前后文化传播和承继关系。

（二）盐源青铜树形器与康家石门子岩刻画共有的文化元素

1. 象征“宇宙中心”的通天神树

康家石门子岩刻画所在的山体笔直且高耸入天，形似通天“天柱”，即通天“神树树干”“通天神山”的直观联想。古代先民把某类特殊大树或某类特型大山山峰形象作为“宇宙中心”的象征物之一，它们既是神灵聚居之处，也是诸神通往天堂的凭借之神物。例如古印度人就认为宇宙中心位于须弥山，它不但是世界中心，还是众神的居所。[3]

《阿维斯塔·王书》记载拜火教（琐罗亚斯德教）神主栽种的神树（丝柏树）功能：“是上帝从天上将它赐予我的，并且说，从

1　[晋]常璩著，刘琳校注《华阳国志校注》，巴蜀书社，1984，第320页。

2　[宋]范晔:《后汉书》，中华书局，2007，第848页。

3　[印]世亲菩萨:《论典与教学：略释阿毗达磨俱舍论》卷上，分别世品第三之四，[唐]玄奘译，妙灵释，中国社会科学出版社，2004，第389页。

图104　盐源青铜树形器举例（四川省凉山彝族自治州博物馆供图）

这里便能登上天堂……人们称此树为天堂，如果你不知道为什么，你可以称它为卡什马尔之丝柏树。”[1]亚欧游牧部族认为帝王英雄通常是具有神性的人，[2]显然，游牧部落的首领们通常认为可以借助大山或大树为媒介使自己的灵魂升入天国。盐源青铜树形器与康家石门子岩刻画所在山体的神树树干象形就是这种思想观念的具象表达。

1　转引自芮传明、余太山《中西纹饰比较》，上海古籍出版社，1995，第253页。

2　［伊朗］贾利尔·杜斯特哈赫选编《阿维斯塔——琐罗亚斯德教圣书》，元文琪译，商务印书馆，2005，第453—459页。

康家石门子岩刻画山体形似高耸入云的神树树干，人像大多描绘的是具有倒三角形身体的女神，她具有强大的再生能力。用倒三角形象征女神或女神再生力量的艺术表现形式可以追溯到旧石器时代晚期，再生的意义显而易见。[1]而其拟形十字形或卍字形身体姿态所表现的天神、太阳神崇拜文化意涵也十分明显。盐源青铜树形器的整体造型酷似一棵大树，女神（天神）居中，其上有四个光芒四射的太阳。二者在图像形态和文化意涵方面极具相似性。

这类“神树、女神和太阳”组合的艺术创作遍及世界各地，例如印度神话中的一棵宇宙树，[2]如图105所示：一只原始蛋生于混沌初开的海洋之中，蛋上长出一棵宇宙树，树有三根巨枝向上和两侧伸展开来，每一树枝上生出一个太阳，位于神树中心分叉处的太阳最大。盖尼奥认为此图表现的是同一个太阳在一天中的运行状态。[3]

古埃及神话中也有太阳从“天树”上升起的典故，图106描述的就是亡灵目视太阳从圣树上升起的情景。中国神话中的“扶桑”与“若木”也与太阳关系密切，《山海经·海外东经》形象描述了扶桑树顶重复出现的太阳。此外，印度关于“女树生儿”的传说和中国“羲和生日于扶桑”的神话都源自同一母题的演变。《山海经》中的“三桑”就是一种宇宙树，《北山经》中详述了它

1 ［美］马丽加·金芭塔丝：《女神的语言：西方文明早期象征符号解读》，苏永前、吴亚娟译，祖晓伟校，社会科学文献出版社，2016，第288—289页。

2 芮传明、余太山：《中西纹饰比较》，上海古籍出版社，1995，第256页。

3 芮传明、余太山：《中西纹饰比较》，上海古籍出版社，1995，第256页。

图105　印度神话中的宇宙树（采自芮传明、余太山《中西纹饰比较》）

的生发功能，云："……其上多金玉。三桑生之，其树皆无枝，其高百仞。百果树生之。"显然，在古人的意识形态中，神树与女神一样具有生发与再生功能，从而都被人们信奉和尊崇。

古代中国一如亚欧大陆各地，神树崇拜现象普遍。先秦神树崇拜以《山海经》所载之树甚多，有通天神树、太阳神树、仙境神树、千里之幅的巨树、具神奇药用价值的神树，以及其他神异之树。

《山海经》中与原始信仰有关的"太阳神树"有四种，即扶桑、扶木、若木和柜格之松。

图106　埃及古画上的亡灵目睹太阳从树顶上升起图（采自芮传明、余太山《中西纹饰比较》）

《海外东经》扶桑："下有汤谷。汤谷上有扶桑，十日所浴，在黑齿北。居水中，有大木，九日居下枝，一日居上枝。"[1]

《大荒东经》扶木："大荒之中，有山名曰孽摇頵羝，上有扶木，柱三百里，其叶如芥。有谷曰温源谷。汤谷上有扶木。一日方至，一日方出，皆载于乌。"[2]

《大荒东经》赤树、青叶、赤华、若木："大荒之中，有衡石山、九阴山、洞野之山，上有赤树、青叶、赤华，名曰若木。"[3]

1　袁珂校注《山海经校注》（修订本），巴蜀书社，1992，第308页。
2　袁珂校注《山海经校注》（修订本），巴蜀书社，1992，第408页。
3　袁珂校注《山海经校注》（修订本），巴蜀书社，1992，第498页。

《大荒西经》青树、柜格之松："西海之外，大荒之中，有方山者，上有青树，名曰柜格之松，日月所出入也。"[1]

古代中国与神仙信仰相关的则是昆仑不死树和仙境树。在《山海经》中记述了一处重要的仙境——昆仑山，它有时是西王母的居所，有时是帝之下都，但前者的说法在后世流传更为广泛。以西王母为代表的神仙居所——昆仑山仙境的仙树，在《山海经》中多有出现。

《海内西经》木禾："昆仑之虚，方八百里，高万仞。上有木禾，长五寻，大五围。面有九井，以玉为槛。面有九门，门有开明兽守之，百神之所在。"[2]

《西山经》沙棠："西南四百里，曰昆仑之丘，是实惟帝之下都，神陆吾司之。其神状虎身而九尾，人面而虎爪。是神也，司天之九部及帝之囿时。有兽焉，其状如羊而四角，名曰土蝼，是食人。有鸟焉，其状如蜂，大如鸳鸯，名曰钦原，蠚鸟兽则死，蠚木则枯。有鸟焉，其名曰鹑鸟，是司帝之百服。有木焉，其状如棠，黄华赤实，其味如李而无核，名曰沙棠，可以御水，食之使人不溺。有草焉，名曰蘋草，其状如葵，其味如葱，食之已劳。"[3]

《海内西经》不死树、柏树、木禾、圣木曼兑、文玉树、玗琪树："开明兽身大类虎而九首，皆人面，东向立昆仑上""开明

1 袁珂校注《山海经校注》(修订本)，巴蜀书社，1992，第451页。

2 袁珂校注《山海经校注》(修订本)，巴蜀书社，1992，第344—345页。

3 袁珂校注《山海经校注》(修订本)，巴蜀书社，1992，第55—56页。

北有视肉、珠树、文玉树、玗琪树、不死树。凤皇、鸾鸟皆戴瞂。又有离朱、木禾、柏树、甘水、圣木曼兑，一曰挺木牙交”。[1]

《海内西经》服常树、琅玕树：“开明东有巫彭、巫抵、巫阳、巫履、巫凡、巫相，夹窫窳之尸，皆操不死之药以距之。窫窳者，蛇身人面，贰负臣所杀也。服常树，其上有三头人，伺琅玕树。”[2]

《山海经》所载之树甚多，上述记载，十分有助于深入理解和区分《山海经》中所记载的神树。其中多为源于自然崇拜的神树和后来形成的与神仙信仰有关的昆仑仙境之仙树。

太阳崇拜是自然崇拜的一种。在中国先民眼里，自然界是一个充满神灵的世界，祭拜自然神灵是先民社会生产和生活不可分割的有机组成部分。[3]太阳能够给人们带来光明与温暖，对太阳的崇拜应在很早的原始社会已经存在。《山海经》所记载的承载太阳的神树“扶桑”神话等，应是早期自然崇拜从太阳崇拜发展到天崇拜，再发展为女神崇拜与后来生命树崇拜以及天梯崇拜的产物。

《山海经》中记述的以西王母为代表的神仙居所——昆仑山仙境的仙树，或者就是宝玉，或者以玉为偏旁，显示出与玉的密切关系。对此，叶舒宪先生论述：“以宝石为果、以翠玉为叶的石树林乃是冬暖夏凉、四季长青的不死仙境的象征，而《山海经》《淮南子》在描述昆仑仙境时所罗列的‘珠树、文玉树、琪树、不死

1　袁珂校注《山海经校注》(修订本)，巴蜀书社，1992，第349—351页。

2　袁珂校注《山海经校注》(修订本)，巴蜀书社，1992，第352—353页。

3　牟钟鉴、张践：《中国宗教通史》修订版上册，中国社会科学出版社，2007，第5页。

树’和‘珠树、玉树、璇树’，等等，从名字上就知道属于同类的玉石树林。而玉之所以在古人心目中享有崇高地位，正因为它自石器时代起就已成为永恒生命的象征。”[1]《山海经》以玉为人们心目中神异的、美好的神树、仙树，应该也是史前先民生命树崇拜以及玉作为沟通天地神物的文化遗存。

不死也是古代中国早期宗教的重要观念。《山海经》中多处出现“不死”二字，如不死国、不死民、不死树、不死药、不死山，等等，共同形成和传达着古代先民希望长生的美好愿望。例如，“不死民在其东，其为人黑色，寿，不死。一曰在穿匈国东。岐舌国在其东。一曰在不死民东”[2]；“开明北有视肉、珠树、文玉树、玗琪树、不死树”[3]。“不死树”即“长生树”，依然是生生不息的“生命树”。

2. 尖顶帽与生命树

康家石门子岩刻画主要人像头顶帽子之上有凸出很高的装饰物，关于这个现象的研究多数学者意见一致，就是《山海经》记载的西王母头上的戴胜，也是新疆与中亚地区青铜时代中晚期墓葬与岩画中多有发现的尖顶帽。盐源青铜树形器中人像头顶的凸出装饰性物件，也同样被学者认为是这一类帽子装饰。这里引用吴妍春、王立波两位学者的学术观点如下：

俄罗斯学者认为，巴泽雷克古墓出土的假发式高尖帽，是

1 叶舒宪：《伊甸园生命树、印度如意树与“琉璃”原型通考——苏美尔青金石神话的文明起源意义》，《民族艺术》2011年第3期。

2 袁珂校注《山海经校注》（修订本），巴蜀书社，1992，第238—240页。

3 袁珂校注《山海经校注》（修订本），巴蜀书社，1992，第350页。

"生命树"的象征，这对我们认识棒锥形高尖帽的文化意义无疑有启发。在史前东方天人感应的原始思维中，人体也是天体的一部分，人的头部为"巅"为"天"，所以，关于天的概念，通过对头部的装饰反映出来就十分自然了。联想到前面提到的古代中国岩画上，一些人物头顶树枝或羽毛状物舞蹈的情景，及原始时代人们对树木及木棍的崇拜，再看棒锥形高尖帽的造型结构及装饰，就使我们想起萨满教关于"生命树"的描绘：它长在天穹的中心，通贯宇宙，根须部是地界，树干部为中界，枝头部分为七叉（亦传九叉），称神界。人处在宇宙的中界，欲求与天相通，而人与天相连的顶点，即是头顶，于是，原始先民在欲求通天时，就会用象征"生命树"的类比物顶在头上舞蹈。角的枝杈形样，羽毛的形状都与树木类同，所以，这些就成了"生命树"的象征，棒锥形高尖帽可能是远古先民对"生命树"的象征性符号表达。其中最典型、完美的，要数巴泽雷克文化中阿克—阿拉赫3号墓地1号墓出土的假发式棒锥形高尖帽。此帽半球形帽基座中间开一孔，放置高高的木棒，木棒上卷裹毛毡，四周环绕着木质的鸟禽雕像，这似乎对应着萨满教关于神灵世界中部有一孔洞，生命树通过空洞贯通上、中、下三界的说法。[1]

这样看来，尖顶帽的寓意与《山海经》中的若木、扶桑等神树一样，既是生命树也是天梯、天柱。

根据上述文献资料来看，无论太阳崇拜、神树崇拜，还是与

1　吴妍春、王立波：《西域高尖帽文化解析》，《西域研究》2004年第1期。

图107　1.扎滚鲁克发掘出土的高尖帽；2.达吉斯坦、安德斯克以及库塔伊西等地出土的戴高尖帽青铜人像；3.新疆伊犁新源出土的头戴高尖帽青铜武士雕像；4.伊塞克古墓出土的头戴高尖帽“金衣人”；5.贝希斯敦碑铭上塞人斯昆哈首领头戴的高尖帽；6、7.巴泽雷克古墓出土的高尖帽；8.鄯善苏贝希古墓地出土的高尖帽；9.达利维尔津宫殿遗址中贵霜王子雕像头戴高尖帽；10.阿富汗大夏佛寺洞窟中人物雕像头戴的高尖帽；11.公元前17世纪小亚细亚赫梯文明岩刻画中沙鲁神头戴筒形高尖帽（采自吴妍春、王立波《西域高尖帽文化解析》）

神仙信仰相关的昆仑不死树和仙境树，均具有“绝地天通”的神通，具有沟通人与天、人与神的功能。类似的文化观念虽然在亚欧大陆各文明区域几乎是一种普遍存在，但是把天梯崇拜与神树崇拜发展为绝地天通，把太阳崇拜、女神崇拜、山岳崇拜发展为天崇拜、天命崇拜以及天命观的却只有中国。

《老龙头墓地与盐源青铜器》考古报告认为，树形器是亚欧青铜文明全球化东进南渐影响的产物，其与亚欧草原青铜时代东进的历史背景有着密切的关系，具体表现为在盐源地区青铜文化中可见大量亚洲内陆通道上常见的文化因素，如双马神崇拜、山子格剑、S形饰、马具（马衔、马镳、节约、铃等）、刀削、管銎兵器（戈、斧、镞）、带扣、连珠饰、铜管、泡饰等，以及丧葬仪式中广泛存在的殉马习俗等。[1]其中双马神崇拜，是说明青铜树形器功用与来源的关键文化要素之一。

3. 双马神崇拜

盐源青铜树形器顶部是一对头部相对的兽，其身体上的折线三角形平行纹饰与康家石门子岩刻画中大型动物的身体纹饰十分相似。但是盐源青铜树形器因有明确的马图像，以及骑于对兽身上腰部带有刀的骑手形象，因此可以明确判定青铜树形器中的对兽应该都是对马，这又与康家石门子岩刻画上区七位女神之间的两组对马图像做出了完美呼应。由此可见，盐源青铜树形器和康家石门子岩刻画上都出现了双马神的形象。

1　凉山彝族自治州博物馆、成都文物考古研究所编著《老龙头墓地与盐源青铜器》，文物出版社，2009，第194—197页。

图108　康家石门子岩刻画双马图像

双马神是古代印欧人的某种马神崇拜，是印欧人共有的多神教神祇之一。最早见于公元前3200—前2200年里海—黑海北岸的颜那亚文化，随着印欧人在亚欧草原的迁徙，其崇拜双马神的习俗被亚欧草原的游牧部落接受并传承下来。古印欧（语系）游牧民族在各自的宗教礼仪活动中使用了大量有双马神形象的艺术品。伴随着古印欧（语系）人的渐进东迁，这类艺术形象在晚商时期进入了我国新疆天山和内蒙古的阴山地区，并由此向古代中国的腹心地区渗透。而早在公元前2000年左右，东迁至甘肃和青海地区的古印欧（语系）人影响了早期羌人的信仰传统，并由此开始了其“内地化”的进程。双马神也顺其自然地和草原游牧民族的其他文化元素一起融入了羌人的信仰之中。

图109　左：康家石门子岩刻画中大型兽；右：盐源青铜树形器顶部对兽

盐源盆地位于横断山脉东缘，处于中国古代南北向民族迁徙和文化交流的大通道上，而此地出土的树形器和双马神应该都是草原游牧文化曾从西北地区沿横断山区南传的反映，也是天山地区青铜时代草原文化经过甘青地区河西走廊或柴达木盆地，通过横断山断裂带通道，进入大凉山地区盐源盆地的历史证据。

不过图109中的动物，康家石门子岩刻画研究者均认为是虎，然而对比盐源青铜树形器神树顶部对兽形态，很可能是马，而非老虎。康家石门子岩刻画的虎形兽的认定与盐源青铜树形器中大型对兽的认定理由几乎一样，首先是因为其身体上折线或短平行线类似虎斑纹，其次是体形为大型兽类，但是并没有确定无疑的形态证据表明其为虎。

从盐源青铜树形器顶端对兽部分确定无疑是对马的现象来看，其他对兽均应该推断为对马。这是理由之一。我们来看康家石门子岩刻画中所谓虎形图像其身上的折线纹，其实应该是三角纹的简化。大型兽类的身体外形上的三角折线纹与人物身体三角纹构图特点相呼应，只说明二者之间的文化与时代一致性。因而我们判断康家石门子岩刻画中一大一小两个大型兽也应该是马。

对马或对兽是固定的造型模式，与树、圆形带放射线的璧（日轮、太阳）一样均是基本母题，见于所有的铜树上。从位置来看，对马、对兽处于铜树的最顶端，立于放射线圆形之上，其中部分马（兽）上骑人，部分马（兽）上载柱状物，还有部分马（兽）上空无一物。所谓对兽只是形态上不容易判断其为何种动物，根据有明确对马特征的康家石门子岩刻画对马和盐源青铜树形器顶部对马的形态来推断，对兽应该都是对马，区别只在于制作工艺方法所导致的对马像逼真与否，或曰对马形态制作到不到位而已。此外，对马形象还见于杖首上，《老龙头墓地与盐源青铜器》报告将其中一些定名为兽，但比较来看，笔者认为它们都应是马，只是制作工艺技术的差距导致造型不十分像马。其中“一人双马”母题应与北方草原文化中双马神信仰有关。[1]

如上所述，盐源青铜树形器与康家石门子岩刻画除了蕴涵有相同的文化寓意，它们的人物形象也非常相似，主要表现在青铜

1　李帅：《盐源出土人兽纹铜树形器渊源考》，《江汉考古》2016年第1期。

树形器居中的人物形态与康家石门子岩刻画上区七位女神的形态极为接近，尤其是以倒三角形身体构图和手臂姿态最具相似性。可见它们在艺术表现手法上也有着高度关联性，这在一定程度上肯定了《老龙头墓地与盐源青铜器》报告撰写者认为其文化来源于中国北部草原地带的观点，以及直接肯定了郎建峰先生关于文化影响来自新疆的观点。[1]

4. 天梯与神木、神山

古代中国天地沟通、人神往来是史前先民永恒的追求。在那个遥远的年代，诸神时常下凡，人神杂处，而人也可以轻易地上天升国。[2]后来因为神人之间的矛盾冲突，诸神回到天上，人们失去天上的仙乡，人神的沟通需借由天梯这个媒介，这就是"绝地天通"[3]。人们确定了天人相分，天是绝对的超越者，不能与人混为一谈；天只能被人敬畏，不能被人取代；但天人相关，天助人善，人要以德配天。这是早期中国传统天命观天人关系的基本思想，至汉代董仲舒在《春秋繁露》中提出："天人之际，合而为一。"

从早期文献来看，许多神圣的树和山都具有天梯的功能。Wilma Fairbank 认为那些作为天梯的建木神树具有抵达天国的功

1　巫新华：《试析天山康家石门子岩画的早期西王母文化意涵》，《新疆艺术（汉文）》2017年第5期。

2　[法]M. 耶律亚德：《宇宙与历史：永恒回归的神话》，杨儒宾译，联经出版事业公司，2000，第78—79页。

3　[汉]孔安国传，[唐]孔颖达等正义《尚书正义》，载《十三经注疏》世界书局影印本，中华书局，1980。

能，且表现手法趋于程式化的神树称为“样式化的树”。[1]上文述及《海外东经》中所提到的扶桑，《大荒北经》中提到的若木均为此类神树，具有通天的功能。所不同的是，被称为“建木”(《海内南经》) 的神树直接涉及天梯的概念，它是已知现存先汉文献中唯一直接与天梯有关的神树，并且几乎可以说是天梯的代名词。[2]

有些学者对四川及其附近地区东汉墓葬中摇钱树的研究也为发现汉墓画像砖与画像石上众多的树形图像与摇钱树建立了联系。[3](图110)所有这些研究都证明，尽管个别图像可能千差万别，但它们都象征通往天国的天梯（或途径），这是汉代时期民众思想信仰的重要内容，并且已经符号化。

中国人很早就把昆仑山看作沟通天地的媒介即天梯，而且早期昆仑山遍布华夏大地。从《山海经》中出现的昆仑山来看，我们会发现，不同章节中昆仑山所处的位置不尽相同。[4]虽然各处均有昆仑，但是就像《河图括地象》说的那样，“昆仑山为天柱，气上通天，昆仑者，地之中也”[5]。中国历史各个阶段的学者均注意到这个显著的不确定性，清代学者毕沅总结道，任何高山都可以

1　转引自练春海《汉代艺术与信仰中的天梯》，《民族艺术》2009年第4期。

2　练春海：《汉代艺术与信仰中的天梯》，《民族艺术》2009年第4期。

3　主要研究有何志国《汉魏摇钱树初步研究》，科学出版社，2007；何志国《陕南出土的摇钱树佛教图像》，《中原文物》2008年第5期；刘隽《摇钱树及其图像的初步研究》，硕士学位论文，四川大学，2005；张茂华《“摇钱树”的定名、起源和类型问题探讨》，《四川文物》2002年第1期。

4　《山海经》之《大荒西经》《海内西经》《西次三经》等篇。

5　[唐]徐坚等：《初学记》，中华书局，1962，第87页。

图110　汉代画像石中的天梯与钱树（采自练春海《汉代艺术与信仰中的天梯》）

称为“昆仑”[1]。至于昆仑最终专指中国西部或西域大山，则是另外的历史发展必然（见章节“西王母与昆仑”）。就昆仑与天梯而言，练春海先生认为，昆仑山很可能就是建木所生长的地方，并且昆仑山作为“世界之轴”（axis mundi）恰巧是由于它是神树所生长的处所，因此被认为起到了天梯的功能，而昆仑山的神性也因此得

1 《山海经图说》卷六，毕沅图注，上海会文堂书局，1917，第17页。

到了加强。[1]

（三）盐源青铜器来源的丝绸之路背景

盐源青铜文化中的环首青铜剑、铜鹫鹰、铜鹿头杖、弧背铜刀等渊源于斯基泰文化或者是受其影响；有柄铜饰和青铜树形器则可能直接来源于中亚和西亚地区古代文化或受其文化影响；曲茎青铜剑、“触角式”青铜剑和大量陶双耳罐则与西北和北方草原地区的古代文化有着明显的渊源关系。[2]此外，盐源地区青铜文化中盛行的管銎兵器是中国西北、北方草原地区青铜文化在西南地区影响扩散的产物，管銎兵器不属于中原商周文化固有的传统的器物，它当是亚欧草原青铜文化对中国北方地区影响与异化的产物，川西高原地区在西北与西域天山地区古代文化交流中扮演着极为重要的角色。[3]

这样的文化传播通过西域丝绸之路可以直接进入前述的中国西部丝绸之路大通道“河南道”（河西走廊、柴达木盆地、横断山通道、藏彝走廊），即可以直接从天山地区南下经河西走廊或柴达木盆地进入横断山到达盐源。

盐源地处川西南横断山区与青藏高原的过渡地带，在自然地

1　练春海：《汉代艺术与信仰中的天梯》，《民族艺术》2009年第4期。

2　周志清：《浅议川、滇西部青铜文化中的“北方草原因素”遗物及其文化因素》，《考古与文物》2007年增刊。

3　周志清：《浅析川西南青铜时代的管銎兵器——兼论川西高原在欧亚草原和北方文化传播带中的地位》，载成都文物考古研究所编著《成都考古研究》（三），科学出版社，2016，第146—158页。

理上属于高原与山区的过渡地带，在文化地理单元上亦属于文化的碰撞地带，西北地区的青铜文化通过盐源地区而实现向云南地区的移动。[1]这些复合文化因素在此地的出现凸显了川西高原地区在南北文化交流中的介质作用，凸显了川西山地是链接中国西北与云贵高原青铜文化的重要节点，正是通过该地区使得北方草原文化中众多青铜文化因素得以在秦汉时期的西南夷地区延续与发展。

中国西南青铜时代与西北地区，特别是新疆地区有着密切的关系，它有着其独特的技术系统，它以工具、装饰品、兵器及石范技术广泛应用为特征，迥异于中原地区以青铜容器、礼器、酒器为特征的礼制文化传统，其技术系统主要渊源于西北地区青铜技术系统。在中国西南早期青铜时代（距今2900—3500年），即前一千纪前期，亚欧草原青铜器发达期晚段，以铜锡青铜、红铜、砷铜等亚欧草原渊源的技术特征和以兵器、装饰品、工具为组合的文化特质、广泛使用石范技术的传统及专业化生产的形成（铸匠墓）等元素作为其青铜时代的文化内涵。[2]

当然，学术界对于云南、四川地区在青铜时代晚期、早铁器时代曾经受到天山乃至中国北方草原文化的深刻影响已经形成共识。这里就不深入介绍了。

---

1 周志清:《滇风北渐——滇文化因素在川西高原的扩散》,《成都文物》2013年第4期。

2 周志清:《中国西南早期青铜时代刍议》，载成都文物考古研究所编著《成都考古研究》(三)，科学出版社，2016，第127—145页。

第二节　盐源青铜树形器与西王母主题青铜摇钱树的关联

一、已有的学术研究观点

笔者明确支持学术界关于盐源青铜树形器（明器）的传播影响我国西南地区出土明器——汉魏西王母主题青铜摇钱树的观点。学界与本书类似的观点有两种：1. 四川广汉三星堆商代神树是摇钱树的远祖，直接起源应该与四川盐源出土战国至西汉铜树枝和滇池地区出土的西汉储贝器有关。[1] 2. 域外来源说，摇钱树图像有着浓厚的域外文化色彩，青铜打造神树之俗不见于中原地区，应该来自塞种或月氏等游牧部族影响。[2]这里所谓的塞种、月氏等其实与活动于天山一带中亚、新疆草原的斯基泰，以及春秋战国时期活动于我国西北地区的西戎、塞种为同一种草原文化背景的游牧人群。

1　贺西林:《东汉钱树的图像及意义——兼论秦汉神仙思想的发展、流变》,《故宫博物院院刊》1998年第3期；何志国:《摇钱树内涵溯源》,《中华文化论坛》2000年第4期。

2　施品曲:《汉魏时期中国西南地区明器“钱树”之图像内涵及渊源探析》，硕士学位论文，台湾师范大学美术研究所中国美术史组，2002。

二、出土发现青铜摇钱树的基本情况

何志国先生的著作《汉魏摇钱树初步研究》[1]统计迄今各地出土和收藏的摇钱树共计189例。主要分布在以四川（含重庆）为中心的西南地区，有四川、重庆、云南、贵州、陕西、甘肃、青海、宁夏、湖北等地。摇钱树流行的时期大致可分为四期：东汉早期、东汉中期、东汉晚期、三国时期。东汉早期摇钱树发现较少，主要集中在成都平原地区；东汉中期和晚期摇钱树迅速流行，覆盖今四川和重庆地区，并辐射到周边地区；东汉末至三国时期摇钱树的数量锐减，西晋消失。

四川发现的摇钱树多以西王母内容为主。构图具有树形、正面（西王母居中）、中心对称、龙虎胁侍（对兽）、梯几（天梯、登天）、华盖（王者）和天门（升天、再生）等元素组成的偶像式构图特点，表现出强烈的西王母偶像神特点。

汉代西王母图像有以四川为代表的偶像式构图和以中原地区为代表的情节构图两种图像系统。其思想内容均与《山海经》《穆天子传》等文献记载相同，表明其来源的一致性。这种来源一致性既反映出地域来源指向昆仑，也表明文化来源指向中国传统西王母信仰。西王母形象则为只出现于摇钱树的偶像神形态，专门用于随葬，是一种重要的随葬品。茂汶天门摇钱树中的担钱人从

1　本节青铜摇钱树资料与研究观点主要参考何志国《汉魏摇钱树初步研究》，科学出版社，2007。

图111　何家山2号出土摇钱树（成都文物考古研究院周志清供图）

图112　何家山2号出土摇钱树顶部西王母坐像与芒纹璧、对兽、神树（成都文物考古研究院周志清供图）

天门中走出，暗示摇钱树生于天门之内，并具有通天的神通。[1]

三、摇钱树西王母构图与康家石门子女神像

西王母是摇钱树上的中心图像，在摇钱树上，西王母往往处于中心或显要的位置予以突出。摇钱树枝叶分主题式和单体组合式两类构图。主题式构图以西王母为中心、两侧或四周人物朝拜的构图形式；单体组合式构图是一枚枝叶铸造一个人物或题材，几种人物或题材的枝叶组合在摇钱树上，西王母枝叶就处在树上中部的最高处，构成一个突出西王母的主题。下面仅以成都青白江区出土摇钱树为例简要介绍并讨论摇钱树中西王母图像与康家石门子女神像的联系。该摇钱树现藏成都市青白江区文物管理所。

枝叶有两类。

西王母枝叶高9.5厘米、宽25厘米，该枝叶以叶脉为界分为上下两区，上区中央为西王母，西王母坐于龙虎座之上，肩生羽翼，双翼向上弯曲支撑华盖，衣袖呈细密的圆弧形纹依次排列，龙虎座置于案几之上，西王母座前有一独木梯；西王母左侧有一人手持一花，举向西王母，花茎很长，其左有一人扬臂作跳舞状，舞者左侧有一人在跳丸，跳丸者左侧有一人在三叠案上倒立，拿

1 何志国:《汉魏摇钱树初步研究》，科学出版社，2007，第1页。

图113　成都青白江区摇钱树a树枝（采自何志国《汉魏摇钱树初步研究》）

大顶；左端有一人侧立于树旁；西王母右侧也有一人手举一物，面向西王母，其右有一人弓腰持璧形物，其右有一凤鸟，展翅卧于叶脉之上，右端有一人下蹲拽羽毛。下区并列排列六枚方孔圆钱，其外有芒刺，下区中间有两人悬挂于枝条上，作荡秋千状。（图113）

西王母枝叶高10.5厘米、宽18厘米。该枝叶由弯曲的叶脉分为左右两区，左区错落排列六枚方孔圆钱，其上铸有形状不同的星象符号，上端中央为西王母，西王母坐于龙虎座之上，肩生羽翼，向上弯曲，与华盖连接，形成背屏，西王母衣纹细密，衣领以下呈密集的倒置三角形衣纹，膝上衣纹呈密集的圆弧纹，并与龙虎身上纹饰融为一体，袖手；西王母左下站立一人，左手举一

图114　成都青白江区摇钱树 b 树枝（采自何志国《汉魏摇钱树初步研究》）

物，伸向西王母，西王母右下有一人骑马，其右上侧有一龙，侧立于叶脉之上；左区左端有两人并肩站立，牵一马，其下立两鸟和一狗。右区呈品字形排列三枚方孔圆钱，其上也有芒刺；上端坐两人，左侧一人似弹琴，右者服饰与西王母相似；其下有一人骑兽；骑驴者右侧站立一人，高髻，手持一棒状物；立者左下方立一凤鸟，立者右下方有一龙。（图114）

类似于上图的图案很多，就不多列举。归纳来看，青铜摇钱树树枝（整树亦如此）与盐源青铜树形器存在许多一致性特点：1. 都是树形器；2. 无论树形还是树枝对称布局；3. 主要人物（女神）居中；4. 女神戴胜；[1] 5. 存在与主要人物对应的对兽形象；6. 日轮变换为类似铜钱的图案，但是圆形方孔铜钱边缘残留有表现太阳光芒的线条；7. 都体现古人祈求生命赋予、丰产（铜钱）和再生的精神层面思想。

尤其值得注意的是汉魏摇钱树上的铜钱形态与盐源青铜树形器的芒纹璧极为接近，铜钱圆形外缘还保留有表现日轮的光芒线条，极为强烈地强调了二者之间的承继关系。文献记载的西域、天山与西王母的关联多见于《穆天子传》与《山海经》，论述很多，这里不重复述说。仅就西王母主题青铜摇钱树为随葬明器，西王母是掌管升天之门（天柱、天梯）的主神，有明显的王者、永生、再生、丰产、沟通天地等文化意涵。再看《山海经》记载西王母为西天昆仑主神，进而与《穆天子传》中西王母自称“帝女”与穆天子的“天子”称呼所反映出来的“天帝之女”对应“天帝之子”现象应是古代中国天崇拜即天命观思想的反映。同时明确表达，虽然血脉文化同宗共祖，但是天子（周穆王）为天下共主，帝女（西王母）却只是西天（西域）酋长，社会地位与职能只为天子之从属。

1 《山海经·海内北经》：“西王母梯几而戴胜”“西王母杖几而戴胜”。戴胜其实是亚欧草原青铜时代斯基泰、塞种（西戎、大月氏、小月氏）的头顶部突出装饰物，考古出土实物证据颇多。与之直接关联的戴胜人群是今天的塔吉克（Tajik），古代东伊朗语部族（塞种、斯基泰）人群的现代继承者。Taji 即为冠子，k 为附加词缀，Tajik 则为“头上戴着冠子之人”。岩刻画女神、盐源青铜树形器女神、青铜摇钱树西王母头顶俱带有突出装饰物。

四、摇钱树要点问题简介

汉晋时期，中国西南地区流行过一种青铜明器摇钱树。较早的摇钱树名称可能出现于唐朝。唐段安节《乐府杂录》载开元年间，歌女永新死前对其母说："阿母，钱树子倒矣！"降至明清，插钱树的名称多见于文献，但多用于擅长赚钱之人的比喻，如冯梦龙《警世通言》、李玉《占花魁》、李渔《怜香伴》等。[1]

摇钱树是一种广泛流行于汉晋巴蜀社会的青铜树形组合器。摇钱树由树座、树干和枝叶三部分分别铸造后组装而成。树干插于树座之上，树干通常有四至六层插孔，每层插孔有四个，分别挂一枚枝叶，这样，插挂在树干上的枝叶多达16—24枚不等；此外，有的树干顶部还要插挂数枚枝叶。摇钱树体形巨大，高度一般在1.5米以上，最高的2米左右，树身树干四周高低错落层层重叠插挂数十枚枝叶，视觉感觉奇异惊人。树干和枝叶分别为青铜铸造，底座为山形陶制、石质或青铜材质。枝叶上除了满饰钱纹，还有各类神话题材的瑞兽仙人穿插其间。汉晋时期生活场景亦有出现，如乐舞百戏、车马出行、射猎劳作，等等。整体造型趋于程式化。

（一）摇钱树的来源

摇钱树可能出现于西汉晚期。河南济源泗洞沟西汉晚期墓

1　何志国:《汉魏摇钱树初步研究》，科学出版社，2007，第1页。

图115　济源泗涧沟 M8绿釉陶树（采自何志国《汉魏摇钱树初步研究》）

M8中，发现了一件绿釉陶树，它虽然不像钱树那样在枝叶上悬挂了许多五铢钱，但座部贴上了裸体之人、猿猴、飞蝉、奔马等泥塑，极似钱树之座；其枝叶九出，并有鸟、蝉和小猴停留、登攀其间，亦和钱形态相通，应当和钱树是同类随葬品，是钱树的前身。[1]（图115）

有学者认为摇钱树源于中原地区西汉时期的济源陶树或西汉中原明器神树（扶桑等），还有学者认为，摇钱树源于广汉三星堆商代器物坑出土的青铜树。济源陶树、广汉三星堆青铜树与青铜

1　张增祺主编《滇国青铜艺术》，云南人民出版社、云南美术出版社，2000，第183页。

摇钱树的确存在某些相似之处，例如，它们的主体以树的形状为造型，其上都有动物之属。但是，它们之间差别更大。首先，从结构上看，摇钱树分树干、树座两部分构成，树干、树座材质并不相同；济源陶树和三星堆青铜树则树、座合体，未做分别，前者材质为陶，后者为铜。其次，摇钱树的主要特征就是以大量的方孔圆钱作枝叶的装饰，济源陶树和三星堆青铜树无此特征，因三星堆青铜树出现的地域与摇钱树相同，我们自然不能排除它是后者的远祖的可能性，但是，三星堆青铜树年代为商代晚期，要比摇钱树早1000余年，两者时间跨度较大，其间的器型演变的脉络并不清楚。

何志国先生认为，摇钱树起源的线索，应从以下两方面加以考虑：一是在摇钱树的分布地域或邻近的地域有无近似的文物，二是比摇钱树出现稍早年代的类似文物。[1]四川盐源战国至西汉初期墓葬出土的青铜树形器，应该就是摇钱树起源的线索之一。盐源青铜树形器体形并不大，长不到20厘米，宽不足10厘米，但它呈树之形状，主干两侧有分枝，其上铸璧形物、人物、动物等，形态与结构等方面与摇钱树极为近似。最为接近的是，两者多铸挂带孔圆形物为饰。不同的是，前者为圆孔圆形类似璧或日轮，后者为方孔圆形的铜币，但是寓意几乎完全一致，即天地宇宙。有鉴于二者之间在年代方面存在200年左右的前后差距，从继承发展演变的历史顺序来看，从盐源青铜树形器树上悬挂的圆形璧

1　何志国：《汉魏摇钱树初步研究》，科学出版社，2007，第153—161页。

状物演变成摇钱树上悬挂的方孔圆钱，可能正好反映了摇钱树从萌芽到诞生的历史过程。

至于广汉三星堆商代青铜树与盐源青铜树形器、汉晋摇钱树的关系，三者之间无论是分布地域、构形要件、体量大小，还是文化内涵都存在难以匹配吻合的差距与缺环。三者唯一的共性元素当是树形，所以若论三星堆青铜树是摇钱树的“祖型”之一，倒也勉强符合逻辑。考虑到三星堆青铜树与盐源青铜树形器和汉晋摇钱树三者之间，虽然有历史阶段顺序的先后，但是前者与后两者之间毕竟存在有一千多年的时间断层，我们目前至多只能把三星堆青铜树当作盐源青铜树形器与摇钱树的“旁系远祖”。

综合前面章节讨论内容来看，盐源青铜树形器和汉晋摇钱树共性特点和一致性无法否定，确实存在历史脉络与历史逻辑吻合度。二者的直系文化先祖形态在中国传统文化要素和西域草原文化特点方面存在彼此交流融汇的明显痕迹。

（二）摇钱树文化要义

1. 财富和吉祥之树

摇钱树上，最突出的莫过于以大量的钱币作主要装饰，成为摇钱树独特的标志。摇钱树上的方孔圆钱是货币，不少方孔圆钱上面铸就有“五铢”和“千万”的字样。如此可见，摇钱树盛行于东汉时期，其崇尚财富与追求财富的世俗含义显而易见。与此同时，摇钱树上还装饰有羊、侯（猴）等表达升官发财、吉祥如意的动物饰件。

方孔圆钱是中国古代钱币的传统式样，从春秋战国燕国的“明化”钱开始便正式出现了方孔圆钱这种固定的钱币形式。随之沿用了两千年之久，并且影响到了周边国家的钱币制式，直到清末机制铜圆的兴起，方孔圆钱才逐渐退出了历史舞台。圆形方孔的形制是古人心目中最神圣的宇宙秩序的精华浓缩与符号化表达。它以有形的“实圆”，象征无形的天，以无内容的“虚方”，象征有形的“实地”，天圆地方的钱制形式，将这种宇宙观反映出来。《钱神论》这样形容：“钱之为体，有乾有坤，内则其方，外则其圆。”以外圆像天，以内方像地，天覆地载于一钱之中，象征天下一统。“天圆地方”文化符号所蕴含的“天人合一”思想和“天人感应”理念要源于古代中国“天下一统”思想与国家政治需要。

2. 长生的升天神树

除了世俗内容，摇钱树上还有许多神仙题材，如西王母、蟾蜍、玉兔、四神（青龙、白虎、朱雀、玄武）、璧、天门、方士骑鹿（龙、虎）和佛教图像等。西王母是摇钱树上最重要的题材，她是具有偶像特征的神，西王母传播在西南地区源远流长，在汉代的巴蜀地区，她是引领人们升仙的主神。有关蟾蜍、玉兔、四神等神仙和灵兽，多见于古文献，学术界基本一致认为其与秦汉时期的神仙思想有联系。

方士持节骑鹿是常见主题，比如绵阳何家山1号墓和贵州兴仁的摇钱树枝叶上，有一人骑鹿立于璧之上，鹿长颈，角有分歧，特征明显。兴仁骑者穿短裙，一手扛节于肩，节上端有两圆形物，是谓旄。方士持节，是迎候神仙的礼节和方式。此外，在树座和枝叶上，也多见西王母坐于龙、虎之上的图像。这些龙、虎、鹿可能与巫师沟通天地的工具有关。晋代葛洪《抱朴子·内篇》载："若能乘跷者，可以周流天下，不拘山河。凡乘蹻道者有三法；一曰龙跷，二曰虎跷，三曰鹿卢跷。"跷与快行有关。因此，张光直先生说："龙跷、虎跷、鹿跷的作用，是道士可以用它们为脚力，上天入地，与鬼神来往。"[1]

天门观念也是摇钱树的重要内容。绵阳河边乡和观太乡东汉崖墓出土构图相似的摇钱树座上的天门就是这一观念的具体表现。以河边乡白M2：4为例，山形，两侧有双阙浮雕，阙体较高，主阙重檐。双阙之上为西王母像，西王母凭几戴方胜，袖手，坐龙虎座之上；其下有三足鸟和九尾狐。在简阳鬼头山出土的汉代石棺中，也有浮雕双阙，双阙之中有榜题"天门"二字，表明了双阙的含义。近年来，在四川东部巫山汉墓出土的鎏金铜牌上所刻双阙之中，也有"天门"二字。天门者，升天之门也。[2]

璧崇拜也是摇钱树文化内容之一。摇钱树上常见璧形图案。《周礼·大宗伯》："以苍璧礼天。"璧本是礼天的法物，随葬便产生通天的功能。《周礼·典瑞》云："疏璧琮以敛尸。"郑玄注："疏璧琮通于天地。"长沙马王堆T形帛画绘有二龙穿璧，壁画之上

1　张光直：《濮阳三跷与中国古代美术史上的人兽母题》，《文物》1988年第11期；另参见何志国《汉魏摇钱树初步研究》，科学出版社，2007，第159页。

2　内江市文管所等：《四川简阳县鬼头山东汉崖墓》，《文物》1991年第3期；丛德新、罗志宏：《重庆巫山县东汉鎏金铜牌饰的发现与研究》，《考古》1998年第2期。

图116　巫山天门铜牌线图（采自丛德新、罗志宏《重庆巫山县东汉鎏金铜牌饰的发现与研究》）

下，上为远行天界的亡人，下为人世祭祀的生者，璧的位置正好分割并沟通两个世界。[1]巫山出土圆形铜牌，其上饰双阙图案，阙中央有璧形图案，紧靠其上便有“天门”二字，明确表明璧的功能是升天长生之意。[2]

总之，龙、虎、鹿和璧的功能相同，它们是墓主人升天长生

1　熊建华：《马王堆一号汉墓的“壁画”、用璧形式及“璧翣”制》，载湖南省博物馆编《马王堆汉墓研究文集——1992年马王堆汉墓国际学术讨论会论文选》，湖南出版社，1994，第322页。

2　何志国：《汉魏摇钱树初步研究》，科学出版社，2007，第160页。

的法物（媒介），天门则是升天长生的必经之路。上述题材和西王母等相似，均与升仙长生有关。除摇钱树上的神仙题材说明它是升天长生的神树，就其赋形而言，也有相同含义。《山海经·海外南经》记载的“不死树”“昆仑之墟”，为山形，与摇钱树座相仿；而不死树与摇钱树同为树形。摇钱树的赋形脱胎于不死树，其上以西王母为中心的大量神仙题材，表明汉代人们将摇钱树作为通天升仙的媒介之一。四川地区自古有崇树的传统。《淮南子·地形篇》：“建木在都广，众帝所自上下。”蒙文通认为都广即广都（今双流一带），在成都平原。能为“众帝所自上下”的“建木”，自然是沟通天地的神树了。[1]所以，摇钱树就是神树，即升天之树（生命树与天梯）。

3. 社祭之树

人们在摇钱树上挂钱、取钱，是为了社供（社祭），即祭祀社神之用。汉代每年春秋两季都有祭社的习俗。《礼记·月令》郑玄注：“社，后主也，使民祀为，神其农业也。”《孝经》：“社，土地之主也，地广不可尽敬，故封土为社以报功。”《礼记外传》也说：“国以民为本，民以食为天。故建国君民先命立社也。”显然，举行社祭活动，是渴望社神保佑农业丰产丰收。关于社，《后汉书·祭祀志》记载：“方坛，无屋，有墙门而已。”举行祭祀社神活动，当然要耗费钱财。

1　蒙文通：《略论〈山海经〉的写作时代及其产生区域》，载《巴蜀古史论述》，四川人民出版社，1981，第146—184页。

图117　广汉万福西王母摇钱树树枝（采自何志国《汉魏摇钱树初步研究》）

4. 生命树崇拜

北京故宫曾经展出一件四川出土的摇钱树座，其上为二人相向抑抱，作交合状。相似的题材在汉代画像砖上也有所表现。成都等地出土一种名为“野合”的汉代画像砖，就赤裸裸地表现了男女交合场面。值得注意的是，这些交合场面中均有一棵大树，故有学者称之为《桑间野合图》。古文字中的“树”字就与生命、生育有关。甲骨文的“生”字，其字形颇像树。原始人把生育行为附会于树，反映了原始人的树崇拜。人类的生育和繁殖是人生活中的头等大事，自然界树木生命力特别强，容易生长繁殖，长盛不衰，尤其是那些参天大树寿命极长，这正是人类梦寐以求的。人们由此认为，树的生殖和生命力强，是因为上天神灵施加的影响，因而渴求上天神灵从树上降至人间，使人像树那样具有神奇的繁殖力和长寿，由此产生原始树崇拜。这正是摇钱树文化内涵的源头——祈求生殖的原始生命树。[1]

5. 天命与摇钱树

战国晚期，方孔圆钱开始形成一种固定模式。秦始皇统一货币形制，确定外圆内方为定式，先秦—秦汉天圆地方的宇宙观，以及天命观念是这一货币形制最终确定的思想文化动因。

张光直先生十分肯定“天圆地方”的中国古代宇宙观。[2]这一思想商代已有之，甲骨文中的“天”字写法，就是人头上顶着一个圆圈[3]。《易·说卦》：“乾为天，为圆。”《考工记》：“轸之方也，以象地也，盖之圆也，以象天也。”《礼记·曾子问》：“天道曰圜，地道曰方。”再比如，班固在《白虎通·文质篇》中就认为“方中圆外曰璧”“内方象地，外圆象天”。璧的普通形状为圆形圆孔，自先秦起就一直是祭天的礼器，先秦圆孔圆形的圆钱变为方孔圆钱就是这一思想的发展影响。[4]

东晋鲁褒《钱神论》则称：“钱之为体，有乾有坤，内则其方，

1　何志国：《汉魏摇钱树初步研究》，科学出版社，2007，第161页。

2　张光直：《谈“琮”及其在中国古史上的意义》，载文物出版社编辑部编《文物与考古论集》，文物出版社，1986，第252—260页。

3《甲骨文编》卷一，中华书局，1986。

4　汤可可：《中国钱币文化》，天津人民出版社，2004，第89页。

外则其圆。”[1]《易·说卦》:“乾为天。”《易·坤》:“象曰，地势，坤。”有乾有坤即象天象地。《吕氏春秋·圜道》:“天道圜，地道方，圣人法之，所以立上下。何以说天道之圜也？精气一上一下，圜周复杂，无所稽留，故曰天道圜。何以说地道之方也？万物殊类殊形，皆有分职，不能相为，故曰地道方。主执圜，臣处方，方圜不易，其国乃昌。”方孔圆钱所含天地之形，天命之数、君臣之分，是古代中国天命观念与天人感应思想在币制上的文化表达。

很清楚，本节所讨论的摇钱树所蕴含的女神崇拜、天崇拜、天命观念、太阳崇拜、神树崇拜等史前中国思想文化，与盐源青铜树形器、摇钱树的女神、西王母、芒纹璧、方孔圆钱（日轮、天地）、神树、神山、天命崇拜文化，以及与康家石门子岩刻画的女神，及其蕴含的太阳、神树、神山、天崇拜等文化，完全如出一辙，均为中国古代思想文化的一脉。

第三节　天山的丝路地位与作用

康家石门子岩刻画所蕴含的女神、太阳、西王母、神树、神山、天崇拜、天命观念等思想，与中国古代文化同为一脉。这处岩刻画是亚欧大陆北部草原地带，尤其是中亚腹地中心区域天山区，最为重要的史前崖刻艺术精品。既是丝绸之路亚欧草原史前

1　[清]严可均校辑《全上古三代秦汉三国六朝文》全晋文卷，中华书局，1958，第113页。

历史阶段顶级艺术品，也是天山地区早期游牧部族人群最大祭祀圣坛遗迹，还可以说是天山早期文化的集大成者。无论艺术水准还是历史文化内涵，都具有早期天山独此一处的唯一性。

康家石门子岩刻画所在的天山山脉东西长2500多公里，无论是在中亚的西天山还是在中国境内的天山主体，都只有一个名字“天山”。更多的时候使用的是其汉语译音，这一点非常明确地表明天山名称应该是中国文化的产物。H.M. 休金娜认为，从远古以来就确定下来的名称也无可争辩地证明，中国人是这些大山系的首先发现者。[1]梳理分析文献资料，我们发现天山这一名称的核心是“天”和天崇拜，它很可能是受到中国古代天命观思想深刻影响的结果。

一、天命观与天山

夏商时期，人们奉行天命观，天是自然和社会的主宰，是具有至上意志的人格神，天人关系实质就是神和人的关系，《尚书·舜典》:“八音克谐，无相夺伦，神人以和。”天人之间是一种认同关系，但天神决定和控制着一切，人必须遵从天神的意志(天命)。在这种天命观的支配下，天与人必然存在不平等的关系，即天尊人卑。《尚书》中“天命”一词比比皆是，“天命诛之”“天命不易”“惟天降命”“我受天命”，等等，表现的都是天命决定人

1 [苏联]H.M. 休金娜:《中央亚细亚地图是怎样产生的》，姬增禄、阎菊玲译，新疆人民出版社，2012，第21页。

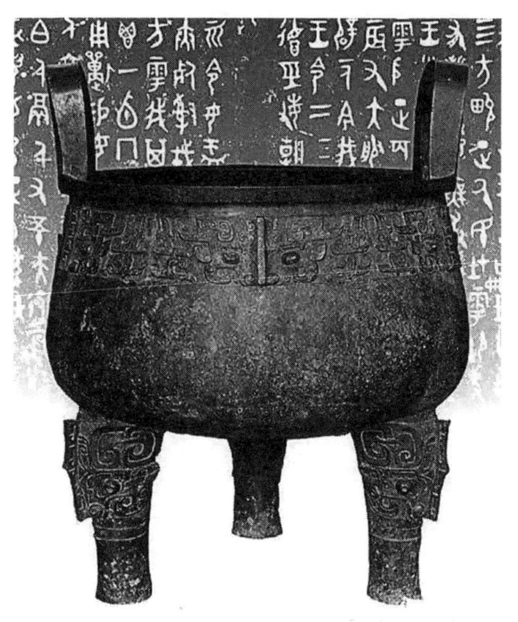

图118　大盂鼎，清代道光初年于陕西岐山礼村出土

事，所以说天尊人卑的观念源自中国古代的天命观。

中国古代哲学把天当作神，天能致命于人，决定人类命数。“天命观”早在商代已流行，少说迄今已有四千多年的流传历史。《小戴礼·表记篇》说：“殷人尊神，率民以事神，先鬼而后礼。”出土文物中所见到的甲骨卜辞、礼器铭文中，“受命于天”的刻辞不止一次出现。如大盂鼎铭文：“……王若曰：盂！丕显文王，受天有大命，载武王嗣，文王作邦。”这件鼎是西周早期的，推

图119　周康王姬钊画像（公元前1020—前996年）

断是康王时期，明确表达了天命观。

当然与天命观关联的还有早期中国的天地崇拜观念，以及“天子”观念。天子名称出现得也很早。西周早期青铜器铭文中就已经出现天子名称，如《静鼎》的“静扬天子休”。西周中期青铜器铭文中多有天子名称出现，如《师酉鼎》《师望鼎》等，可见，天子在当时已经是常见名称。

（一）历史视野中的早期天山

天山这个名称，最早见于文字记载，是在成书于战国至西汉之间的《山海经·西山经》说“浑敦”在“天山”，“曰天山……有神焉，其状如黄囊，赤如丹火，六足四翼，浑敦无面目，是识歌舞，实为帝江也”。[1]《史记·匈奴列传》：其明年，汉使贰师将军广利以三万骑出酒泉击右贤王于天山，得胡首虏万余级而返。[2]《汉书·武帝纪》，把这一历史事件的发生时间定于天汉二年（公元前99年）夏五月。

天山最早是指东天山。《后汉书·窦融列传第十三》记载：“固、忠至天山，击呼衍王，斩首千余级。呼衍王走，追至蒲类海。留吏士屯伊吾卢城。”这里所说伊吾地界，也就是天山山脉的最东端。

此后，天山的别名不断出现。《括地志》记载：“天山一名白山，今名初罗曼山，在伊吾县北百二十里。伊州在京西北四千四百一十六里”[3]；《隋书·西突厥传》记载“（处罗可汗）弃妻子，将左右数千骑东走。在路又被劫掠，遁于高昌东，保时罗曼山”；《旧唐书·地理志》伊州伊吾县条目中有“天山，在州北一百二十里，一名白山，胡人呼析罗曼山”；敦煌文书《沙洲伊州地志残卷》伊州柔远县条目记载“时罗曼山县北四十里。按《西域传》，

1　袁珂校注《山海经校注》（修订本），巴蜀书社，1992，第65—66页。
2　［汉］司马迁：《史记》，中华书局，1985，第2917—2918页。
3　［唐］李泰等著，贺次君辑校《括地志辑校》，中华书局，1980，第172页。

即天山。绵亘数千里”[1]。

此外，还有“祁连”“天山”连称现象。《史记·李将军列传》载：“天汉二年秋，贰师将军李广利将三万骑击匈奴右贤王于祁连天山。”此外，《汉书·霍去病传》等数篇还有“祁连山”“天山”同指今天山的现象。上述文献同时又把天山中段叫作“北山”，因其在狭义的西域即塔里木盆地以北而得名，并且与盆地南边的“南山”亦即昆仑山相对应。而今天的祁连山在当时也叫作“南山”或“汉南山”。隋唐时期，天山依当时西域人群语言称作“时罗漫山”“析罗漫山”等，同时与现代汉语一致的天山称呼也逐渐普及起来，而祁连山的名称逐渐与天山分离，转而专指今天的祁连山。

这样一个清楚的历史现象呈现出：天山早期是天山山脉东部大山的名称，而且以天为名的大山脉有两个（今天的天山和今天的祁连山，古代祁连山虽然多用于指称西域南山东部山脉，但是也泛指其全部大山）。这两座巨大山脉又同时是丝绸之路唯一性陆路通道西域路段最主要的交通干线所在区域，也就是说天山名称的出现与古代中原和西域之外的文明区域的文化交流、人员交往有直接关系。

天山一名的语源《汉书·匈奴传》说：“匈奴谓天为撑犁。”唐代突厥语的“天”则译为“登里”或“腾里”。《华夷译语·天文门》“天”作“腾吉里”。徐文堪认为，这种同源异译的语言现象，清

1　王仲荦：《敦煌石室地志残卷考释》，郑宜秀整理，中华书局，2007，第267页。

末学者文廷式早已察觉，他在《纯常子枝语》卷二十八里作了如下论断：“《汉书》匈奴称天曰‘撑犁’，今蒙古称天曰‘腾格里’，‘腾格里’即‘撑犁’之异译，此朔方语二千余年未变者。”即突厥语、蒙古语的täŋri或teŋiri。词根teŋ源出动词“上升”“飞翔”。本义为“上升”的这个突厥古语词，转义为“献牲”“崇奉”“尊敬”，因此，这个“天”已经是具有至上人格的天神。[1]

“析罗曼（漫）山”“折罗曼（漫）山”“时罗曼（漫）山”“祁连山”“贪汗山”“腾格里山”等天山之名都是音译，均是古代阿尔泰语系诸语言“天”之词“Tangri”，即汉文天命观中受命于天之人格神“天”，以及亚洲北部草原地带萨满崇拜中最高神“腾格里”的“天”。

（二）“天命”与“撑犁”“腾格里”的文化一致性

天命观的主要内容：天是自然界和人类社会最高主宰者，是至上神。天的命令即“天命”，不可违抗。这样的天命观念，是以至高无上、统辖万物的“天”为精神支柱，以“有命在天”的神学独断论为理论核心。天命思想，在丝绸之路联通的亚欧大陆全区域文化传播交流吸收的历史过程中，很早就影响到了西域和亚洲北部草原地带，出现了“天”崇拜观念。据《汉书·匈奴传》记载，秦汉之际的匈奴自称像“天”一样广大，匈奴王自诩“天

1 牛汝辰:《天山（祁连）名称考源》,《中国地名》2016年第9期。

地所生，日月所置匈奴大单于”即“撑犁孤涂单于”。匈奴称“天”为“撑犁”，称“子”为“孤涂”，“单于者，广大之貌也，言其象天单于然也”。“撑犁”今译“腾格里”，即“天”。

《后汉书·东夷列传》：“以腊月祭天，大会连日，饮食歌舞，名曰：迎鼓。”《三国志·魏书·东夷传》载高句丽人“以十月祭天，国中大会，名曰东盟”。《辽史·礼志》载：“祭山仪，设天神、地神于木叶山。”《大金国志·礼志》载：“金因辽旧俗，以重五、中元、重九日行拜天之礼。”《金史·礼志》云：“金之郊祀，本于其俗有拜天之礼。”《元史·祭祀志》记载：“元兴朔漠，代有拜天之礼。”至清代，乾隆朝颁布《钦定满洲祭神祭天典礼》，祭天成为满族的主要祭祀活动。以上文献记载整个东亚大陆北部地区均有祭天与天崇拜思想文化，而非仅限于阿尔泰语系诸语族的萨满教。

萨满教的“天信仰”是以崇拜具体的天象开始的。古老的萨满教天信仰没有超出人类对于天的感观认识，天的信仰表现为对以天命名的某种自然力的恐惧和依赖。这个“天”被看作“上面的”物象及其神秘力量，包括天、日、月、北斗七星、三星、启明星等天体，这里没有占支配地位的个别自然力，天只是其中之一。满族有的萨满文本中记载：天神“蓝天高大，无边无沿”，在萨满祭天祷词中，直呼“高天”“大天”“苍天”。这种带有更多自然属性的“天”在中国北方诸民族中称作“库克”（突厥语、蒙古语，意即“蓝天”“天”）、“库克雷”（突厥语、蒙古语，意即“天穹”“近天”）等。在古突厥民族“鄂尔浑－叶尼塞”碑的铭文上，“腾格里”之前有时还冠以“柯克”一词。“柯克”指一切蓝色、青色、深绿色，也指蓝色的天空。“柯克腾格里”即“苍天”。这里天神是与物象相似的符号，是高天、蓝天、大天、穹庐似的天。[1]

萨满教天命观的重要特点，至上神“天”把人间发生的一切看作上天权能和效用的安排与体现。

《蒙古秘史》的“腾格里因吉雅”即天命。萨满教主张人在社会中的状况，是由其生来具有的命运决定的，而命运完全操纵在腾格里神手中。腾格里神是社会秩序的制定者和维护者。顺从命运的安排，安于现状，是敬神的最重要表现，一切抗争都是徒劳的、危险的。

清代文献档案《满文老档·太祖朝》《清太宗实录》中可见，从努尔哈赤立朝开始，举凡用事、用人、用兵，一概不离“天灵”“天兆”“天意”“天理”“天助”“天佑”“天命”。公元1616年，努尔哈赤统一了女真各部，建立了“大金国”，俗称“后金”，建元为“天命”。[2]

上天是人间一切的仲裁者。天不只是威力无比的、不可抗拒的自然神，也是经常关心并干预人间事务的至上人格神，它明确辨别善恶是非，行使惩恶扬善的权力。萨满教强调的天惩与天佑便是如此。

1　张碧波、董国尧主编《中国古代北方民族文化史》，黑龙江人民出版社，1995，第392页。

2　孟慧英:《萨满教的天神与天命》,《内蒙古社会科学》2000年第1期。

（三）“腾格里”一词兼有“天”和“天神”双重含义

我国古代北方区域操阿尔泰语系语言的各部族中，从文献记载来看，最早崇拜天即“撑犁”的，是匈奴；其次是崇拜“腾里”“登里”的是突厥、回纥等，再之后最为明确的是阿尔泰语系满－通古斯语族诸部族，其中以蒙古部族崇拜“腾格里”最为著名。南宋彭大雅《黑鞑事略》记载：“其常谈，必曰托着长生天底气力……彼所为之事，则曰‘天教凭地’；人所已为之事，则曰‘天识着’。无一事不归之天。自鞑主至于民无不然。”[1]这里所说的“天”“长生天”即“腾格里”，是萨满教的至高神。约翰·普兰诺·加宾尼认为：“他们相信只有一个神，相信他是一切可见和不可见事物的创造者，是世界上的美好事物也是种种艰难困苦的赐予者。”[2]这里所说的“一个神”，指的便是“腾格里”，即天神。

（四）古代西域、北方草原、中原等地共有天命信仰

“古代中国的‘天’这一词，既用以称物质的‘天’，又用来称精神上的‘天’，古代匈奴、突厥、蒙古等部族的‘撑犁’或‘腾格里’也一样。”[3]这里所说的“精神上”的天，即韩儒林先生所说的“天神”。何星亮先生认为，古代突厥人和蒙古人的“腾格里”

1　［宋］彭大雅著，王国维笺证《黑鞑事略笺证》，文殿阁书庄，1936。

2　［英］道森编《出使蒙古记》，吕浦译，周良霄注，中国社会科学出版社，1983，第9页。

3　何星亮：《中国自然神与自然崇拜》，生活·读书·新知三联书店上海分店，1992，第53页。

也一样，均为一词两义。……精神和物质的天混为一谈是毫不奇怪的，是很自然的。古罗马人的“Luna”一词，既是月亮，也是月神。古埃及人的“Ra”这一词，兼有“太阳”和“太阳神”的双重意义。[1]

显而易见，中国文化的天命观形成于夏商时期，距今至少有4000年历史，而以高远得名的天山，诸如“析罗曼山”“折罗曼山”“时罗曼山”“祁连山”“贪汗山”“腾格里山”等则是天山的意或音译名，应该出现于先秦时期，均是古代阿尔泰语系诸语言“天”之词“Tangri”，即天命观中受命于天之天，是古代中国思想文化在西域和北方草原地区发生深刻影响的具体表现与象征。当然，这也同时表明天命观之“天”与萨满教之“腾格里”具有东方宗教思想或哲学思想上的根源一致性，而女神崇拜、太阳崇拜、神树崇拜、对马神崇拜等均有天崇拜的文化意涵在内，正是同类文化能够传播并在四川等西南地区发扬壮大的共同文化底蕴。

此外，最东端为祁连山的西域南山被汉武帝命名为“昆仑山”也应该是同样的文化动因。

综上所述。我们认为年代为距今3000年左右的康家石门子岩刻画所代表的女神（生命与再生）、太阳、神树崇拜文化曾于春秋战国时期传播到四川西南部地区和云贵一带，并直接影响了四川

1　何星亮：《中国自然神与自然崇拜》，生活·读书·新知三联书店上海分店，1992，第45页。

凉山彝族自治州盐源青铜树形器的出现。而盐源青铜树形器是中国西南地区汉魏时期风行一时的西王母主题青铜摇钱树的来源，天山康家石门子岩刻画女神崇拜文化是这一文化交流现象的源头。因而，天山康家石门子岩刻画女神形象和所蕴含的文化要素有可能是中国西王母文化的起源。

科学发展的今天，中国历史文化研究出现了一个有趣的现象，即学术界主张的中国文明早期思想文化与神话提示文明起源的诸多内容居然在西王母、天山、昆仑山、天命观等观念上一致起来了。我们现在看到的古代文献中有关昆仑与西王母的传说，都是由生活在中原地区的古人记载下来的，这些神话传说的中心却不是以中原地区为主，而是以西北方向新疆地区的天山、昆仑山等地方为主。而早期西王母文化产生于天山更是表明《山海经》《穆天子传》等古代文献的信史性质，同时也提示我们古代中国确定国家对西域行使主权的历史可能早至3000年前。这个观点后面章节会专门讨论，暂不赘述。

西王母是中国本土民间信仰（王母崇拜）的主神，也是中国本土道教的主神。中国早期西王母文化起源于天山，表明西域并非区别于中原的异域，而是古代中国早期核心文化的产生区域。

二、天山的丝路地位与作用

康家石门子岩刻画以其体量之巨大，内容之丰富，所在区位之重要，研究成果数量之众多，学术与历史文化影响之巨大，成为世界岩画艺术与历史文化之瑰宝。之所以如此，是因为康家石门子岩刻画所在的天山，在人类文明史发展过程中的作用无与伦比。天山既是丝绸之路西域路段最为关键和重要的通道，也是西域丝路最大的商道。正因为如此，康家石门子岩刻画的产生与存在都是天山这个亚欧大陆腹地地理与人文地标的必然历史产物，其文化内涵与社会作用一定是天山区域和与之关联的更大的文化地域共同历史文化背景下，一个优秀古代文明的特色核心文化驱动之下的历史必然。

就像我们现在正在经历人类文明有史以来的经济文化全球化大发展过程那样，早在人类文明发展的幼年期，亚欧大陆古代文明就已经形成一个类似于现代文明成果的世界传播体系。早期亚欧大陆各区域主要文明的发展在于相互之间的文化交流、影响、互动，世界性的跨地区交流与合作也就因此形成了。只不过这个世界性区域基本上以亚欧大陆为主而已。以文明发展形态的早期阶段来看，陶器制作、五谷种植、家畜驯化、冶金术，等等，也并非孤立地起源于亚欧大陆某一特定地点，而是多区域多地点起源，亚欧大陆全区域广泛传播，各文明地区互相借鉴学习，以区域文明自身文化特质为基础融汇其他不同文明区域多种文化成果各自发展的结果。

（一）中国文明的丝路原生性与新疆的丝路地位唯一性

1. 亚欧大陆是人类早期文明的主要发生地

早期古代人类文明的发展并不是以某一个文明中心区域为主

独自发展成一种核心文明，进而再影响外围区域连带影响其他文明发生与发展的模式。而是一种亚欧大陆多区域、多样化的文明起源与发展体系。亚欧大陆这样多区域起源交互影响吸收又各自独立发展的状态不局限于经济和政治关系，还包括科学技术和意识形态方面的联系。东亚（中国）、南亚（印度）、中亚（昆仑山山脉、帕米尔高原、天山山脉、阿尔泰山脉；塔里木河流域、锡尔河流域、阿姆河流域、伊犁河流域、额尔齐斯河流域；塔里木盆地、准噶尔盆地、费尔干纳盆地等）、西亚（底格里斯河流域、幼发拉底河流域与伊朗高原等）、地中海（希腊、罗马）、北非（古埃及）既是远隔万里的独立地理单元，也是文明发展的不同中心区域以及不可或缺的参与区域。人类所有早期古代文明各自的发展传承大都是依托亚欧大陆这个广阔地理板块陆路交通路线和区域展开和实现的。

2. 中国文明的丝绸之路原生性

丝绸之路出现的原因，在于亚欧大陆其他文明区域与东亚文明轴心——古代中国的交流沟通。具体而言，世界早期文明区域分别是东亚的中国文明、西亚的美索不达米亚文明、非洲的埃及文明、南亚半岛的印度河文明、欧洲的地中海文明。相关研究表明，亚欧大陆最早只有两个文明核心地区：一个是中国的黄河、长江流域，大概在一万年前开始的；另一个是在差不多同一个时代的西亚美索不达米亚开始的。这两个文明的核心内容完全不一样：东亚的是粟黍、水稻的种植和猪、狗的驯养；西亚则是小麦、大麦的种植与羊、黄牛的驯养。最早的“丝绸之路”其实就是距今一万年前后东亚、西亚的早期农业文化慢慢地向世界各地传播形成的，因而中国文明具有非常明确的丝绸之路原生性，起始就是人类文明的高地。

在亚欧大陆两个农业文明核心地区之间有一个大范围的荒漠绿洲与草原地区（西域），从而把中国文明与美索不达米亚文明连接起来。国际学术界的主要观点是，上述两个文化系统共同推动了世界文明早期历史进程。在亚欧大陆或者在古代世界历史中，中国史前历史的厚重身影不可回避。

丝绸之路指在古代人类各大文明的孕育、发展和形成过程中发挥了决定性交流、互动，导致各自成长发展，进而推动人类现代文明奠基的亚欧大陆东西方古代交通路线和相关地理文化区域。丝绸之路，其实是亚欧大陆东西方文化交流之路的约定俗成之说。它首先作为亚欧大陆古代陆路连接东亚、南亚、西亚、欧洲和东非各古代文明的路线与道路，而西域恰恰是地理上沟通亚欧大陆东西方文化、政治与经济的唯一桥梁性地域。也就是说上述区域古代文化的陆路沟通渠道必经以新疆为代表的中亚地区，而且是唯一通道。

3. 新疆资源的双极限

新疆作为亚欧大陆交通关键点，史接千载，路通万里，亚欧大陆唯一四个方向直接连接东亚、西亚、南亚、中亚几大区域的便是新疆。新疆古代文化最大特征为与世界所有著名文明的关联性，亚欧大陆各主要文明取决于东西方文明的相互沟通与交流。作为通道区域的新疆自然也就成为亚欧大陆所有著名古代文明的通过场所和文明标本保留地，从这个角度看新疆古代文化可以说是亚欧大陆所有著名古代文明的亲戚。

新疆历史文化与自然环境具有资源极限性。新疆这个文明关联区域不仅仅是文明的中介，而且实质上推动着各个文明区域文化的发展。甚至也可以说人类近现代文明的产生过程中，新疆这样的文明中介区域居功甚伟。新疆这个“亚洲心脏”既是古代中国人西出的门户，也是横贯亚洲大陆交通线的连接处，曾经在人类各地古代文明发生、发展中发挥了非常重要的推动作用。自然环境资源方面，新疆的天山、昆仑山、阿尔泰山、帕米尔高原、塔里木盆地、准噶尔盆地、塔克拉玛干沙漠、罗布泊荒漠、塔里木河、伊犁河、额尔齐斯河等自然地理环境要素自身具有特立独行的巨大资源禀赋，这样的自然环境资源具有亚欧大陆无可比较的独有性。人文历史文化资源方面，则具有丝绸之路关键区域的唯一性（唯一性作用见下文）中介区域地位，古代世界所有文明区域的精髓文化的相互交流、彼此吸收影响、各自的发展与消亡可以说全部与西域有关。一方面说明西域作为丝绸之路自然区域环境中具有唯一性关键区域作用重大，另一方面说明西域是世界各文明区域精髓文化传播与交流唯一陆路经手者的历史事实。正因为西域是经手世界古代文明区域重要文化传播的角色，新疆历史文化内涵的基础构成中具有世界所有文明区域各种精华文化的因素的积累或者沉淀。我们可以确定地说新疆的文化底蕴具有世界所有文明的主要文化基因的自然存在，也就是说新疆文化的历史底色与世界所有文明区域的文化有直接关联，是一种亲戚关系。这一点也是新疆文化的唯一性特点。

4. 丝绸之路唯一性地位

新疆的唯一性地位是由亚欧大陆自然地理环境决定的。打开亚欧大陆地形图可以清晰地看见，帕米尔高原以南有连续不断的自然天险：喀喇昆仑—青藏高原、云贵高原、澜沧江—湄公河河谷，亚热带丛林以及高山雪峰、峡谷激流、丛林险滩等天然险阻完全制约了古代亚欧大陆较大规模人类东西方向的陆路迁移。只有帕米尔高原通道和昆仑山北缘通道成为亚欧大陆中部最南端的唯一大通道。由帕米尔高原、昆仑山向北，天山、阿尔泰山这两个东西走向的大山脉自然成为第二、第三大通道地区。阿尔泰山以北则是酷寒的西伯利亚寒区落叶林分布带，完全不适宜亚欧大陆古代人类大规模东西向往来。如此一来，亚欧大陆中部地理区域，只有古代西域（新疆）是唯一能够在东西方向沟通东西方各古代文明区域的通道。这样一种独一无二的古代交通形势和文明交流桥梁性作用，完全取决于是否便于交通的自然地理环境条件。

现今新疆仍然拥有古代西域在亚欧大陆东西交通的所有独特优势，是中国“丝绸之路经济带”上东联中国内地与东亚各国、西通亚欧乃至非洲最便捷的区域。这样的形势与地位其实仍然是亚欧大陆人类文明发展一脉相承的一种历史必然，也就是说今天的新疆仍然具有自古以来曾经拥有的优势，也必将发挥自己独有的作用。[1]

（二）天山是新疆古代丝路的干线通道

1. 天山山脉的自然地理特性

天山是亚欧大陆中部古代文明交流通道区域中最主要的干线通道。天山山脉，是亚欧大陆中部广阔无垠极度干旱和荒漠化大地表面地壳隆起的一个大褶皱。天山的存在以及它涵养的水源、滋养的植被是亚欧大陆东西方古代交通得以大规模进行的基本保证。

天山是亚欧大陆最大的山系之一，横亘在亚洲腹地，东西向绵延于准噶尔盆地与塔里木盆地之间，是沟通亚洲大陆东西方向的一道天然地理桥梁。天山在我国新疆境内部分长达1700公里，通常较高的山峰高度在3500—4500米，但是山结处可以达到5000米以上。

汗腾格里地区是天山最大的山结，其次是玛纳斯河流域上游的伊林—哈比尔尕山结。整个天山地区很多山峰高度都在雪线以上，天山雪线高度一般在3500—4500米之间变动，北天山雪线比南天山低数百米。本书关注的康家石门子岩刻画就位于玛纳斯河流域伊林—哈比尔尕山结大地理区域北部丘陵山地。

天山虽然是中亚跨境山系，但是主体位于新疆。天山与中亚其他两个通道型山系阿尔泰山、昆仑山最大的不同在于它具有东

1　巫新华：《丝路新疆——沟通亚欧大陆各古代文明的十字路口》(上)，《新疆艺术》2015年第5期。

西方向全地理范围的水草、气候和旱作农业保障（尤其是天山北坡），以及相当广大的断块陷落盆地和谷地，其中伊犁河谷、吐鲁番—哈密盆地便是典型例子。无论山地还是盆地，它们的走向都受到北西西、北东东两组主要大地构造方向的控制。具有这两组方向的诸山脉与介于其间的菱形盆地是天山大地形的主要特征。

天山山脉从被称为世纪屋脊的帕米尔高原北端向东一头扎进亚洲腹地中心区域的茫茫沙漠荒原之中，把这个干旱的地方一分为二，形成一道连接亚洲东西的大陆桥。以天山的最高峰海拔6000多米的汗腾格里峰为首，其他诸如度斯梅干乌拉、博格达山、喀尔里克等山脉并肩形成一个巨大的地理屏障。汇集众多峡谷溪水的河流在天山山麓两侧荒漠中形成大小不等数量不一的绿洲，成为这条巨型山脉身侧涵养生命孕育文明的草原地带。

新疆主要的湿润气流来自西北方（以北冰洋为主），它几乎影响着新疆全境。除了喀喇昆仑山，其他山地冰雪、降雨分布情况都与西北气流有关，其中天山尤为突出。就天山而言：（1）雪线纬度降低，降水量较为丰富。（2）迎向湿润气流的北坡山地雪线高度低，降水量较为丰富，永久积雪区分布面积较广，在几乎同样的纬度形成永久的针叶林分布带和草原地带。背向湿润气流的南部山地则恰恰相反。(3)同一山脉的西段，降水量丰富，雪线低。而东段正好相反。

天山由于其横拦气流，山区有较多的降水，而其高出雪线以上的山地面积广大，因而永久积雪和冰川规模就亚洲中部这个地理区域而言最大。天山永久积雪区和冰川规模相当巨大，而在几个围谷区形成冰川作用的中心最大的是汗腾格里山地，其次是伊林—哈比尔尕山地和博格达山地等。天山雪线的高度在东段和西段，南坡和北坡均有显著差异。

由于以上特点，从帕米尔山结开始向东延伸2500多公里的天山接纳和拦截来自北冰洋方向的水汽，其北坡形成了连绵不断的垂直分布绿色植被带。海拔1000米左右的山前地带是广阔的半干旱草场（春秋与冬季牧场）；海拔1200米至3000米左右是密集的天山雪松针叶林带和林地草场（夏季牧场）；海拔3000米至3600米左右是大面积高山草甸。因而在亚欧大陆腹地出现了一条2500公里的丰美水草分布带，保证了亚欧大陆人类文明开始以后各个阶段东西方向大规模人群迁移和大型商队运输的水草供给。山涧河流则又把绿洲远远地带向干旱盆地的深处。天山垭口以及低矮的地方也成为南北方向的便捷通道。

由于来自遥远的西伯利亚北冰洋气流，越过天山的水汽极为有限，所以天山南部山坡和谷地之间极少可以看到大面积的绿色的树林。其南面则隔着极度干燥的塔里木盆地，与作为青藏高原北界蜿蜒起伏的昆仑山高大山系相对，更无点滴水分补充。南部天山就像一个在亚欧大陆流浪了千万年的浪子，裸露着千沟万壑的干燥山体，赤体耸立于戈壁和沙浪之中。站在遥远的绿洲，人们经常可以看到天山山脉巍峨峰顶上的万年冰雪，可南部天山无数山峦中被大自然镂刻出无数千奇百怪的峡谷，却常常是干涸的。虽然每年都有融雪或解冻的水流过这里，但除了极少的时

图120　天山巴音布鲁克（裕勒都斯）草原（和静县委宣传部供图）

期，大多数时候都是干河。这些汇集了无数峡谷溪水倾泻下来的南部天山河流，大多是流到山麓，在靠近山脚下的沙漠时便立即被干燥的荒漠吸收而失去了河道。这就是所谓的“没有归宿的河流”，不过在它消失的沙漠中却形成了绿洲。

山南没有山北绵延不断的绿色植被分布带。但是冰川河流由西向东每间隔一段距离便会形成一片片河流滋养的绿洲，而少数几条河流汇集而成的塔里木河东西方向长达一千多公里。不管是沿河而行，还是沿绿洲长途旅行都能够得到水草保证。天山也就成为亚欧大陆中部这块远离海洋的干旱区域最大的古代交通高速公路。

2. 天山山脉的历史意义

人类文明从远古时期开始一直到近代基本都是在亚洲大陆的东西两端的一些区域较为发达。在那里，曾经分别产生了中国文明、印度河文明、美索不达米亚文明（西亚新月地带）、地中海文明、埃及文明等许多著名的古代文明；出现过波斯帝国、秦汉帝国、马其顿帝国、大唐帝国、罗马帝国、蒙古帝国、奥斯曼帝国等地跨亚欧的世界性大帝国；还出现了祆教（拜火教、琐罗亚斯德教）、佛教、犹太教、基督教、摩尼教、伊斯兰教等影响巨大的宗教。这些宗教向东西方传播最为重要的地理通道就是天山，这样的商贸物流、思想文化传播给予亚欧大陆各区域主要文明的成长发展以极大的绝对性影响。

3. 天山大商道

长龙一般的天山南侧多数孤立的绿洲和天山北部连绵的绿洲、草场，在历史长河中被亚欧大陆各区域文明以贸易通道、军事路线、宗教思想传播线路相互联结了起来。而这样的交通在天山南北两侧的荒漠、绿洲、河流、草场中留下来的痕迹便是商队、僧人、军人、部落迁移之路。向西，与天山南北的绿洲群分别相连的两条大商路，在西部与帕米尔以西的古代商业网络联结了起来，沟通着印度、伊朗，西亚、欧洲和东北非洲（埃及）。向东，则从东天山喀尔里克雪峰两侧天山东端直接向东经过马鬃山进入蒙古高原东部；折转向东南则进入河西走廊，进而到达中原和蒙古高原南部。

由于亚欧大商道的存在，荒漠绿洲与天山草原本身也就起了变化，它不仅改变了早期绿洲农牧业各半的社会经济形态，使之主要转向农业，同时最大限度地增加了贸易的因素。绿洲因而展现出中转市场的性质，并起到了商队驿站的作用。大型绿洲内的城镇、村落，呈现出商业都市的面貌。来自亚欧各文明区域最好的物流贸易所提供的商业利润推动了各个大型绿洲地理单元的财富积累，使其变成了绿洲商业小国。随着亚欧大陆东西各文明区域商贸文化交往的不断加深，各大文明区域的优良文化从各个方面渗入了绿洲文化，使一个个具有地理单元独立性的绿洲城镇的文化变得丰富多面。实际上，沿天山分布的绿洲、草原居民并不是单纯的农耕、畜牧人群，他们兼而具有商业居民的性质。

回顾亚欧大陆主要物流贸易通道上阿拉伯、伊朗等地的绿洲的历史，与天山各地绿洲极为相像。可以说亚欧大陆绿洲的发展与大商道关系密切。

天山正式进入古代中原王朝的视野开始于公元前二世纪，汉武帝派遣张骞出使西域。此时，排列在天山山脉山麓的诸多荒漠绿洲大都已经发展成为绿洲商业都市，并分别出现了自己的土王，号称西域三十六国。这些绿洲小国的通商活动非常活跃，随着西汉王朝强力介入西域天山南北两麓，商道大通。过去各方势力各自控制一段，亚欧大陆大商道由各个自然单元转手贸易的历史全面改变，丝绸之路进入有史以来最为畅通的时期。

天山山脉横亘在亚欧大陆腹心地带，以其2500多公里东西向的延伸成为古代商队、行旅仰望的永恒路标。这一点极其伟大，在人类文明史上确实是无与伦比的。亚欧大陆东西两端从各地千里跋涉而来的商队一旦进入亚洲腹地，大多数时间都身处茫茫戈壁沙漠之中。只有那些分散排列在天山山麓的绿洲群，是商旅们休养身体、补充驼队给养的生命之岛。荒漠沙海中一个个绿洲有如大洋中连续的岛屿，形成链条保证了亚欧大陆东西方最佳交通线的存在。在这种情况下，天山山脉完全可以被看作亚欧大陆古代交通的生命线。

4. 文化与天山

同样的情况在文化方面也可以看到。新石器时代、青铜时代乃至其后历史时期，亚欧大陆各文明区域的不同文化成果几乎都是通过天山完成交流的。就拿宗教来讲，流行于古波斯的祆教与摩尼教、产生于南亚（印度）的佛教以及从遥远的西亚安纳托利亚等地流传过来的基督教，还有产生于阿拉伯半岛的伊斯兰教等，大多数时候与商队一起进入天山并影响到这一地区。当然，宗教因贸易关系在进入该地区后被逐步接受并扩大了影响。这样的文化交流，既使西域南部绿洲各国的文化开始丰富多彩，又使天山北部广大草原地带不断形成大的游牧社集。同一时间，文化传播并未停下脚步，而是马不停蹄地一直奔向东亚文明核心区——古代中国。反向也同样如此，来自古代中国的文化和丝绸等诸多珍贵高档物品也源源不绝地经天山向西运送。

唐代高僧玄奘在其《大唐西域记》序言中记述："赡部洲地有四主焉：南象主，则暑湿宜象；西宝主，乃临海盈宝；北马主，寒劲宜马；东人主，和畅多人。故象主之国，躁烈笃学特闲异

图121 天山阿拉沟奎先达坂全景

术，服则横巾右袒，首则中髻四垂，族类邑居室宇重阁。宝主之乡，无礼义重财贿，短制左衽断发长髭，有城郭之居，务殖货之利。马主之俗，天资犷暴情忍杀戮，毳帐穹庐鸟居逐牧。人主之地，风俗机惠仁义照明，冠带右衽车服有序，安土重迁务资有类。四主之俗东方为上，其居室则东辟其户，旦日则东向以拜，人主之地南面为尊，方俗殊风，斯其大概。"[1]玄奘所表现出来的唐朝中国人的世界观，极为精彩。把亚洲分为象主、宝、马主和人主主四国。象主之国为南亚次大陆印度，人主之国为东亚中国，马主之国为天山北部游牧地带，而宝主之国则指天山南北两麓和其以西的绿洲区域。玄奘如此解释宝主，"有城郭之居，务殖货之利"，清楚地表现出西域天山在亚欧大陆区域的交通与商贸的主导性作用。

这样的商贸活动，并不只限于西域（中亚）绿洲居民，草原游牧人群也非常重视商贸。二者都与东亚中国、南亚印度、中亚各绿洲、伊朗高原、西亚两河流域以及非洲、欧洲来往密切。虽然如此，天山并没有隔绝山南山北的各种沟通来往。中国古代文献中有大量关于塞种、匈奴、突厥等游牧人群和西域诸绿洲小国进行各类活动的情况。作为中亚两种自然环境天然界线的天山山脉，对山北的游牧民族来说起到了将其政治势力推向东方和南方的作用，而对山南的绿洲民族来说则是通向东方、北方进行贸易的道路。

---

1 ［唐］玄奘、辩机：《大唐西域记校注》，季羡林等校注，中华书局，1985，第42—43页。

图122　天山马鹿。出土于巴泽雷克2号墓，现藏于俄罗斯冬宫博物馆

此外，天山山脉，还有一个不能等闲视之的作用，那就是引导草原游牧人群流入绿洲，并使之转变为绿洲农业居民。从天山北部迁入绿洲地带的游牧人群会转入定居的农耕生活，而隔着这条山脉游牧的人群却鲜有改变。天山在相当长的历史时段里都是绿洲与游牧两种社会生活形态的分界。

在天山山脉的庇护下，数千年来亚欧大陆东西方文化交流以及天山南北农耕、游牧两种社会生活形态的交互影响得以持续。实际上，亚欧大陆东西交往以及中亚南北往来都依赖天山，它是古代亚欧大陆所有交通通道中最大也是最重要的枢纽型“十字路口”。

沿天山山脉展开的亚洲腹地作为连接亚欧东西方的通道，还可以说是世界历史发展的关键区域。这个区域犹如人体动脉一般把古代中国、阿富汗、印度、伊朗、伊拉克、叙利亚、土耳其等区域连接起来，并使之相互依存地发展起来。此外，它还是东西方文明交流的桥梁。出现在这个地区的来自不同文明区域的文化，或经民族迁移（包括战争），或依靠商队、传道者传播至东西方各地。所有这些在影响其他区域文化的同时，也不断接受着各种不同的文化从而改变自身。综合起来，沿着天山丝路同时开展和发生的一切，促进了亚欧大陆各地文明的发展。

5. 争夺天山

天山作为亚欧大陆中部最大和最重要的商贸物流通道，从人类文明东西方交流开始便成为各方势力的争夺目标，因为控制了天山，就等于控制了丝绸之路这条亚欧贸易的最大商道。西域丝路争夺者主要是亚洲北部草原地带的古代游牧人群与东亚文明核心区域古代中国农作文化人群。[1]

古代中国历代王朝经营西域主要就是依靠文化影响力和武力，把天山南北的游牧部族势力从天山驱逐出去，把中亚绿洲诸国天然形成的东西贸易道路联通控制起来。实际效果就是通过商贸大通道以最合适的价格获取亚欧大陆其他文明所在区域最精华

1　此两小节内容参考了［日］松田寿男《古代天山历史地理学研究》，陈俊谋译，中央民族学院出版社，1987。

的物质产品、精神产品，也以控制方获利最多的价格把自己的优势产品销售出去，从而不言而喻地直接得到经济、文化、政治利益。西域商贸大通道同样是游牧人群最大的财力、物力、人力来源地，谁控制了这里谁就会取得决定性的战略优势。汉朝的西域都护府，唐朝的安西都护府、北庭都护府等都是这种活动的结果。

至此，本书关于天山的丝路地位与中国文化底蕴的讨论告一段落，本书的创新发现在于证明了天山古代文化的核心要素与古代中国核心文化一脉一体，同根同脉。根据上文论及内容，简单归纳如下。

天能致命于人，决定人类命数，这就是古代中国天命观念。古代中国的“天”既是物质上的“天”，又是精神上的“天”，古代匈奴、突厥、蒙古等部族的“撑犁”或“腾格里”，以及现代新疆的哈萨克、维吾尔、蒙古、克尔克孜族人信仰的“腾格里”也一样。天山名称的核心为“天”，受到古代中国史前天命观思想的深刻影响而得名，原因在于西域是早期丝绸之路必经的通道区域，具有唯一性特点，不可替代。而天山山脉则因为其适宜交通的优良自然地理条件和气候条件成为西域丝绸之路最主要通道地带。

早期中国内地对外文化与商品的输出，以及向内“致四方异物”的新文化、新技术、新商品输入必经西域，尤其是天山。作为东亚核心主体的中国文明自然很早就对天山通道无与伦比的重要性给予重视，因一脉一体的天命观念，以及普天之下、四海之内无外之天下的观念，遂命名中国西部（西域）东西方向大山脉为天山。意思是西域的山都是通天之山、天命之山。这是历史上“祁连”“撑犁”“登里”“腾里”“腾格里”作为山的名称出现的历史文化根源。也就是说西域的大山都是天山，后来随着昆仑的命名，以祁连(天)为名的西域南山成为昆仑，天山才是现在的天山。其中原委以及关联文化，后面章节我们进一步讨论。

第四章　康家石门子岩刻画文化概述

康家石门子岩刻画女神是中国西王母的早期原型，这是本书的核心论点。如前文所述西王母在古代神话史上拥有上古至上女神的地位，特别是从东汉起，她开始成为道教中的主神。由于道教的宣扬，她在神界的地位越升越高，在民间和宫廷都受到广泛信仰、尊奉、祭祀，并且流传时久。因此要考察和清楚阐释康家石门子岩刻画女神的文化内涵，也必须研究西王母信仰与传说，以及与此关联的中国传统文化。

西王母无论古今都是中国古代历史、宗教、文化和神话中一位重要的女神。从康家石门子岩刻画女神到盐源青铜树形器女神，再到汉魏时期摇钱树中中国古代至上女神——西王母，我们清晰地看到古代中原与西域天山地区深刻深入的文化交流，以及共有的文化底蕴。

第一节　西王母

在古代文献、宗教、神话中，西王母决定生死，手握不死药，掌管天门升仙与永生，是一位至上神。随着世俗化发展，这位役使三青鸟严苛而神圣的女神变得美丽多情，最后演变成《西游记》中的王母娘娘。

西王母决定万物生死的职司，反映出古老的人类精神传统女神崇拜。我们人类最早的神是大母神，即旧石器时代后期出现的女性偶像，如前文提及的被称为"史前维纳斯"的巨腹丰乳雕像，既是人类原始宗教思维，也是这一人类精神传统的化石般的证据。叶舒宪先生认为，史前人类的生死观不能理解一种静止的死亡，而是将死亡视为再生的准备阶段。在母神或者地母信仰的支配下，生死转换的重要职能统合在女神身上。[1]

西王母作为中国古代始祖母神、大母神、至上神，从汉字的象形字结构本身就提示出这样的线索。就拿炎黄子孙所信奉的始祖之姓氏来说：炎帝姜姓，黄帝姬姓，二者都从女字旁。就连汉字"姓"也是从女旁的！这里的汉字造字现象中呈现出重要的符号之根问题，强烈暗示出一种上古姓氏传播的女性中心文化（女神崇拜）的特色。对照《山海经》《天问》《淮南子》中多次讲到的独立大女神西王母，无疑是中国文化之传统。20世纪后期，美国

1　叶舒宪：《千面女神》，上海社会科学院出版社，2004，第52—60页。

图123　明代蒋应镐《山海经图绘全像》昆仑山神西王母图

考古学家金芭塔丝提出“女神文明”的理论。她在1999年逝世时，女神文明论已经成为国际学界争论的热点。进入21世纪，一位名叫丹·布朗的美国小说家出版了全球畅销书《达·芬奇密码》，一下子将女神文明的观点从学术界拓展到大众文化领域。从知识考古意义上看，金芭塔丝的《女神的语言：西方文明早期象征符号解读》和《活着的女神》等考古学著作，是在父权制文明小传统中如何发现大传统的成功典范，这必将给全世界的神话学研究者带来巨大的启迪。[1]

康家石门子岩刻画女神崇拜文化，同样是史前天山地区女神崇拜传统的宝贵文化遗存，也是研究西王母文化起源的第一手资料。

一、文献记载的西王母

最早记载西王母的是战国文献《山海经》。《山海经》记载西王母的地方有四处。

《西次三经》："又西三百五十里，曰玉山，是西王母所居也。西王母其状如人，豹尾虎齿而善啸，蓬发戴胜，是司天之厉及五残。"

《大荒西经》："西海之南，流沙之滨，赤水之后，黑水之前，有大山，名曰昆仑之丘。有神，面虎身，有文有尾，皆白，处之。其下有弱水之渊环之，其外有炎火之山，投物辄然。有人，戴胜，虎齿，有豹尾，穴处，名曰西王母。此山万物尽有。"

《大荒西经》再记载："西有王母之山，壑山，海山。有沃之国，沃民是处。沃之野，凤鸟之卵是食，甘露是饮。凡其所欲，其味尽存。爰有甘华、甘柤、白柳、视肉、三骓、璇瑰、瑶碧、白木、琅玕、白丹、青丹、多银铁。鸾鸟自歌，凤鸟自舞，爰有百兽，相群是处，是谓沃之野。"

1　叶舒宪：《西王母神话：女神文明的中国遗产》，《百色学院学报》2011年第5期。

《海内北经》："西王母梯几而戴胜杖，其南有三青鸟，为西王母取食，在昆仑虚北。"

前两处记载文字所描绘的西王母特征大体一致，体态样貌"蓬发戴胜""虎齿""豹尾"——嘴有虎牙，披头散发，戴着高挺的装饰物，身后有一条豹子尾巴；行为习惯是喜欢说话、说话声大；工作职能是"司天之厉及五残"，郭璞的注解是"主知灾厉五刑残杀之气也"，即管刑杀的凶神，杀伐气息浓重。

《山海经》中的西王母都是单独出现，偶见青鸟为其取食之事。《大荒西经》中的西王母居于"昆仑之丘"，戴胜、虎齿、豹尾、穴处，《西次三经》中"其状如人，豹尾虎齿而善啸"，亦人亦兽，形象原始蛮荒，《海内北经》中"梯几而戴胜杖"，有三青鸟为其取食，虽然形象依然模糊，但是已经在无形中淡化了其兽性的一面。但是反映出来的情况，反而与康家石门子岩刻画女神接近了

图124　汉阙中间的戴胜

许多。

“梯几而戴胜”，戴胜是西王母最典型服饰特征之一。康家石门子岩刻画女神像头顶帽子之上都有一根、两根乃至四根类似天线的状装饰物就是西王母之戴胜。“昆仑之丘”“穴处”这里则说明西王母住在通天的昆仑(天梯)之上的山洞，青鸟为其服务。《山海经》的记载，反映出西王母在早期中国初民眼中是一个带有原始思维色彩的女性神形象。

《穆天子传》卷三记载周穆王西征见西王母之事，记叙更为详细，辞藻也较为华丽。“吉日甲子，天子宾于西王母。乃执白

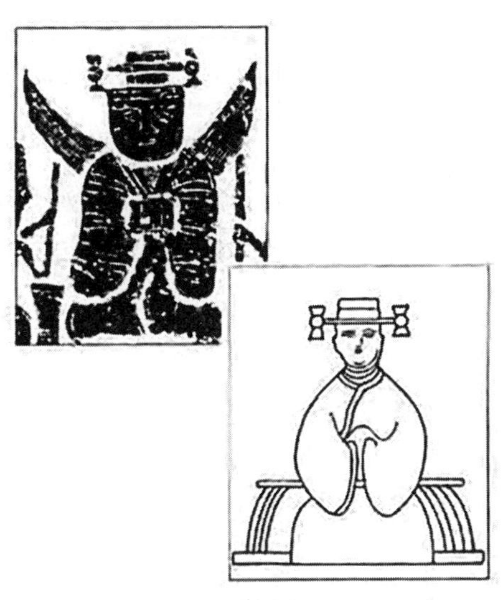

图125　西王母的戴胜　　上：山东沂南汉墓画像石西王母图；下：山东嘉祥汉祠画像石贵妇像

圭玄璧以见西王母，好献锦组百纯，素组三百纯，西母再拜受之。□乙丑天子觞西王母于瑶池之上，西王母为天子谣曰：‘白云在天，山崊自出。道里悠远，山川间之。将子无死，尚能复来。’天子答之曰：‘予归东土，和治诸夏。万民平均，吾顾见汝。比及三年，将复而野。’西王母又为天子吟，曰：‘徂彼西土，爰居其野。虎豹为群，于鹊与处。嘉命不迁，我惟帝女。彼何世民，又将去子。吹笙鼓簧，中心翔翔。世民之子，惟天之望。’天子遂驱升于弇山，乃纪名迹于弇山之石，而树之槐，眉曰：西王母之山。”[1]

《山海经》《穆天子传》已经体现出史前三代中原的天下观。周穆王西巡会见西王母，彼此首先强调认同，一为天帝之子（天子），一为天帝之女（帝女）。二人虽然同根同脉，但是主从尊卑区分明确，西王母所在之地“西土”乃是天下之西域，“东土”则为天子东归的方向，同为天下。西王母致辞有两部分，一是西王母自我介绍，为天帝之女，奉天命管理虎豹群居荒野之西域（西土），没有辜负使命。再者是对周穆王的祝福。周穆王表示，自己使命在身，必须回去，和平治理华夏，使国泰民安，三年后再相会。

1　现代汉语译文：甲子吉日，天子（周穆王）到西王母处做客。天子带来白玉圭、黑玉璧会见西王母，礼物还有锦绢一百匹、素绢三百匹，西王母两拜致谢。乙丑日，天子在瑶池向西王母敬酒。西王母致辞：白云在天，山峦绵延。道路悠远漫长，山川阻隔。但您不会死去，还能再来。天子回应：我将返回东方，和平治理华夏。待万民安乐，再与你相见。等候三年，我将重回这里。西王母又唱道：我偏居西域，与虎豹为群，与乌鹊相伴。因我是天帝之女，承受天命，守护这里，不能迁移。您要返回，治理天下。我吹笙鼓簧相送，心中向往。您贵为天子，受上天庇佑！随后，天子登上弇山，刻石记载西行之事，种下槐树，并题刻“西王母之山”。

《山海经》《穆天子传》都在强调帝女西王母的神性。《穆天子传》记载的西王母已经不再是《山海经》所记载的那位半人半兽的神女，而是一位雍容高贵的西域部族集团首领，掌管人神两界。她在向周穆王做自我介绍“我惟帝女”，以及预言“将子无死”，即表明自己天帝之女的天命神性，也表明西王母掌握生死的女神特权。

西王母与周穆王见面善于酬唱应和，俨然一副才女的风范，反映出西王母部族的文明程度。不卑不亢的待人接物态度展示出西王母雍容平和的部族领袖地位。但从西王母“虎豹为群”“于鹊与处”的叙述中我们也可以看到西王母部族生业状态与中原地区的不同，然而“此山万物尽有”，更加突出西域王母之地是东西方文化交流大通道和万物尽有大商道的历史背景与地位的无可替代。

最早的西王母应该出现在殷墟甲骨文里，甲骨文中有“西母”“东母”对应的词。[1]袁珂认为，郭璞在《山海经》注中记载：“殷帝太戊遣王孟采药于西王母”，说明商朝与西王母已有联系，很可能“西母”就是“加王乃尊大之义”[2]，而为西王母。《竹书纪年》记载，帝舜有虞氏九年，西王母来朝。[3]《大戴礼记》中也记有：“昔虞舜以天德嗣尧……布功散德，制礼朔方……西王母来献其

1　中国社会科学院历史研究所编，郭沫若主编，胡厚宣总编辑《甲骨文合集》，中华书局，1982，合文十五。

2　袁珂：《〈山海经〉写作的时地及篇目考》，载朱东润主编《中华文史论丛》第七辑（复刊号），上海古籍出版社，1978，第147—172页。

3　《竹书纪年》卷上，沈约注，洪颐煊校，商务印书馆，1937。

白琯。”[1]汉代贾谊在《新书·修政语》也言:“尧……身涉流沙，地封独山，西见王母。”根据先秦及秦汉的一些史籍记载可知，早在尧舜时代中原就与西王母有了联系和交往。

“司天之厉及五残”，说明西王母主掌疾病。她自己是永生不死的神，而且掌管着不死药，亦能使人不死。“不死药”当是“毋死”药，见于秦简《归藏》“昔嫦娥以西王母不死之药服之”，指出不死药为西王母掌管。作为永生之神的西王母，一手主掌着灾异刑罚，一手握着不死药，集恐惧与希望，死亡与永生为一体。

此外，不死药所代表的不死思想，在《山海经》中表现得极为浓郁，如不死山，不死国，不死民，不死树，不死药等。郭璞在《山海经图赞》中说:“万物暂见，人生如寄；不死之树，寿蔽天地；请药西姥（西王母），焉得如羿！”不死药、不死树生长在“帝下之都”昆仑墟，是诸神的所在之地。

先秦至两汉，西王母由原始神话中亦人亦兽的形象转变为秀丽可人的女神，其神格也由灾厉刑杀之神转变为可带给凡人福寿的吉神。西王母信仰也由战国神仙思想下的神灵崇拜发展为两汉时期极为普遍的民间信仰的重要组成部分。

西王母是永生不死的神，而且还掌管着不死药，这样一位神仙，在西汉时期就已经深入人心。自汉代开始形成的西王母信仰，广泛传播，成为中国民间和道家神力巨大的女神，地位极为尊崇，影响遍及古今。

---

1 ［汉］戴德:《天戴礼记》卷十一，［北周］卢辩注，商务印书馆，1937，第192页。

二、西王母与太阳崇拜

甲骨卜辞中的西王母。

祭祀东母

己酉卜，□贞：燎于东母九牛。(《合集》14337，一期)

贞：燎于东母三牛。(《合集》14338，一期)

贞：燎于东母三牛。(《补编》4112，一期)

贞：燎东母黄［牛］。(《合集》14342，一期)

贞：燎于东母豕三、犬三。(《合集》14341，一期)

贞：燎于东母三豕。(《合集》14340，一期)

贞：于东母虫、报。(《合集》14340，一期)

祭祀西母

贞：虫于西母，□犬、燎三羊、三豕、卯三牛。……于西母。(《补编》4110，一期)

贞：于西母酒帝。(《合集》14345，一期)

丁巳［卜］：告秋［于］西母。七月。(《合集》991，一期)

合祭东母、西母

壬申卜，贞：虫于东母、西母，若。(《合集》14335，一期)[1]

这是目前为止所出现得最早的关于西王母的记载。张勤博士认为“东母”是指东升的太阳，“西母”指的是西沉的太阳，“西母”乃西王母之别称，二者反映了早期人类的时空观。[2]

殷商人民祭祀太阳神，将太阳神作为大神进行供奉。《礼记·郊特牲》云：“郊之祭也，迎长日之至也，大报天而主日也。”郑玄注曰：“天之神，日为尊。”殷人的崇日包括对初升的朝阳的祭祀，甲骨文中的俏祭，这是殷人在春分这天祭日的一种祭仪。同类性质的祭祀还有粤祭，即祈求太阳神赐予人间气候调顺的祭仪。也有对落日的祭祀，如甲骨文中的彤祭、宾祭，是求太阳神保佑人间免受灾难的两种祭仪。殷商时代的“帝”(天帝)在甲骨文中写作“俏”，即高悬在天空上的太阳，可见太阳神在人们心中地位的崇高。

对于空间方位的崇拜与对太阳的崇拜产生了西王母神格中方位神与太阳神合而为一的原生态神格。“东母”与“西母”实际上象征着太阳的东升与西沉，二者是原始初民对一天之中太阳在空间中不同方位的描述，其以“母”字相称，表现了母系氏族社会中女性地位的尊崇。这样，“西母”并不如丁山、陈梦家等所言的那样，仅仅是与太阳相对的月亮的代表。如《史记·赵世家·索

1 胡厚宣主编，王宇信，杨升南总审校《甲骨文合辑释文》，中国社会科学出版社，1999。

2 张勤：《西王母神话传说研究》，博士学位论文，苏州大学，2005。本小节内容对张勤博士的研究多有借鉴，特此说明。

隐》引谯周语“余常闻之，代俗以东西阴阳所出入，宗其神，谓之王父母”。[1]这是说，东方祭祀司理日月所出的是“王父”，西方祭祀司理日月所入的是“王母”。因此，“西母”乃指“西王母”，代表象征光明、生命的太阳。实际上，西王母代表太阳的原始意象，在后世有关西王母的神话传说和出土文物中可以得到印证。在陕北榆林东部，包括山西吕梁地区发现了大量汉代画像石，其中有关西王母的画像石和画像砖成为陕北出土最多的图像。比如西汉永元八年的绥德杨孟元墓中，在西王母壁画像的身旁绘有日月二轮，并且在其头部上方绘刻有日中乌的图案。在西汉永元十二年下葬的王得元墓中，西王母壁画像，其身旁也刻有代表太阳的日轮。此外，从西汉永和三年的铜镜上看，西王母仍然与日联系在一起。[2]这些实物都说明了至少在西汉时期的民间信仰中西王母仍然是掌管太阳的神灵。其实在最初的母系社会中，女性首领兼有巫王两种身份是日月兼司的。如《山海经·大荒南经》所记“有女子名曰羲和，方日浴于甘渊”，郭璞注曰：“羲和，盖天地始生，主日月者也。故《启筮》曰：空桑之苍苍，八极之既张，乃有夫羲和，是主日月，职出入，以为晦明。”[3]可见，执掌日月是母系社会女性特有的权力及地位的象征。

既然羲和是东方族群的日月女神，那么西王母最初极有可能

---

1 ［汉］司马迁：《史记》第六册，［宋］裴骃集解，［唐］司马贞索隐，［唐］张守节正义，中华书局，2003，第1780页。

2 赵力光、李文英编著《中国古代铜镜》，陕西人民出版社，1997，第49页。

3 ［清］郝懿行笺疏《山海经笺疏》，海王邨古籍丛刊，中国书店，1991，第433页。

是一位西方部落的日月女神。只是因为后来有了“祭日于东，祭月于西”之类的仪式，西王母才逐渐纯化为月神。

人类的空间观念来源于太阳，人们很早就对太阳产生了崇拜。太阳日复一日地东升西降成为识别东西时空的第一个标杆，“东（得红切），动也。从木。官溥说：从日在木中”[1]。“木”即扶桑，神话传说中太阳升起的地方，“西（先稽切），鸟在巢上也。象形。日在西方而鸟西（栖），故因以为东西之西”[2]。

太阳崇拜在世界各个民族神话传说中是一个非常普遍的现象。尊日、敬日、祭日是全世界初民共有的现象。在人类初民早期的思维中，太阳决定着世界万物的生命。

夏朝就有太阳崇拜的明确记载。《尚书·尧典》记载：“分命羲仲，宅嵎夷，曰旸谷，寅宾出日，平秩东作……分命和仲，宅西，曰昧谷，寅饯纳日，平秩西成。”[3]宾出日、饯纳日的崇拜仪式，在传说时代就已存在，殷人的出日、入日的礼拜仪式也是远古习俗的延续。对日出、日落现象的关注，北方匈奴人的祭祀活动也同样重要。《史记·匈奴列传》记载：“匈奴，其先祖夏后氏之苗裔也，曰淳维。”[4]作为夏人的后裔，匈奴人十分崇拜初升的太阳。

---

1 ［汉］许慎撰，［清］段玉裁注《说文解字注》经韵楼藏版，上海古籍出版社，1981，第271页。

2 ［汉］许慎撰，［清］段玉裁注《说文解字注》经韵楼藏版，上海古籍出版社，1981，第585页。

3 ［清］孙星衍：《尚书今古文注疏》，陈抗、盛冬铃点校，中华书局，2004，第13—20页。

4 ［汉］司马迁：《史记》第九册，［宋］裴骃集解，［唐］司马贞索隐，［唐］张守节正义，中华书局，2003，第2879页。

《史记·匈奴列传》记载：“单于朝出营，拜日之始生，夕拜月。”[1]康家石门子岩刻画女神像双手一上一下模拟卍符号身姿，就是这种天山地区初民的太阳崇拜，天山与中原太阳崇拜文化还是一体一脉。

三、西王母与月神

对生与生殖的祈盼是原始初民关注万物的原动力。最初他们以太阳的东升为生，以太阳的西入为死。随着社会发展，月亮的盈亏变化也寄托了人们对生与死的关心。月亮盈亏现象的循环往复同样也是死亡、消失、复活的象征。人死后灵魂随月西沉而归西，是初民极为普遍的认识，人们希望亲人的亡灵和月亮“升没”一起获得新生。作为具有生命给予和再生特性的女神，西王母自然成为月神。西汉时期，西王母作为月神已经成为世俗生活与墓室壁画艺术中常见的重要神话人物。

这样的习俗，很早就遍及古代中国大地各处。《孙子·虚实篇》记载“日有短长，月有死生”[2]，《楚辞·天问》亦云“月光何德，死则又育”[3]。《北史》卷九九记载，匈奴人与突厥人一样崇拜

---

1 ［汉］司马迁：《史记》第九册，［宋］裴骃集解，［唐］司马贞索隐，［唐］张守节正义，中华书局，2003，第2892页。

2 《孙子十家注》卷六，［汉］曹操等注，［清］孙星衍、吴人骥校，载《诸子集成》六，中华书局，1996，第103页。

3 ［楚］屈原：《离骚·天问》，载［宋］洪兴祖编《楚辞补注》，白化文等校点，中华书局，2001，第88页。

日月，也都有“日出拜日、月出拜月”，“候月将满，转为寇抄”[1]的习俗。实际上，民间流行的中秋吃月饼习俗也是这一传统的民俗表现。陆启法《北京岁华记》：“中秋之夕，人家各置月宫符像，符上兔如人立，陈瓜果于庭，饼面绘月中蟾兔，男女肃拜烧香，旦而焚之。”[2]《帝京景物略》：“八月十五祭月，其祭，果饼必圆。……家设月光位于月所出方，向月供而拜，则焚月光纸，撤所供，散之家人必遍。月饼月果，戚属馈相报，饼有径二尺者，女归宁，是日必返其夫家，曰‘团圆节’也。”[3]八月十五拜月之俗，女性具有优先权，有的地方还是女性的特权，故民间有“男不拜月，女不祭社”的说法。《京都风俗志》云：“妇女拈香先拜，男子后拜，以妇女为属阴，故祭月以先之，此乃取义之正也。”[4]康家石门子岩刻画女神传播的生殖生育神力，也与西王母的月神特性一样吻合。

四、西王母与刑神

《山海经》记载西王母职责之一，“司天之厉及五残”，根据郝懿行在《山海经笺疏》中对“厉”和“五残”的解释，西王母还兼掌天灾、刑罚神力。

---

1 ［唐］李延寿:《北史》第十册，中华书局，1997，第3288页。

2 ［清］于敏中等编纂《日下旧闻考》卷一百四十八，北京古籍出版社，1985，第2362页。

3 ［明］刘侗、于奕正:《帝京景物略》，北京出版社，1963，第67页。

4 ［清］让廉:《京都风俗志》，北京古籍出版社，1981，第141页。

《汉书》记载汉哀帝建平四年春，大旱，关东一带民众盛传行西王母筹，[1]其书曰："（西王）母告百姓，佩此书者不死，不信我言，视门枢下，当有白发。"于是民相惊动，喧哗奔走，有人"夜持火上屋，击鼓号呼相惊恐"，以至"京师郡国民聚会里巷阡陌，设张博具歌舞，祠西王母"[2]。这样一个大范围祭祀西王母的活动一直持续到当年秋天才结束，说明汉代西王母作为刑杀之神的身份职能还在发挥作用。

西王母神话形象中的日、月所代表的生、再生、生育、繁殖等原生态神格逐渐演化为《山海经》中"司天之厉及五残"的刑杀之神的再生态神格。这是西王母作为中国最重要的至上神之一，其起源之早与神力之多面最自然的神话现象，而康家石门子岩刻画女神也与天山至上神属于同一范畴。

五、西王母与吉神

大量的汉画像石砖中我们可以看到，作为生命之神的西王母经常端坐于象征生命的树上，身旁围绕着三足乌（鸟）、玉兔、蟾蜍等象征着生命循环不已的动物意象，俨然是一位能赐福于人类的生命之神。作为一位几乎全能的至上神，西王母也具有赐福救灾的职能。这可能与她的大女神和月神具有女性与阴性特点有关，故布施雨润成为她经常扮演的角色之一。《铸鼎余闻》卷三

1 [汉]班固:《汉书》一《纪》，[唐]颜师古注，中华书局，1964，第342页。
2 [汉]班固:《汉书》五《志》二，[唐]颜师古注，中华书局，1964，第1476页。

录《隋书》记载隋朝开皇年间，汉王大将刘建久攻井隆城不下，便放火烧城，城中百姓惊恐不已。当此危机之时，守城的并州司马张祥在城上向城外的西王母庙号泣而祷："百姓何罪致此焚烧，神其有灵，可降雨相救。"顿时，西王母庙上乌云翻腾，须臾骤降大雨，浇灭了这场大火。[1]在中国古代，降雨救灾已经成为西王母的神力之一，同时，西王母还是一位生育神。西王母所具有的生育功能也是源自西王母最初所具有的月神神格中的女性特征。魏勒曾经说过，在很早的时期，女人的生育能力被视为一种神圣的力量，被一个受到赞美和感激的神所管辖。这个神就是具有创造力的生育神。"关于创造力或神的最初始的概念可能采取了崇拜女性、母性、妇女、'圣母'的形式。"[2]《焦氏易林》卷一中有拜请西母，"赐我嘉子"的说法在民间习俗中有反映，在甘肃泾川王母宫，至今犹有不少求子的香客。北京蟠桃宫也同样供奉这样一尊西王母娘娘的石像。当求子的香客绕像叩求时，常常从供奉石像的桌台上偷盗象征子嗣的"小孩"，用五彩线拴住，称为"拴娃娃"。当求子者出门时，道士便立于门旁，口称"愿你早生贵子"，求子者付钱致谢。[3]

吉神职能与西王母的生、再生、生育、繁殖等原生态神格上升为再生态神格直接关联，还是其作为至上神多面神力的体现。

---

1 ［清］姚福均：《铸鼎余闻》卷三，上海大东书局，1937，第67页。

2 ［美］O.A. 魏勒：《性崇拜》，历频译，中国文联出版公司，1988，第240—241页。

3 宋兆麟：《生育神与性巫术研究》，文物出版社，1990，第131页。

从原始思维的大母神到至上神神格的女神，经过数千年的历史传承和发展之后我们看到秦汉之际，西王母信仰在我国正式形成，在这一形成过程中，西王母经历了由西土部族首领演变为恶神，转变为不死之神、福寿之吉神，再到西部最高神灵的过程。西王母信仰与文化博大精深，积淀深厚。

第二节　西王母与昆仑

西王母是中国古代神话中的一位至高无上的女神，因所居昆仑丘（昆仑墟，即昆仑山），位于中原之西，故称西王母。西王母与昆仑有着不解之缘。昆仑与西王母的神话，被历代百姓和文人学者千遍万遍地述说着，时间长达两千余年。

昆仑山是华夏民族发祥的圣地，是“帝之下都”“百神所在”，是“天下之中”。华夏民族的许多先王、先祖如轩辕、伏羲、炎帝、黄帝、嫘祖、帝尧、帝舜、大禹等都出自昆仑山，并在此活动过。最早记录“昆仑”一词的是先秦典籍，之后历代对昆仑的关注就一直是中国的人文热点。但历代古籍所反映的“昆仑”语源与词语含义均无确切无疑的一致性答案，唯一明确的是“昆仑”这个伟大的地理名词和极为重要的文化名词，几乎就是中国文化的概括与代表。

这样的昆仑，在古代中国早期散布于华夏大地各处，后来逐步向西部集中，逐渐成为西域大山的泛称。在古代典籍中，昆仑山多与“西部”的观念联系在一起，昆仑山是天下最高的一座山，位于大地的中央，神话中的昆仑是黄河的源头。

一、文献记载的西王母与昆仑

《山海经》中关于昆仑的记载共计八处。其中有三处直接且详细叙述了西王母与昆仑山的关系。

其一，《山海经·西山经》：“西南四百里，曰昆仑之丘，是实惟帝之下都，神陆吾司之。其神状虎身而九尾，人面而虎爪；是神也，司天之九部及帝之囿时。有兽焉，其状如羊而四角，名曰土蝼，是食人。有鸟焉……又西三百五十里，曰玉山，是西王母所居也。”[1]

记载的昆仑是“帝之下都”，其守护神是“虎身而九尾，人面而虎爪”的陆吾，乃人兽合体的神人。此外，在昆仑之丘还居住着其他一些样貌怪异的神兽，诸如“其状如羊而四角”且“食人”的土蝼等。

其二，《山海经·大荒西经》：“西海之南，流沙之滨，赤水之后，黑水之前，有大山，名曰昆仑之丘。有神，人面虎身，有文有尾，皆白，处之。其下有弱水之渊环之，其外有炎火之山，投物辄然。有人，戴胜，虎齿，有豹尾，穴处，名曰西王母。此山

1 ［清］郝懿行笺疏《山海经笺疏》，海王邨古籍丛刊，中国书店，1991，第85—90页。

万物尽有。”[1]

昆仑山上，有看守神陆吾和“虎齿，豹尾，穴处”的西王母。赤水、黑水源出昆仑，其下“弱水之渊环之，其外有炎火之山，投物辄然。”

下面摘录《穆天子传》关于昆仑的记载与《山海经》进行对比。

> 癸丑，……河宗□命于皇天子，……河宗又号之。帝曰：“穆满，示女舂山之瑶，诏女昆仑□舍四平泉七十。”乃至于昆仑之丘，以观舂山之瑶。赐语晦。[2]
>
> 天子已饮而行，遂宿于昆仑之阿，赤水之阳。……□吉日辛酉，天子升于昆仑之丘，以观黄帝之宫，而丰□隆之葬。以诏后世。癸亥，天子具蠲齐牲全，以禋□昆仑之丘。……天子□昆仑，以守黄帝之宫，南司赤水，而北守舂山之宝。……以三十□人于昆仑丘。季夏丁卯，天子北升于舂山之上……曰：“舂山之泽，清水出泉，温和无风，飞鸟百兽之所饮食，先王所谓县圃。”……乃为铭迹于县圃之上，以诏后世。……庚辰，济于洋水。……甲申，至于黑水……天子乃封长肱于黑水之西河……癸巳，至于群玉之山，容□氏之所守。……癸亥，至于西王母之邦。[3]

《穆天子传》中，周穆王在河神柏夭的指引下，来到昆仑山

1 ［清］郝懿行笺疏《山海经笺疏》，海王邨古籍丛刊，中国书店，1991，第447—448页。

2 《穆天子传》，［晋］郭璞注，上海古籍出版社，1990，第4页。

3 《穆天子传》，［晋］郭璞注，上海古籍出版社，1990，第6—9页。

图126　九尾狐与三足鸟，郑州新通桥出土画像砖，东汉

有黄帝、丰隆遗迹的地方。这与《山海经》中昆仑作为“帝之下都”相呼应。同时，周穆王还渡过了源出昆仑的赤水、黑水、洋水这些神奇的河流，并“封长肱于黑水之西河”。这里的“长肱”与《山海经》中的“长臂国”也相互照应。昆仑山附近有舂山、县圃这些神奇的地点，“县圃”在《山海经》中作“平圃”，有“增城九重”，是黄帝得道之所和降涉的地方，也是“西王母之邦”。以上可见，《穆天子传》许多地名与《山海经》记载大体一致。

其三，《山海经·海内西经》：“海内昆仑之虚在西北，帝之下都。昆仑之虚，方八百里，高万仞。上有木禾，长五寻，大五围。面有九井，以玉为槛。面有九门，门有开明兽守之，百神之

图127　陕北绥德县出土的杨孟元画像石西王母图像

图128　四川新繁出土的画像砖中，西王母端坐于象征昆仑的华盖下

所在。”[1]

“昆仑之虚”与《西次三经》的“昆仑之丘”为同一地点，是黄帝在下界的驻所，“百神之所在”。有“九门”，开明兽看守

1　袁珂校注《山海经校注》(修订本)，巴蜀书社，1992，第344—345页。

门户。

此外，《海内北经》曰："西王母……在昆仑虚北。"[1]《西次三经》曰："玉山，是西王母所居也。"玉山为昆仑丘之别名。《淮南子·坠形训》云："西北方之美者，有昆仑之球琳琅玕焉。"[2]高诱认为，球琳琅玕，皆美玉也。因为昆仑产美玉，故亦名玉山。《竹书纪年》曰："十七年，王西征昆仑，见西王母。"[3]"穆王十三年，西征，至于青鸟之所憩。"[4]另外《列子·周穆王篇》中亦有"穆王西征，宿昆仑之阿，观黄帝之宫，宾于西王母，觞于瑶池之上"的记载。

除了文献典籍中常常将昆仑定为西王母的居所，在汉画中我们也能发现西王母与昆仑山的密切联系。如在陕北榆林出土的绥德杨孟元画像石上，西王母头戴玉胜，端坐在象征昆仑山的云状物上，其前又有兔呈药状，其后有一人手捧三足乌而立，山间还有九尾狐和不死树的图案。（图127）

二、昆仑的含义

关于"昆仑"一词的含义，学界颇多观点，限于篇幅在此就不逐一列举说明了。这里仅就笔者认同和关注的观点做一简

1　袁珂校注《山海经校注》(修订本)，巴蜀书社，1992，第358页。
2　[汉]刘安等编著《淮南子》，[汉]高诱注，上海古籍出版社，1989，第42页。
3　方诗铭、王修龄辑录《古本竹书纪年辑证》，上海古籍出版社，1981，第47页。
4　方诗铭、王修龄辑录《古本竹书纪年辑证》，上海古籍出版社，1981，第47页。

述。朱芳圃先生认为："昆仑"即"穹隆"的转音。《尔雅·释天》："穹苍，苍天也。"郭璞注："天形穹隆，其色苍苍，因名云。"故以其高言之，谓之天山，以其形言之，谓之昆仑。[1]吕微先生认为："昆仑"是旋转的"圆"，即是"天"，因而昆仑山也可以是"天山"；昆仑的本意是圆，因此，在汉语里面，凡是圆的东西，多半可以昆仑名之。比如：天。杨雄《太玄经》云："昆仑者，天象之大也。"《集韵》："昆仑天形。"古人称天为穹隆，昆仑乃穹隆音。《太玄经》又云："天穹隆而周乎下，地旁薄而向乎上。"天色为苍，又称苍穹。《尔雅·释天》："穹苍，苍天也。"邢疏引李巡曰："古时人质，仰视天形穹隆而高，其色苍苍然，故曰穹苍。"昆仑是天形，穹隆也是天形，天形圆，故名。[2]至此，可以明确古代"昆仑"有着十分明确的"天"含义。

"天"在中国古人观念中，并不是一个抽象的词，而是一个客观的存在。"天圆地方""天似穹庐"之类的认识和想象出现得很早。即"天"就像是一个巨大的圆形存在物，覆盖在地上，一切都在这一空间之内。从高度上看，一切都处于天的下方；从广度上看，整个世界都被天所笼罩。"天"指的不只是大自然的天，它实际上是包括了自然、民众、社会、祖先，是世间万物的一种汇聚，代表最高的正义和权威。这直接导致了中国人只有一个"天下"的认识，也导致"天下一家"观念的出现。因而昆仑也

1　朱芳圃：《中国古代神话与史实》，王珍整理，中州书画出版社，1982，第149页。

2　吕微：《"昆仑"语义释源》，《民间文学论坛》1987年第5期。

就直接与古代中国的国土与主权相关联。

穹隆又可能与“穹庐”直接关联，因为二者皆为圆形。穹庐是中国古代北方游牧人群使用的圆形毡帐，起源与广泛使用应该在青铜时代，文献记载的使用者以我国匈奴为最早。《史记·匈奴列传》:“匈奴父子乃同穹庐而卧。”[1]《汉书音义》:“穹庐，旃帐。”[2]《汉书·匈奴传》:“其形穹隆，故曰穹庐。”[3]《盐铁论·备胡》:“无坛宇之居，男女之别，以广野为闾里，以穹庐为家室。”[4]穹庐应该是模拟天形，具有早期宇宙观或哲学观念的色彩，其名称含义均应该与“昆仑、穹隆”关联，这类词语应该来自中国北方草原。就目前资料看来，匈奴的穹庐应该早在公元前五世纪已经普遍使用。

归纳而言，正因为昆仑是“天”的意思，又是用来命名西域大山脉的，可以说3000年前新疆的山都是昆仑，即天山。个中缘由是由中国早期天崇拜文化“天命观”决定的。

由此可见，古代西域的山或称昆仑，或称天山（祁连山），其实都是通天之山，是与至上人格神“天”以及至上神西王母直接关联的地方。这表明古代中国大地，无论南北西东，都有着共同的意识形态——“天命观”思想。

---

1 [汉]司马迁:《史记》一一〇卷，中华书局，1972，第2900页。

2 [唐]长孙无忌等撰《隋书·经籍志》，中华书局，1985，第586页。

3 [汉]班固:《汉书》九十六卷下，中华书局，1962，第3903页。

4 [汉]桓宽著，郭沫若校订《盐铁论读本》卷七，科学出版社，1957，第72页。

三、昆仑与西域

2100多年前，汉武帝钦定昆仑山为西域南山。铁一般的历史证据如下：《史记·大宛列传》记载："汉使穷河源，河源出于阗，其山多玉石，采来，天子案古图书，名河所出山曰昆仑云。"以上记载的意思是，以张骞为代表的汉使出使西域的目的是寻找黄河源头，发现河源出于西域南山的于阗，其山多玉石并采玉回来汇报，汉武帝根据古地图和图书资料命名西域南山为昆仑。

这次由国家出面确定昆仑山的举措，包含了四个方面的重大意义与文化内容：昆仑在西域是西域南山、昆仑与黄河源头直接关联、昆仑和玉石原料直接关联、昆仑所在就是天下所至。这是西域历史上的重大事件，具有极为重要和深远的国家主权的政治、文化意义与影响。

这是一次空前绝后的创举，绝非仅是汉代张骞凿空之后中国人对亚欧大陆各个主要文明区域重要性的新认识，还进一步强化和强调了西域南山作为昆仑这处中国文明的仙山圣地之重要。背景是亚欧大陆这块世界最大的地理板块是人类文明最基本的策源地，而新疆的昆仑山是古代世界各大文明区域之间文化交流的主要通道与关键区域。

此后，《汉书·西域传》记载："其河有两原，一出葱岭山、一出于阗。于阗在南山下，其河北流，与葱岭河合，东注蒲昌海。蒲昌海，一名盐泽者也，去玉门、阳关三百余里，广袤三（四）

百里。其水亭居，冬夏不增减，皆以为潜行地下，南出于积石，为中国河云。”[1]

这里进一步把西域南山和葱岭（帕米尔）定为昆仑，强调这里是黄河源头，这样的观点成为历代王朝皇家正统学说，直至晚清。

黄河数千年来一直是中国文化和历代封建王朝皇脉的象征，它与国家主权象征昆仑的关系是一体的。也就是说昆仑在那里黄河河源就必须在那里，这是古代中国几千年的政治正确。秦汉以降，寻找黄河源头并加以祭祀，便成为皇权天授，天子正统性的直接体现，为国之大事。2100多年前，自汉武帝起历代王朝都把黄河源头认定在目前起源于昆仑山、帕米尔高原山麓流经塔克拉玛干全境的塔里木河诸支流。晚清新疆省的出现与保有便是几千年来中国与昆仑河源有关统治哲学的现实反映。左宗棠率军平定新疆，在海防塞防的国防理念之外，其实有着中国历代王朝统治哲学方面根深蒂固的考虑，那就是保住昆仑河源，保住国脉，维护清王朝皇权天授的道义，以保清王朝万世基业。平定新疆后，随之开展的最后一次罗布泊地区河源考察也是证据之一。这样来说，南山（昆仑）、帕米尔（葱岭）、和田河（玉河）、叶尔羌河（葱岭河）、塔里木河等西域山河与中国古代国家主权有着至关重要的政治联系。

《穆天子传》记载，周穆王登昆仑，拜谒山上的黄帝之宫，

1 ［汉］班固:《汉书》卷九十六上，西域传第六十六上，陈焕良、曾宪礼标点，岳麓书社，2007，第1440页。

为丰隆（雷神）的坟墓封土，并举行祭祀昆仑山的仪式。类似的记载也多见于《山海经》，那时的昆仑已经极为接近现在的新疆。《穆天子传》《山海经》成书于战国时代，秦穆公平定西戎，西戎大部进入西域，并且经昆仑山、帕米尔西迁。此类书是古代中国昆仑文化的真实记录，同时很可能主要依据秦穆公平定西戎所掌握的情况和流传下来的周穆王西巡昆仑的历史记载与传说，一定程度证明古代西域山河的重要性。汉代，我们熟悉的汉武帝则正式把文化昆仑、神话昆仑落实为真实的地理学山脉，并将黄河源头也定于此。

此外，还有特殊的政治需要——张骞通西域的目的：联合西域诸国，抗击匈奴；同时断绝匈奴对西域昆仑河源这个沟通东西方的科技、物流大通道的利用（断匈奴的财路、军事后勤来源）。这就是史说著名的“断匈奴的右臂”——其实就是控制以昆仑为代表的这个西域大商道，断绝匈奴通过西域丝绸之路获得军事技术、物资、财富补给。同时，黄河的起源在昆仑山，中原、西域同饮黄河水，就是一家人了。天下无外，天下一家，既是古代中国的政治思想理念，也是政治上的需要和地理上的真实发生了一致性碰撞。这样黄河河源在西域的观念进一步确立与流行就有它的时代必然性。

再者，随着西域南山确定为昆仑，玉出昆仑也由汉武帝确定下来。在中国文化发生和发展的过程中，玉文化具有重要的历史地位。在相当长的历史时期内，玉文化成为中国文化中融合物质与精神多种品格的特殊文化。中国玉文化不仅有近万年的悠久历史，重要的是在物质文明高度发达的当代，玉文化仍然是中国文化核心特质的一部分。虽然中国现代社会文化、经济、生活的诸多方面都发生了巨大变化，但中国人的“玉之情结”仍在，中国文化的“玉之品格”仍在，玉文化仍然是中国传统文化最具有传承价值和最值得重视的部分。

从远古直至现代，玉文化传统中的“文化密码”随时代发展而不断演变。它从最初的早期社会思想意识形态的实物载体，进而发展成为社会秩序与等级的识别标志文化，再进一步转化成中国社会的文化传统。这一传统不仅为人们所接受，而且还因为它与过去的联系而被推崇。

玉在我国的出现和使用不晚于9000年[1]，而和田玉作为具有唯一性玉料地位的“真玉”已有数千年历史。考古证明，不晚于商中晚期，来自昆仑山北麓的和田玉石就已经被中原王朝大量使用，中国社会科学院考古研究所发掘的殷墟妇好墓755件玉器中大部分都是来自新疆的和田玉。

和田玉与中国文明的发生、发展有着密不可分的关系，可谓渊源深远。历代诸子百家以儒家学说诠释和田玉并赋予“德”的内涵，于是，玉有十一德、九德、五德之说广泛传播。玉文化包含许多中国文化精神，诸如“宁为玉碎，不为瓦全”的爱国气节；“化干戈为玉帛”的团结友爱风尚；“锐廉不挠”的开拓进取精神

1　2017年11月22日在黑龙江饶河小南山遗址发现了数量庞大的玉器，碳14数据测年显示为距今9000年左右（树轮校正后的年代），为目前我国发现的应用玉器年代最早的考古学文化。

都与和田的物理质地直接关联。和田玉一定程度象征中国文化精神、传统道德观念。

因而，和田玉在中国历史上并非仅仅被当作一种矿产资源看待，而是中国文化和国家象征。和田玉作为古代中国历代王朝确认的国玉，随着汉武帝钦定西域南山为昆仑，重要性也被提升到更高的国家治理的政治高度和国家认同的文化维度来加以定义。

四、零误差的中国古代昆仑文化认识

西汉张骞为代表的汉使考察黄河源时所到达的西域南山于阗和葱岭即是今新疆境内昆仑山大部。就现代科学研究而言，他们看到的并非实际地理学上的黄河河源，河源实际在昆仑山东段的青海省境内。然而由于大昆仑文化内涵以及古代地图、图册、文献记载的强大影响，以张骞为代表的使臣和往来商旅亲眼所见：帕米尔以东昆仑山河水全部东流并最终汇聚于罗布泊。而罗布泊水无论冬夏与旱涝，水量从不增减的奇景，使汉武帝最终还是根据先秦的一贯说法和当时积累的古文献和图册，将中国河（黄河）河源地点定于昆仑和葱岭。这样确定的河源虽然地理学的误差在1300公里左右，但是在古代政治、文化、历史学上的误差却为零！

随着对河源和和田玉的追寻，汉王朝的西部边界突破先秦界限，在黄河的“源头”设立了西域都护府，包括今新疆和中亚部分地区。汉代疆域奠定了此后历代中国疆域的基础，而其中昆仑的作用极大。这是因为，昆仑既涉及历代中原王朝对新疆地域及其文化的重视，同时又关系到华夏国家文化认同与大中华地理版图的形成，所以具有十分重要的国家主权价值和历史文化意义。

实际上，汉武帝确定“西域南山”为“昆仑”，并随之确定“河源”“玉石”出昆仑，真正意义上完成了古代中国天下的界定。昆仑之所在，必定为天下之所至。从而形成西域山河俱为昆仑的关联，进而形成一种古代中国的最高政治：一座古代中国所有先祖与大神居住的“帝之下都”的昆仑，一座出产中国历史上贵重玉料的玉山昆仑和一座发源黄河的昆仑，就把古代中国中原和西域（新疆）连接起来，天下一家了。

五、西王母与天命

《山海经》记载西王母“我惟帝女”，这是确认西王母至上神地位合法性的根源。从现存的甲骨卜辞来看，“帝”的权力是至高无上的，总管人万。关于殷商“帝”“上帝”信仰的起源和其内在的政治、文化背景，刘泽华先生认为：“帝的至上性是人间王的至上性在人们认识中的反映。人类的文明史已经证明，神都是人创造的，并且总是以创造者为模特儿。帝作为商族的至上神，确切地说，它更是殷王的保护神和象征，亦即殷商时代的官方神，不过在表面上它代表并保护的是所有的人。”[1]

1　刘泽华、葛荃主编《中国古代政治思想史》（修订本），南开大学出版社，2001，第2页。

帝作为殷王的保护神，使得殷王所做出的决策都成为天神的指示，这在殷商的历史上是极为常见的，如《尚书·汤誓》记载商汤伐桀时说："格尔众庶，悉听朕言，非台小子，敢行称乱，有夏多罪，天命殛之。……予惟闻汝众言，夏氏有罪，予畏上帝，不敢不正。"[1]

由以上可知，在殷商时期，鬼神信仰和祖先信仰是殷人的普遍性信仰，而上帝则是人格化的至上神灵，高居上天，是人间祸福的主宰。商代统治者的至上神"帝"或"上帝"的含义，实际上就是大家熟悉的"天帝"。

西周时期进一步明确"帝"或"上帝"就是"天帝"，"天命"便成了万物行事的不二法则。周武王伐纣灭商，便借口"天命"，见《逸周书·商誓》所载："上帝弗显，乃命朕文考曰：……肆予小子发，不敢忘天命。……肆上帝曰必伐之。予惟甲子，克致天之大罚。□帝之来，革纣之□，予亦无敢违天命。"[2]西周建立之初，也用自己承受"天命"之说来证明政权的合法性。

西周天帝信仰上的发展在于"惟命不于常"(《尚书·康诰》)，虽然仍然认为王受命于天，上帝的意志是人们行事决策的最重要参考，但同时又认为天的意志并不是一成不变的，它会随人们思想意志和行事是否正确而发生改变。这就是"天命靡常，惟德是辅"(《尚书·多士》)。自此，数千年来中国人把西王母当作天命

1 [清]孙星衍：《尚书今古文注疏》，陈抗、盛冬铃点校，中华书局，2004，第217页。
2 黄怀信：《逸周书校补注译》，西北大学出版社，1996，第226页。

女神，如同上天一般能致命于人，决定人的命数。

从上述章节关于康家石门子岩刻画女神崇拜各方面文化内涵的讨论来看，康家石门子女神作为中国西王母的起源原型，无疑拥有与西王母一样的至上神的地位和作用。这就是天命，如同上天一般能致命于人，决定人的命数。天命观念是中国文化的重要思想观念，同样的思想观念也普遍存在于中国北方草原地带，古代西域，尤其是天山地区。

第三节　天命与腾格里

开始本节“天命”的讨论之前，我们先来说一下“天”。

一、关于“天”

关于“天”的本义《说文解字》说：“天，颠也。至高无上，从一大。”[1]由此而言，“天”是个指事字，至上至高，大而无边。所以《尔雅·释天》:“穹苍，苍天也。”

汉代贾公彦把“天”分成了五类：天有五号……尊而君之，则曰皇天；元气广大，则称昊天；仁覆愍下，则称旻天；自上监

1　[汉]许慎撰，[清]段玉裁注《说文解字注》经韵楼藏版，上海古籍出版社，1981，第一卷第一篇注上。

下，则称上天；据远视之苍苍然，则称苍天。[1]宋代程颐说“天”：夫天，专言之则道也，天且弗违是也；分而言之，则以形体谓之天，以主宰谓之帝，以功用谓之鬼神，以妙用谓之神，以性情谓之乾。[2]近代冯友兰把中国哲学史上的“天”分为物质之天、主宰之天、运命之天、自然之天、义理之天。[3]傅伟勋认为天有六义：天地之天、天然之天、皇天之天、天命之天、天道之天、天理之天。[4]劳思光则将“天”分为《诗经》的形上天、《易经》的宇宙秩序天、《尚书》的政治意义的天以及古代的人格天，而且主张其中形上天发展为天的法规，原理为天道、天理；人格天发展成为意味着主宰、人格的天意、天志。[5]

张立文把天区分为三种：其一，指人们头顶上苍苍然的天，即天空之天、天地之天、天然之天等自然的天；其二，指超自然的至高无上的人格神，是有意志的造物主、主宰一切的上帝或帝，包括皇天之天、天命之天，属于主宰之天；其三，指理而言，有以理为事物的客观规律和以理为精神实体或伦常义理，即天道之

1 [清]阮元校刻《十三经注疏》,《周礼·春官·宗伯》，中华书局，1982，第752页。

2 [宋]程颐撰，孙劲松、范云飞、何瑞麟译注《周易程氏传译注》上册，商务印书馆，2018，第45页。

3 冯友兰:《中国哲学史》上册，商务印书馆，1947，第55页。

4 [美]傅伟勋:《儒家思想的时代课题及其解决线索》,《孔子研究》1987年第4期。

5 劳思光:《新编中国哲学史》(一)，三民书局股份有限公司，1986，第80—93页。

天、天理之天，属于义理之天。[1]

由上引诸家之说可见，“天”字既可指自然性的天，也有后人赋予的精神含义，包容了自然、社会与历史文化等方方面面。而我们关注和讨论的则只是关乎“帝、上帝、鬼神、天命”的天。

二、关于“天命”

追溯中国的历史，夏商周三代，我们的祖先已经完成了从原始思维巫术，即由原始存在“民神杂糅”的状态与交感巫术中的“万物有灵论”，向宗教化观念的转变过程，这一点与古代世界所有文明区域的历史进程和发展阶段并无不同。但是，我们的史前先辈在宗教文化的发展方面，并未如同世界其他区域那样发展出严格意义上的宗教体系，而是创造性地发展出一种极为深远、影响整个东亚地区的意识形态或准宗教信念——“天命”。

单从词义来看，“天命”是天道的意志。但是作为一种概念，“天命”是中国古代思想的一个重要命题，历代儒家经典无论是“四书五经”还是后起的各种学说，无不以此作为核心内容。不过实际上，天命这一概念所表达的内在含义并不仅仅局限于儒家思想的范畴，其影响遍及诸子百家。“天命观”是一套由“奉天承运”和“天谴弗违”辅助论证的天人感应意识形态体系，与现代

1　张立文：《中国哲学范畴发展史》天道篇，中国人民大学出版社，1988，第65页。

西方的“命运”观念完全不同。这种意识形态思想更强调天命与人事之间的双向效应，具有强烈的“取象于天”的象征色彩。正是“天命观”这样的思想性文化成果使中国文明发展数千年，一脉相承生生不息，一枝独秀地区别于世界其他文明。

通常而言，史前原始宗教思想至少在形式上，仍延伸着巫术信仰，即自然界的作用在很大程度上依赖于人的行为。[1]古人固执地把这种原始思维的“互渗”情感寄托在各种自然崇拜上，而所有自然现象中最具神秘意味，又最令人敬畏的则莫过于万物所共戴的苍天了。[2]

三、天命观念与天命观

天命观念是早期中国社会的思想核心，它主导了各个时期的中国人对于世界、自然、人生的认识，集中表现在精神层面的信

1 ［德］恩斯特·卡西尔：《人论》，甘阳译，上海译文出版社，2004，第120、128、215页。

2 ［法］列维-布留尔：《原始思维》，丁由译，商务印书馆，1981，第10—12、56—60页。笔者按：20世纪上半叶，欧洲一些人类学家开始对西方之外的、与西方思维方式截然不同的原始思维进行考察，试图能得出原始思维的普遍特征。这次对原始思维考察的浪潮并非出于猎奇的旨趣，而是西方学者希望从源头上来理解自身文明的一次有益的尝试。这次考察至少在欧洲人看来是非常成功的，产生了《金枝》《原始思维》等代表性著作。这些西方的人类学家相互之间虽然也有激烈的争论，但是对于人类原始思维发展的整体脉络却都有着一致的看法。比如他们都认为人类原始存在正是“民神杂糅”的状态。弗雷泽把人类原始思维界定为表现在交感巫术中的“万物有灵论”，而布留尔则更进一步指出人类原始思维要比“万物有灵论”更加“原始”。在布留尔看来，万物有灵已经是人类原始思维的第二个阶段了，而第一个阶段是以“互渗律”为基础的人神互渗阶段。

仰崇拜，更渗透到先民生活中的方方面面。天命观念可能早在旧石器时代末期的山顶洞人时期就已经出现了，[1]从殷商到周，天命观念集中体现在对至上神的崇拜。随着周王朝的发展，信仰至上神之同时人的主体性逐渐突出。

在人类文明的初始阶段，先民怀着惊怖和敬畏的心情，凭着有限的认识力对各种人力难于抗拒的自然现象进行解读。在原始人看来，自然力是某种异己的、神秘的、超越一切的东西，在所有文明部族所经历的一定阶段上，他们用人格化的方法来同化自然力。[2]他们神化自然，相信一切自然现象的背后都隐藏着神灵，而这些神灵无所不在，像人一样有意志和情绪。就像英国人类学家泰勒在《原始文化》中提到的，野蛮人的世界观就是给一切自然与社会现象凭空加上无所不在的人格化神灵的主导性意志。[3]这是人类童年时期对自然力量的直观解释，开启了人类史上的万物有灵阶段。在此基础上，先民们对于生存和死亡的疑惑进行神灵化的解释，从而产生灵魂信仰。万物有灵与灵魂信仰构筑成这一时期的思想世界，早期天命观念由此而产生。

中国的上古时期应当也经历了这样的思想阶段，那是可以被描述为“民神杂糅”“家为巫史”[4]（《国语·楚语下》）的原始宗教状态。随着生产力的发展，社会权力的集中，上古先民的认知能

---

1 李友广：《先期天命观念溯源》，《理论界》2009年第2期。
2 朱狄：《艺术的起源》，武汉大学出版社，2007，第100—113页。
3 转引自朱狄《艺术的起源》，中国社会科学出版社，1982，第131页。
4 徐元诰：《国语集解》，王树民、沈长云点校，中华书局，2002，第515页。

力和思维能力逐步提高，神国与人界开始逐渐分离，出现了颛顼“绝地天通”的事件，实现了社会集团统治者事神权力的集中和垄断。上古先民很早就完成了从“民神杂糅”“万物有灵”到神人区隔的天命观念阶段，随后发展出中国独有的哲学宗教思想体系天命观。

夏商时期，社会权力进一步集中，以青铜时代文化为代表的奴隶制度发展到了巅峰时期。这时，与人间的私有制经济和统一政权相对应，神灵信仰也由分散走向集中，各种具体的天神、地灵或祖先鬼魂都被整合到一个至高天神的权威统辖之中，“天”这个中国至上神就出现了。就像恩格斯所说的：“在更进一步的发展阶段上，许多神的全部自然属性和社会属性都转移到一个万能的神身上，而这个神本身又是抽象的人的反映。”[1]

（一）至上神：帝、上帝、天

所谓至上神，即驾驭诸神、主宰天地万事万物之神。至上神的产生，一般认为是统一政权和社会等级结构的反映。原始公社人与人之间的平等关系被破坏以后，人们对诸神地位平等的信仰也产生了变化。在古人看来，人有等级之分，上下之别，主从之异，天上诸神也一样，日、月、雷、雨、风、云、星诸神都是天界独立的神，但这些神都活动在天界之中，似乎是天神在支配着

1　中共中央马克思、恩格斯、列宁、斯大林著作编译局编《马克思恩格斯选集》第三卷，人民出版社，1972，第 354 页。

它们的一切行动。[1]

各民族的至上神虽然名称不同，神职也不完全一样，但都有共同的特点，即它不仅统辖天上万物，而且主宰人间的一切。古代中国的至上神“上帝”和“天”不是来源于天的纯粹自然神，“不是自然神，而是人为地综合各种神灵的属性而创造出来的人格神”[2]。至上神是客观和主观的统一体，是自然和社会的统一体，又有很强的人格意味。不少中国古代部族和现代少数民族语言中的“天”，既用以称至上神，又用以称天空。如匈奴、突厥、蒙古等部族的“撑犁”或“腾格里”。

至上神观念在夏代已经形成，并称之为“天”。《史记》所引的《虞夏书》的史实中，多次提到作为天神的天，如当禹征伐有扈氏时，说是“天用剿绝其命”而自己是“共(恭)行天之罚也”。[3]禹征三苗时，说是“用天之罚”。[4]此外，《史记·匈奴列传》说匈奴为夏后氏苗裔，而匈奴的“撑犁”既指天空，又是至上神的称谓，这可能是夏代至上神称谓在匈奴人中的遗留。周族姬姓相传为黄帝后裔，黄帝部落集团是华夏族主要组成部分之一。周人称至上神为“天”，恐怕不是他们自己创造的，而是沿用华夏族的称呼。古代突厥人和蒙古人的“腾格里”也一样，均为一词两义。

从一些资料来看，中国古代的至上神可能萌芽于颛顼时代。

1　何新亮:《中国自然神与自然崇拜》，生活·读书·新知三联书店上海分店，1992，第53页。

2　朱天顺:《中国古代宗教初探》，上海人民出版社，1982，第7页。

3　[汉]司马迁:《史记》卷二夏本纪，中华书局，1982，第84页。

4　吴毓江撰，孙启治点校《墨子校注》，中华书局，1993，第178页。

“炎黄以前，氏族的范围大约还很小，社会自身还没有变化的倾向，社会秩序的问题还显不出很重要。及至炎黄与蚩尤大动干戈以后，散漫的氏族扩大成部落，再扩大为部落联盟，社会的新元素已经在旧社会里面含苞和发芽，新旧的矛盾开始显露……社会的秩序问题因此就渐渐地重要起来。”[1]而且，当时“生产力发达，贫富的分别已经在公社内部开始形成，劳力的与劳心的人又要开始分工。这样的分工在当日表现为宗教内部的变革”，由于“社会的组织逐渐扩大，社会秩序的问题也就成了宗教的重要内容”。[2]但是，当时人们崇拜的主要是氏族神、部落神和天上的雷、雨等神，各氏族部落的巫又可以自行上天传达神的意旨。各氏族部落可以各行其是，不听从部落联盟的号令。这种“民神杂糅，不可方物”的状况，严重威胁着部落联盟的社会秩序。颛顼即帝位以后，快刀斩乱麻，“命南正重司天以属神，命火正黎司地以属民……是谓绝地天通”。[3]这样一来，地与天不能随便相通了，就好像天比较高了，地比较低了；此外，无论如何巫不得升天，妄传群神的命令。只有颛顼和司天之神才管得天上的事情，把群神的命令汇集起来，传达下来。而地上号令上的统一，相应地需要一个对天上诸现象和社会上主要问题具有无限权威的神来维护它。[4]所以，从颛顼帝当时的社会状况和由他发动的原始宗教变革来看，至上神可能在当时萌芽和产生。

---

1 徐旭生:《中国古史的传说时代》(增订本)，文物出版社，1985，第83页。

2 徐旭生:《中国古史的传说时代》(增订本)，文物出版社，1985，第6页。

3 [春秋]左丘明:《国语》，吴韦诏注，南京大学出版社，1997，第506页。

4 朱天顺:《中国古代宗教初探》，上海人民出版社，1982，第254页。

然而，既然作为至上神的“天”可能在夏代便已存在，为什么商代不延续夏代的称谓而改称“帝”或“上帝”呢？这是因为，“天”是夏人所崇拜的至上神。殷灭夏，建立商王朝之后，自然不愿意崇拜夏人的“天”，而要创造属于自己的至上神，为了不与夏人的“天”混同，于是创造了“帝”和“上帝”这个名称来称呼至上神。虽然夏人的“天”与殷人的“帝”或“上帝”神职基本相同，但名称不同，可以互相区别。而“帝”或“上帝”可能只是在商族内部使用，而其他各族却继续呼至上神为“天”，这样就造成了两种名称并用的局面。在《尚书·商书》中，或称至上神为“上帝”，或称“帝”“天”，而且称“天”的次数最多。虽然《商书》的作者不是殷人，而是周人，但作者所写的历史事实应当是有根据的。[1]

周灭商以后，至上神的称谓又有所变化，在《尚书·周书》和《诗经·周颂》等古籍中更多的是称“天”，有时也沿用商人的“上帝”。此外，还称“皇天”“上帝”“昊天”，也连称“皇天上帝”“昊天上帝”。大概在商代，周人便沿用夏代的“天”，而没有接受殷人的“上帝”当他们取得政权以后，便主要以“天”作为至上神的称谓。而殷人所创造的“上帝”这一称谓也同时被保留下来。周代以后，“天”和“上帝”并用，延续了几千年。

1　何新亮：《中国自然神与自然崇拜》，生活·读书·新知三联书店上海分店，1992，第54—55页。

（二）至上神“天”“上帝”的职能

关于“天”或“上帝”的职能，学术界观点众多，且互有交叉。笔者赞同何新亮先生观点[1]，并转述如下：

其一，“天”或“上帝”是万物的创造者“万物本乎天”[2]，“天作高山”[3]，“天造草昧”[4]，“天生蒸民”[5]，总之，天地是“万物父母”[6]，而且，它还能“使万物皆盛，草木畅茂，禽兽硕大”[7]。

其二，“天”或“上帝”是整个社会命运的决定者，所谓“惟天为大”[8]，“天命不易”[9]就是说天是最高神，天命是最高的命令，是不可变易的。下民必须按天命行事：“天之所置，其可废乎？”[10]“天之所废，谁能兴之？”[11]任何人都不得违天意而行之。

其三，“天”或“上帝”决定朝代的更替，若君王不尽天职“不

1　何新亮：《中国自然神与自然崇拜》，生活·读书·新知三联书店上海分店，1992，第57—58页。

2　[清]阮元校刻《十三经注疏》，《礼记·郊特牲》，中华书局，1982，第1453页。

3　[清]阮元校刻《十三经注疏》，《诗经·周颂·天作》，中华书局，1982，第585页。

4　[清]阮元校刻《十三经注疏》，《周易·屯》，中华书局，1982，第19页。

5　[清]阮元校刻《十三经注疏》，《诗经·大雅·蒸民》，中华书局，1982，第568页。

6　[清]阮元校刻《十三经注疏》，《尚书·泰誓·上》，中华书局，1982，第179页。

7　[清]阮元校刻《十三经注疏》，《诗经·小雅·天保》，中华书局，1982，第412页。

8　[清]阮元校刻《十三经注疏》，《论语·泰伯》，中华书局，1982，第2486页。

9　[清]阮元校刻《十三经注疏》，《尚书·大诰》，中华书局，1982，第197页。

10　[清]阮元校刻《十三经注疏》，《左传·僖公二十八年》，中华书局，1982，第1826页。

11　[清]阮元校刻《十三经注疏》，《左传·襄公二十三年》，中华书局，1982，第1976页。

若于道者，天绝之也”[1]，如“有夏多罪”[2]。天命“降灾于夏，以彰厥罪”[3]“天命殛之”[4]，而且命商出兵灭夏，“帝用不臧，式商受命，用爽厥师”[5]，商汤“畏上帝，不敢不正”[6]。至商纣无道，“天乃大命文王，殪戎殷”[7]。总之，凡改朝换代，无不是“天”或“上帝”的主意。

其四，“天”或“上帝”是最高的立法者和司法者。社会上的道德规范，都是由“天”或“上帝”所制订。所谓“上帝降衷于下民”[8]，“惟天佑于一德”[9]，意即“上帝”既是降德者，又是佑德者。而且，天监督下民，是否遵守道德规范，视情进行赏罚，所谓“惟天监下民，厥典义……民若有不德，不听罪，天既孚命，正厥德”[10]

1 ［清］阮元校刻《十三经注疏》，《谷梁传·庄公元年》，中华书局，1982，第2379页。

2 ［清］阮元校刻《十三经注疏》，《尚书·商书·汤誓》，中华书局，1982，第160页。

3 ［清］阮元校刻《十三经注疏》，《尚书·商书·汤诰》，中华书局，1982，第162页。

4 ［清］阮元校刻《十三经注疏》，《尚书·商书·汤誓》，中华书局，1982，第160页。

5 ［清］阮元校刻《十三经注疏》，《尚书·商书·仲虺之诰》，中华书局，1982，第161页。

6 ［清］阮元校刻《十三经注疏》，《尚书·商书·汤誓》，中华书局，1982，第160页。

7 ［清］阮元校刻《十三经注疏》，《尚书·周书·大诰》，中华书局，1982，第197页。

8 ［清］阮元校刻《十三经注疏》，《尚书·商书·汤誓》，中华书局，1982，第160页。

9 ［清］阮元校刻《十三经注疏》，《尚书·商书·咸有一德》，中华书局，1982，第165页。

10 ［清］阮元校刻《十三经注疏》，《尚书·商书·高宗肜日》，中华书局，1982，第176页。

“善人富谓之赏，淫人富谓之殃，天其殃之也，其将聚而歼旃”[1]，若有人违反道德规范，也可告于天庭：“付与昊天，制其罪也”[2]。

其五，“天”或“上帝”主宰人间祸福，它喜怒无常，“作善降之百祥，作不善降之百殃”[3]。它护佑有德之人，“皇天无亲，惟德是辅”[4]“皇天亲有德”[5]，而且，“天”或“上帝”还主宰人的生死寿命，所谓“降年有永，有不永”[6]，意在于世间一切，无论贵贱皆由天命。

至上神具有人格化的精神与意志，按照至上神的要求和规矩主导人世间的一切。史前人们认为至上神就存在于抬头举目可见的广阔天空，称其为“天”或者“帝”。“天”为夏人所创，“帝”为殷人所创，同为至上神。它们虽然所代表的文化不同，但其神性、神职基本上是相同的。

西周时期，王朝统治者对夏商两代的统治经验教训进行反思，以“天命”思想为基础建立封建宗法制社会，规定礼乐典章制度。至此，早期天命观念发生一次巨大变革，附加了道德规范意义，

---

1 ［清］阮元校刻《十三经注疏》，《左传·襄公二十七年》，中华书局，1982，第1994页。

2 ［清］阮元校刻《十三经注疏》，《诗经·小雅·巷伯》，中华书局，1982，第456页。

3 ［清］阮元校刻《十三经注疏》，《尚书·商书·伊训》，中华书局，1982，第163页。

4 ［清］阮元校刻《十三经注疏》，《尚书·周书·蔡仲之命》，中华书局，1982，第227页。

5 ［清］阮元校刻《十三经注疏》，《诗经·大雅·泂酌序》，中华书局，1982，第544页。

6 ［清］阮元校刻《十三经注疏》，《尚书·商书·高宗肜日》，中华书局，1982，第176页。

一种新的思想体系天命观最终确立。

四、概念的界定

早期“天命”文化之下，“天命观念”和“天命观”既是重大哲学命题，也是重要历史学概念。“天命”就是人们对天的敬畏崇拜，以及天命这个至上神意志对社会统治者与社会个体命运的统御。天命主要有两方面含义：一是指上天的意旨，由天主宰王朝统治者的命运和社会个体人的命运。如《尚书·商书·盘庚上》：“先王有服，恪谨天命。”[1]《左传·宣公三年》：“周德虽衰，天命未改，鼎之轻重，未可问也。”[2]二是指自然的规律、法则。如《荀子·天论》：“从天而颂之，孰与制天命而用之。”[3]

上古时期，“天命”应该是一个发展的思想文化概念，从上文所举释例中可以看到天命由神意向自然力的转移，这是一个“祛除巫魅”的过程。这里我们对天命观念的讨论着重于夏商周三代，尤其是以商周时期为主，“天命”所指主要是至上神的主观意志主宰社会王权和社会个人的命运。

“天命观念”和“天命观”并不完全一致，而是有所区分的。天命观念是上古先民在早期史前历史阶段基于原始思维的宗教思想，天命观则是在史前天命观念基础上发展出来的哲学思想，正

---

1 周秉钧:《尚书易解》，华东师范大学出版社，2010，第87页。

2 杨伯峻:《春秋左传注》，中华书局，1990，第672页。

3 [清]王先谦:《荀子集解》，沈啸寰、王星贤点校，中华书局，1988，第317页。

式出现于周代。也就是说，天命观是天命观念进一步发展的产物，是天命观念的思想理论体系。概言之，天命观念是天命观的早期形态，天命观是天命观念的历史总结。于此，天命观念与天命观的最大区别在于前者多重于神意，后者多重于道德法则。[1]

天命观是在西周时期确立起来的以敬天保民为中心的伦理化思想观念，而天命观念早在原始社会就产生了。天命观念盛行于夏、商、周三代，集中体现在殷商时代的至上神“帝”“上帝”观念和周王朝的天命观中。在天命观念的嬗变过程中，有两方面明显的转变值得我们注意：一方面是从万物有灵的原始社会思想阶段进步到绝地天通、至上神“帝”兴起的神权集中、敬祖畏神的思想阶段；另一方面是从至上神意志向内在社会道德法则的转移。周王朝统治者在继承殷商王朝至上神信仰的同时，为其政权合法性发展出“敬德保民”“以德配天”的社会道德思想，正式确立天命观，并用以巩固神权和王权，也因此开启由“神本”向“人本”转化的理性思想道路。这是中国古代哲学与宗教思想领域的两次重大变革，也是天命观念从萌发走向成熟思想体系的标志。

（一）“天”与“帝”“上帝”

何世明先生概括学界观点认为：“天”字乃由“帝”字演变而来，“帝”字有根本之意。吴大澄在《古史辨》中说，“帝”像花蒂的“蒂”字，即为天地万物之根本；罗光大在《中国哲学大纲》

1　李友广：《先期天命观念溯源》，《理论界》2009年第2期。

中进一步指出，“帝”字“代表唯一的神——上天”，也称“上帝”，“帝”字后来演变为“天”，名虽异而义实同；《说文解字》解释其字义，说“天，巅也。至高无上。从一大”；胡适在《古史辨》中指出，商朝的“帝”字与“天”字大概同出一源；人类学者施密特也有与此相类似的意见。[1]因此，“帝”“天”的本意是指远古时期中华先民对唯一的至高主宰上帝的信仰。

“帝”的称谓出现得很早，殷商时期遗留的甲骨卜辞中就有着大量的相关记录。关于“帝”的字源意义及其所指，学界有多种观点，如“花蒂说”“束薪说”“草制偶像说”，甚至还有“北极崇拜说”[2]，等等。其中“花蒂说”和“谛祭说”影响最大。不少学者认为甲骨文中的“帝”像花蒂之形，结合其丰产生育原始思维意义，得到众多学者认可。王国维、王襄、郭沫若等均从此说，且更明确地将其与女性生殖器联系起来，强调“帝”字初始所蕴含的生育万物的意义。“束薪说”即“谛祭说”，以于省吾先生之论为代表，他说：“甲骨文以帝为上帝，也以帝为祭名，周代金文同。祭名之帝，《说文》作‘禘’，并谓‘禘，谛祭也。周礼曰，五岁一禘’。”[3]帝与禘本同为一字，都是祭祀名称，后来帝被赋予了至上神意义，帝和禘才真正区分开来，一个表示至上神，一个表示祭名。又有学者据甲骨文字形，说“帝”为束柴祭天之象形，对此说加以佐证。总而言之，这两种学术观点其实都指向原始思

1 何世明:《基督教与儒学对谈》，宗教文化出版社，1999，第10—29页。

2 郭静云:《殷商的上帝信仰与“帝”字字形新解》，《南方文物》2010年第2期。

3 于省吾:《甲骨文字释林》，中华书局，1979，第187页。

维的生殖崇拜和天神崇拜。“天”即“天命”，顾名思义，本义是指上天的命令，以及上天主宰之下人的命运。“天命”这一名称是由周人提出来的，但它源自上古时期人们对“帝”这一神灵的信仰。周人以“天”这个名称与概念来替代此前的“帝”或“上帝”，其实是把上古时期“帝”“上帝”这样的天命观念发展成了思想体系“天命观”。

（二）“帝”的属性

帝、上帝是商代殷人崇拜的最高神，高居于各种神灵之上、具有无上的权威，是自然界与人间世界的主宰。陈梦家以“武丁卜辞”为例，分述上帝的权能有令雨、令风、降旱、降祸、降疛、降若、受年等。上帝管理的事项有战争、作邑、年成、王的行动，他的权威所涉及的对象有天时、王、我、邑（当指殷都邑）。[1]

商代殷人非常迷信，“殷人尊神，率民以事神”，他们的主神就是那高高在上的“帝”，这个帝显然有上天或至上神的功能；帝还承诺、护佑各种人事，殷墟卜辞中就有不少“帝若（诺）”“帝又（佑）”征伐建设事务的表述。殷人对帝的崇拜甚至发展到每事必问卜，通过大量祭祀占卜行为寻找天意的指示。事实上，中文有关祀神的文字多从示，即“观乎天文，以察时变，示神事也”[2]。“帝”又是殷人祖宗神的化身，本身就有终始之义。如先人“宾

---

1 陈梦家：《殷虚卜辞综述》，中华书局，1988，第561—573页。

2 ［汉］许慎撰，［清］段玉裁注《说文解字注》经韵楼藏版，上海古籍出版社，1981，一篇上二部。

于帝”，即祖先配祀上帝。殷末时期还将王者大名冠以帝称，如“帝乙”“帝辛”等。由此可见，帝的观念凝聚着自然和祖先的双重崇拜，遂衍化成商代社会生活的最高主宰“天”这个至上神。不过“帝”或“上帝”似乎并无具体的神圣形象，可以说自从那时起中国的至上神“上帝”就与西方纯粹神格的“上帝”(God)不一样了。

“天”的概念出现较“帝”“上帝”概念为迟。在《尚书·虞书》就有“天叙有典”“天秩有礼”“天命有德”“天讨有罪”字样，恐是最早的“天(命)”记录。《尚书·商书》中涉及“天命”的含义如“有夏多罪，天命殛之”“先王有服，格谨天命”。《诗·商颂·玄鸟》中也有“天命玄鸟，降而生商”的说法，到这里为止，天命对于人事的影响力还是单向的。有周一代，更多地以“天(命)”作为世俗崇拜的核心，周人给天附加了“皇”“旻”“昊”“浩”等以形容其伟大，或者将天、帝合称为“天帝”“皇天上帝”，天确乎比帝“愈来具有了超世界的形象”[1]。

“惟时上帝不保(殷)”“弗吊旻天，大降丧于殷，我有周佑命，将天明威，致王罚，敕殷命终于帝。肆尔多士。非我小国敢弋殷命，惟天不畀允罔固乱”“皇天上帝，改厥元子，兹大国殷之命，惟(周)王受命”，宣告的都是周以小邦国夺取商王朝政权，成立周王朝完全是遵从天命，告诉所有人改朝换代这种大是大非的天下大事完全是天命所定。

---

1 中共中央马克思、恩格斯、列宁、斯大林著作编译局编《马克思恩格斯选集》第四卷，人民出版社，2012，第220页。

商人对天帝极为崇拜，坚信天命恒昌。周人为了在道义上完成改朝换代的合理性强调天命无常，“天不可信，我道惟宁王德延”“天命靡常”。周王称“天子”，看来并不在自命血统意义的天之嫡子，而在作为天命的代理人，这个身份越来越象征政治与道德的最高权威。一个典型标志就是周公提倡的“以德配天”。《诗·大雅·大明》“有命自天，命此文王”，《诗·周颂·思文》“克配彼天”，是说王者必须具备以德配天的高贵品德，而不能仅凭血缘关系世袭表明统治的合法性。

也就是说，从天命到王权需要有一个现实原则来加以衔接，这个原则就是德，尽管有关“德”字的原始意义众说纷纭，但其具有普遍认同的人文标准无可置疑，后来从中衍生出今之道德（天道、德行）含义。

周王朝统治者在强调得到天下的合法性在与天命的安排之时，同样非常强调实行德政才是保有天下的办法。《尚书·周书·梓材》“皇天既付中国民越厥疆土于先王，肆王惟德用，和怿先后迷民，用怿先王受命。已！若兹监，惟曰欲至于万年，惟王子子孙孙永保民”[1]，《尚书·周书·康诰》“明德慎罚”，《尚书·周书·酒诰》“经德秉哲”，《尚书·周书·多士》“惟听用德”等表明了遵从天命实行德政的态度。周人用“德”充实了天命的内涵，在一定程度上克服了信仰上帝、天帝的盲目性，使天命观成为具有融合宗

1 译文：上天既已把中国的臣民和疆土都付给先王，今王也只有施行德政，来和悦、教导殷商那些迷惑的人民，用来完成先王所受的使命。像这样治理殷民，我想你将传到万年，同王的子子孙孙永远保有殷民。

教、政治和道德为一体的意识形态思想体系。

（三）日崇拜

商代殷人的信仰尚有浓重的原始巫教色彩，神灵系统亦较为复杂，他们既崇拜祖先神灵，又信奉日月山川等天神地祇。具有超然地位的“帝”“天帝”“天”观念就是在灵魂思想和日崇拜的结合中发展起来的，所以商部族的日崇拜是一个不容忽视的现象。

“东夷部族自古以来就有崇拜日神的传统，这可以从山东日照所发现的考古遗址及由太阳与山峦组成的象形文字得到充分的证明。”[1]商人本源于东夷部族，对日神的崇拜一以贯之，胡厚宣等学者亦认为殷商贵族以日为神，祭祀颇隆。卜辞中祭日的记载就有数十条，常见的有“祭日”“宾日”“彤日”等称谓，并且商王也亲自参与祭日。此外，商贵族以日为名的体制也流露出强烈的日崇拜精神。“商家生子，以日为名，盖自微始。”[2]《淮南子》中也有五帝之一的尧统治时期，十日并出害人的记载。[3]这些都把太阳当成有意志的神灵来看待。既然是神灵，就要祭祀。这就是上述甲骨卜辞中有许多崇拜日神记录的历史根源。《礼记·祭义》记载：“郊之祭，大报天而主日，配以月”“夏后氏祭其暗，殷人祭其阳，

1　徐心希：《试论商周神权政治的构建与整合——兼论商周时期的日神与天神崇拜》，《殷都学刊》2006年第1期。

2　［汉］司马迁：《史记·殷本纪》，中华书局，1982，第93页。

3　［汉］刘安：《淮南子》，顾迁译注，中华书局，2009，第131页。

周人祭日以朝及暗”。[1]

早期文献所见的日崇拜，虽说以商朝为主，但是此类观念遍及东亚。由此可见在古代中国，日神也被作为主宰上天的神来崇拜，与帝、上帝、天帝、天几乎没有分别。

(四)“天”与“帝”

早在夏代就已流行崇天思想，并出现了具备神灵意义的天。比如“有扈氏威侮五行，怠弃三正。天用剿绝其命。今予惟恭行天之罚”(《尚书·夏书·甘誓》)[2];“先王克谨天戒”(《尚书·夏书·胤征》)[3];“惟天无亲，克敬惟亲，民罔常怀，怀于有仁”(《尚书·商书·太甲下》)[4];“有夏多罪，天命殛之”(《尚书·商书·汤誓》)[5]。

根据《甲骨文编》，傅斯年等学者统计过卜辞中的“帝”和“天”的使用次数，“帝”见于一书有63处，而“天”仅出现了12次。[6]不过殷墟卜辞中“天”的使用不及“帝”频繁，并不说明二者的绝对区别。从时间上看，殷商与周两个比邻社会集团在数百年时间维度上长期共处在一个几乎完全相同的大社会文化背景之中，周取代商建立新的王朝更是一种文化延续与发展，所以殷人信帝，周人崇天只能是一种文化背景之下不同文化形式的区别，

---

1 [清]阮元校刻《十三经注疏》，中华书局，1982，第1594—1595页。
2 周秉钧:《尚书易解》，华东师范大学出版社，2010，第78—79页。
3 李民、王健:《尚书译注》，上海古籍出版社，2004，第98页。
4 李民、王健:《尚书译注》，上海古籍出版社，2004，第134页。
5 周秉钧:《尚书易解》，华东师范大学出版社，2010，第81页。
6 中国科学院考古研究所编辑《甲骨文编》，中华书局，1965。

而不是内容或性质的变化。

1977年在陕西省岐山县发现的周原甲骨绝大部分是周文王时期的遗物，其上“天”字出现多次且已具有至上神意义，[1]说明在商王朝统治末期，作为属国的周人已经信奉天命观，“天”早已经是周人信奉、崇拜的神灵了。

五、以“天”代“帝”

殷商统治时期至上神“帝”的信仰在殷人统治的地域内广泛存在。作为附属邦国的周人当然对“帝、上帝”的信仰只能与商王朝的主流思想文化保持一致，更别说“帝”信仰恐怕也是周人自己固有的。

依据《尚书·周书·泰誓》记载：“惟受罔有悛心，乃夷居，弗事上帝神祇，遗厥先宗庙弗祀。”这个周武王讨伐商纣王的檄文其实将商王先祖与上帝神祇并列，也说明二者之间文化信仰的共性。周人以商王不事神不敬祖为由，发动邦国及民众，一举灭亡了商王朝。

（一）改朝换代与“天”“帝”转换

夺得王权以后，周统治者为了摆脱殷商王朝的影响重新加强神权，在继承殷商帝信仰的基础上，推出本部族向来所尊崇

1　徐锡台编《周原甲骨文综述》，三秦出版社，1987，第128—132页。

的“天”，逐步建立神灵“天”的权威。《诗经》中“帝”与“天”的并存及混用，其实就是“天”代“帝”的过渡性阶段在历史文献中的反映。两周金文中具有至上神意义的“天”几乎完取代了“帝”，也是天命思想发展的一个明证。

周人通过对殷商帝崇拜文化的改造与发展，对自家天崇拜信仰也进行重塑和发扬，造就出周王朝的至上神“天”。这样就在关照到王朝统治范围内各个邦国部族集团共同文化心理之同时，把殷商至上神“帝”文化信仰替换成“天”文化信仰；既剔除了殷商统治者所依赖的具体信仰对象及其文化价值，又能在殷商文化形式的基础上灌输进自己的价值理想。[1]至此，天命观念也就从一种宗教文化思想发展成为一种成熟的思想文化体系天命观。

（二）天子与天命

《尚书·周书·召诰》有一段话：“呜呼！皇天上帝，改厥元子，兹大国殷之命。”[2]商王朝统治者殷王曾受命于天，是天下的元首，也是上天（皇天、上帝）的长子，现在上天取消了殷王作为上天长子的资格，从而结束了商朝的国运。这其实就是古代中国天子名称与文化的来源。“元子”即长子，上天把管理天下之权力交付给长子，这里的天作为至上神与人间发生类似血缘关系的关联。“改厥元子”以替换天之长子的做法，赋予周人改朝换

1　黄瑞英：《先秦“天命”观的发展及其道德内涵——从周公到孔子》，《南京邮电学院学报（社会科学版）》2005年第4期。

2　周秉钧：《尚书易解》，华东师范大学出版社，2010，第191页。

代、取代殷商王朝的统治权的合理性与合法性。这里的理与法就是天命。

《诗经》中频繁出现“天子”一词，这里的“天子”指的是天的嫡长子。在这个时期，人们普遍认为民众百姓都是上天的子民，而人间帝王独具统领万民的权威，故尊其为天之长子。这与后来指称人间帝王为天子的用法已经十分接近。类似的文化现象，在古代中国北方草原地带也如出一辙，《汉书·匈奴传》记载：“单于姓挛鞮氏，其国称之曰‘撑犁孤涂单于’。匈奴谓天为‘撑犁’，谓子为‘孤涂’，单于者，广大之貌也，言其象天单于然也。”匈奴人把“天”叫作“撑犁”，与现代蒙古语中“腾格里”(Tengri)同音、异译；“孤涂”，即“子”之意。“单于”，是王，即最高统治者。也就是说匈奴部族集团最高统治者的名称也是“天子”。

根据史料，匈奴单于在给汉朝皇帝的书信中，常以“天地所生，日月所置匈奴大单于……”“天之骄子”，或以“天所立匈奴大单于”自称。这种称呼，一则，传递着匈奴单于受命于天，受“天”之护佑的思想，也显示出匈奴单于“至高无上”“唯我独尊”的政治地位；另一方面，表明以匈奴人为代表的古代北方游牧渔猎部族也有崇拜天、敬畏天的传统。

综上所述，夏商两代天已经形成至上神天崇拜，天的命令与意愿就叫作天命。“天命的原意就是作为主宰神的‘天’，要让世界朝着自己希望的方向运动的意志。”[1]作为至上神的命令和意志，天命具有不可预测性和不可抗拒性。周朝的建立，一方面继承了夏商王朝的天命思想，认为君权神授，周王朝秉承天意剪除殷商而立，都是对传统天命思想的继承。不过以周公为代表的周王朝统治者从殷商王朝灭亡中明显看到了天命的无常和维持天命的不易因而提出“皇天无亲，惟德是辅；民心无常，惟惠之怀”的理论，认为天命是随着有德者而转移的。

此后，古代中国人相信天命是一种至上神的力量，它可以控制人的行为，赏罚人的善恶，预示人的未来。对天命的笃信和祈求，是人们行为的重要控制点，体现在生活的规划、决策和控制当中；对天命的笃信和依赖，是人们心理生活的重要归因途径。儒家天命思想可以概括总结为三个方面，即体认天命、敬畏天命、坚持和守护天命。这样的天命观毫无疑问是一个广谱的意识形态思想，其影响遍及古今中国的所有区域。所以，即便是在当今中国许多地方仍然留存着大量的天崇拜文化信息。

六、“腾格里”与“天命”

天崇拜是古代中国一种古老的思想信仰，周王朝原属西北古族，地属辽阔广大的北部草原西南边缘地带，所以周人的天命观念与天命思想直接影响到广大草原地带。或者说周人的天崇拜信

1 ［日］池田知久：《道家思想的新研究——以〈庄子〉为中心》（下），王启发、曹峰译，中州古籍出版社，2009，第367页。

仰本就是古代中国北部广大地区固有的文化传统，这应该与辽河流域兴隆沟文化的石堆龙、玉玨、女神崇拜以及红山文化的早期祭天圜丘祭坛等文化现象，也应该与中国历史早期文明阶段天命概念起源关联。[1]商周时期中国完全步入青铜时代，这里生活的主要是以渔猎、旱地农作、游牧为主的阿尔泰语系诸古部族人群，毫无疑问应该受到天命观念与天命观的深刻影响。

（一）北方的天崇拜

夏商周三代先民以及与之临近的北方阿尔泰语系各部族奉天神为至上神。即便今天，生活在中国北部草原地带阿尔泰语系突厥语族与满－通古斯语族各部族人群依然如此。比如生活在蒙古高原、东北丘陵山地、阿尔泰山南北部草原、天山南北部草原的蒙古人，布里亚特人，哈萨克人、克尔克孜人、维吾尔人，塔塔儿人、鄂伦春人、锡伯人、达斡尔人、通古斯人，尤加基里人全部敬畏和崇拜天。

中国北方部族人群中，有关“天”的崇拜，最早见于史籍的是秦汉之际的匈奴人。匈奴自称像天一样广大，匈奴王自言“天地所生，日月所置匈奴大单于”。匈奴谓天为“撑犁”，单于其国称之曰“撑犁孤涂单于”。韩儒林先生指出：“‘甘教’所崇拜者为天，其字为 Tengri，唐译‘腾里’‘登里’，等等，实含天及天神

1 刘国祥：《红山文化研究》，博士学位论文，中国社会科学院研究生院，2015。

二意。”[1]

《后汉书》记载古扶余人“以腊月祭天，大会连日，饮食歌舞，名曰：迎鼓”。《三国志》记载高句丽人“以十月祭天，国中大会，名曰东盟”。《周书 · 突厥传》记载：“突厥者，盖匈奴之别种。”突厥也有敬天拜日的传统。突厥文碑铭中，把上天和水土作为神圣的保护神而加以赞颂和敬奉。天命观在突厥统治者的政治生活中起重要的作用，“阙特勤碑”及“毗伽可汗碑”一再提到“朕同天及天生突厥毗伽可汗”“承上天之志，历数在躬，朕立为可汗”。当提到骨咄禄重建后突厥政权时，“固天赋以力，吾父（骨咄禄）可汗之军有如狼，敌人有如羊”。突厥之天即 Tängri，《突厥语大词典》tängri 词条：tängri，天、上苍，尊者至上的天。[2]

《辽史》记载：“祭山仪，设天神、地神于木叶山。”《大金国志》：“金因辽旧俗，以重五、中元、重九日行拜天之礼。”《金史》记载：“金之郊祀，本于其俗有拜天之礼。”《元史》记载：“元兴朔漠，代有拜天之礼。”至清代，乾隆朝颁布《钦定满洲祭神祭天典礼》，祭天成为满族的主要祭祀活动。

（二）匈奴的天崇拜

崇天、敬天是匈奴部族文化体系中的核心内容。也正因为此，匈奴人每年都要进行祭天之举。《史记·匈奴列传》记载：“岁正月，

---

1 韩儒林：《穹庐集——元史及西北民族史研究》，上海人民出版社，1982，第286页。

2 麻赫穆德 · 喀什噶里：《突厥语大词典》卷三，新疆人民出版社，1984，第514—515页。

诸长小会单于庭，祠。五月，大会茏城，祭其先、天地、鬼神。秋，马肥，大会蹛林，课校人畜计。”[1]

《史记·匈奴列传》记载，匈奴单于“朝出营，拜日之始生，夕拜月”。北方各部族人群天崇拜信仰系统中，以“天”崇拜为核心，还包含与之相对的“地”崇拜，以及与其密不可分的日、月、星辰等天体崇拜，同时演化出树木、山水，以及人格化的天神、龙神、鬼神等万物的崇拜。

《史记》集解引《汉书音义》记载：“匈奴祭天处本在云阳甘泉山下，秦夺其地，后徙之休屠王右地，故休屠有祭天金人，象祭天人也”“作金人以为祭天主”。[2]“金人”作为天的代表，是匈奴人祭拜天地，祭祀天神的偶像。可知，匈奴人在当时已经形成了相对完备和规模的祭天内容与形式。

匈奴人崇敬天地、畏惧鬼神的观念不仅渗透匈奴人的日常生活，还影响着其军事、政治，体现在其每年举行的集会以及祭祀活动中。《后汉书》记载：“匈奴俗，岁有三龙祠，常以正月、五月、九月戊日祭天神。”[3]

先秦两汉之际，匈奴人作为中国北方整个草原游牧部族的统领者，天崇拜的思想文化意识直接影响了几乎所有草原游牧部族。东胡与匈奴同时兴起，活动于北方草原东部地区。其敬天拜天习俗与匈奴的习俗大抵相同，西汉时期东胡被匈奴击溃，部分

---

1 [汉]司马迁：《史记》，中华书局，1972，第2892页。
2 [汉]司马迁：《史记》，中华书局，1972，第2892页。
3 [宋]范晔：《后汉书》，中华书局，1965，第2944页。

避居鲜卑山，成为鲜卑部族。另一部分避居乌桓山，后成为乌桓部族（魏晋后称为乌丸）。乌桓山，在今内蒙古赤峰市阿鲁科尔沁旗西北。

（三）乌桓、鲜卑的天崇拜

《后汉书》记载："乌桓者，本东胡也。汉初，匈奴冒顿灭其国，余类保乌桓山，因以号焉。……敬鬼神，祠天地、日月、星辰、山川及先大人有健名者。祠用牛羊，毕皆烧之。"[1]《三国志》中有同样的记载："乌丸者，东胡也。……敬鬼神，祠天地日月星辰山川，及先大人有健名者，亦同祠以牛羊，祠毕皆烧之。饮必先祭""鲜卑亦东胡之余也，别保鲜卑山，因号焉。其言语习俗与乌丸同"。[2]

乌桓与鲜卑，同北方草原上其他部族一样，尊敬神鬼，祭祀天地、日月、星辰、山川以及对本部族有贡献的祖先。他们以牛羊为祭品，并在祭祀结束后焚烧祭品。这种焚烧祭品的祭祀习俗，在后来的契丹、女真以及蒙古等北方部族中普遍存在。

（四）突厥的天崇拜

突厥兴起于公元六世纪的中国北方草原地带，也是一个崇"天"的部族。据《周书·突厥传》记载："可汗恒处于都斤山，牙帐东开，盖敬日之所出也。每岁率诸贵人，祭其先窟。又以五

1　[宋]范晔:《后汉书》，中华书局，1965，第2980页。
2　[晋]陈寿:《三国志》，[宋]裴松之注，中华书局，1969，第833—836页。

月中旬，集他人水，拜祭天神。”[1]《隋书》记载:“五月中，多杀羊马以祭天。男子好樗蒲，女子踏鞠，饮马酪取醉，歌呼相对。敬鬼神，信巫觋，重兵死而耻病终，大抵与匈奴同俗。”[2]

突厥人每年五月中旬祭祀天神。突厥人的崇天文化，同匈奴人及其他北方部族一样，以天地日月等自然物为崇拜对象。“天”是突厥人的至上神，众神皆在其下，古突厥碑铭大多强调天是突厥可汗力量的赐予者，突厥可汗受命于天治理国家是智慧可汗，等等。

突厥语中，“天”称之为“tängri”，突厥可汗在名号前一般加“tängri”。法国学者格鲁赛认为，词源上“腾格里”一词蒙语与突厥语同源:“关于长生青天，蒙古语里面的 tänggeri 或 tenggeri，和突厥语中的 tängri，或 tengti，同时都指‘天’和‘天神’。mongka，möngkä，möngke 的意义为‘长生’，这个蒙古词等同于古突厥词 mängku 和畏兀儿词 mängu，蒙古语中的 kökö，在突厥语中为 kök，此言‘青’。可见‘宗教’的词汇，在突厥语中和蒙古语中很多是共通的。”[3]这一现象与突厥语、蒙古语同为阿尔泰语系语言有关系，就崇天文化而言，北方部族之间这种天崇拜文化应该是共性的一种历史存在。

1 ［唐］令狐德棻等:《周书》，中华书局，1971，第 910 页。
2 ［唐］魏征等:《隋书》，中华书局，1973，第 1864 页。
3 ［法］雷纳·格鲁塞:《蒙古帝国史》，龚钺译，翁独健校，商务印书馆，1989，第 364 页。

（五）契丹、女真的天崇拜

契丹对天崇拜之重视与执着，其皇帝的尊号就是明证。太祖耶律阿保机尊号“天皇帝”；太宗耶律德光尊号“法天启运”；世宗耶律阮尊号“天授皇帝”；等等。契丹几乎每位皇帝、皇后都以天为尊号，笃信自己天命身份。

女真同契丹一样，金朝历任皇帝也以“天”为其年号、尊号以及谥号，天崇拜文化极为厚重。“金因辽旧俗，以重五、中元、重九日行拜天之礼。”[1]之所以如此，是因为“天”也是女真人的至上神。

综上所述，天命信仰十分清楚就是腾格里信仰，是中国古代北方各部族共有的文化传统。这种“万物本乎天，人本乎祖”的意识形态主宰着所有古代中国人的生活。

七、蒙古部族的腾格里信仰

腾格里信仰是古代北方各个部族共有的信仰习俗。对大自然的强大依赖与幻想，使得先民们对与他们生产、生活有密切联系的天地、日月、星辰、山川产生崇拜之心与祭祀之举。“天”的意识在这些以狩猎和畜牧为生活方式、过着逐水草而居生活的北

1　[元]脱脱等:《金史》卷三十五，中华书局，1975，第826页。

方各部族传统观念中根深蒂固，成为这些先民最高的崇拜对象。“万物本乎天”的意识形态主宰着他们的生活，并且随着蒙古部族在北方草原的崛起，“天”的观念被元朝所继承，并得到了进一步的丰富和发展。

十三世纪兴起于北方草原的元朝继承了北方少数部族风俗习惯，其中包括北方部族敬天拜日的信仰习俗。“元兴朔漠，代有拜天之礼”[1]，类似的对天的崇拜和敬仰记载比比皆是。《黑鞑事略》记载：“鞑靼民族之信仰……皆承认有一主宰，与天合名之曰腾格里。”[2]《蒙鞑备录》记载：“其俗最敬天地，每事必称天。闻雷声则恐惧，不敢行师，曰：‘天叫也’。”[3]显而易见，蒙古人十分真诚地相信天主宰自然界和人类的命运，而且蒙古人天崇拜的历史渊源非常久远。

蒙古人崇信的天，蒙古语发音即为腾格里。天崇拜的主要内容一是敬天，二是惧天。在这种既崇拜又惧怕，由敬而生畏的文化心理驱动下，上到王臣贵族，下到平民百姓，蒙古人每事必称腾格里，无一事不归之腾格里。

元朝建立之后，从世祖忽必烈（1215—1294）至元顺帝（1320—1370），汉文文献中均有按照蒙古传统方式祭天的记载。《元史·祭祀志》记载：“世祖中统二年，亲征北方。夏四月己亥，躬祀天于旧桓州之西北。洒马湩以为礼，皇族之外，无得而与，

1　[明]宋濂等：《元史》卷七十二，中华书局，1976，第1781页。

2　《多桑蒙古史》上，冯承钧译，上海书店出版社，2006，第31页。

3　[宋]赵珙著，王国维笺证《蒙鞑备录笺证》，文殿阁书庄，1936。

皆如其初。”[1]祭祀时间为春季，符合蒙古传统春、秋祭天的特点，并以洒马奶为礼，只允许皇族参与祭礼活动。此为典型蒙古腾格里祭祀的内容，蒙古式祭天仪式。

与上文述及北方诸部族的天崇拜文化内容和形式相比较，文献记载所提供的古代蒙古人腾格里信仰，核心内涵并无不同。区别只在于具体时代特点和蒙古人自身特殊习俗。腾格里信仰来源于商周时期的天命观念和天命信仰，是当时蒙古社会普遍存在的主流思想、社会文化，深深植根于从汗王贵族到普通民众的各方面社会生产与社会生活中。腾格里是当时蒙古社会最为普遍和广泛的信仰。

八、萨满教的天崇拜[2]

中国北方广大地区的天崇拜，多以萨满教的“天”信仰作为具体表现。中国北方部族萨满教天信仰并没有超出天命观思想范围，基本内容简直如出一辙，其对天的信仰表现为对以天命名的某种自然力的恐惧和依赖。这个“天”被看作“上面”，与《说文解字》中对“天”的解释极为接近，指向极其神秘的力量，包括天、日、月、北斗七星、三星、启明星等天体，这里没有占支配

1 ［明］宋濂等:《元史》卷七十二，中华书局，1976，第1781页。

2 本节关于“萨满教的天崇拜”，参考了孟慧英《尘封的偶像——萨满教观念研究》，北京出版社，2000。

地位的个别自然力，天只是其中之一。

满族祭祀的天神“蓝天高大，无边无沿”，祷词直呼“高天”“大天”“苍天”。这种纯粹自然属性的“天”在中国北方诸部族中被称作“库克”(突厥语、蒙古语俱为同一读音，意即“蓝天”“天”)、“库克雷”(突厥语、蒙古语读音一样，意即“天穹”“近天”)等。在古突厥民族“鄂尔浑－叶尼塞碑”铭文上，“腾格里”之前有时还冠以“柯克”一词。“柯克”指一切蓝色、青色、深绿色，也指蓝色的天空。“柯克腾格里”读音为Kok-tengri，意思即为“天神、苍天、上苍、上天”。这里天神是与物象相似的符号，是高天、蓝天、大天、穹庐似的天。[1]

萨满教的天作为自然崇拜的主要对象之一，包含许多具体自然天体，直接称日、月、星为天，如陈巴尔虎蒙古族人常祭的天神（腾格里）中有：那日音·腾格里（太阳神）、萨日音·腾格里（月亮神）、额金·腾格里（主人神）、乌力音·腾格里、朱恩·腾格里（东方的神）等九个腾格里天神。北方部族把“上面、上苍”各天体均称为天（腾格里），相互虽然有所区别，但是就其作为超自然的唯一存在而言，还是具有唯一性的至上神（至上意志），即天命。[2]

突厥语中，“坦戈拉”一词不仅表示具有神圣意义的肉眼可见的天空，而且还表示神明。在宗教仪式诗歌中，该词明显地

1 孟慧英:《尘封的偶像——萨满教观念研究》，北京出版社，2000，第407页。
2 孟慧英:《尘封的偶像——萨满教观念研究》，北京出版社，2000，第408页。

被用作表示“住在天上的神明”。雅库特人笃信存在着门戈塔纳拉——无限大的、永恒的天空或神明，门戈哈三——天空、神的住地。[1]天上神灵的组织结构有以家庭的形式，有以神灵等级的形式，或主神与助手的形式出现的。库曼丁人氏族自古以来就认为天神拜乌勒根的儿子和女儿是他们的保护神。按照库曼丁人的信仰，拜乌勒根共有七个或九个儿子、七个或九个女儿。直到萨满教晚期，人们还习惯以亲属称谓称呼天神或其他神灵。在特勒乌特人那里，天神都被列为能赏赐婴儿库特的“母亲们”。后来，一部分天神开始被看作是“父亲”，也就是说，在神明那里，男子也成了“家长”。[2]

萨满教认为天有若干层——有九层、三十三层、九十九层等不同说法，又认为各层处在不同方位，每位天神腾格里各司一方之事。满族的天界、火界，又称光明界，分成三层，为天神阿布卡恩都里和日、月、星辰、风、云、雨、雪、雷、电、冰雹等神祇所属，此外还有众多的动物神、植物神以及诸氏族远古祖先英雄神，高踞于九天“金楼神堂”之中。从现有的关于突厥语族的宇宙观的资料中，天神住在太阳和月亮以上的最高的天层。人间的萨满要想到达最高天神的脚下，必须越过七道或九道障碍。在

---

1 [苏联]H.A. 阿列克谢耶夫：《西伯利亚突厥语族民族萨满教的万物有灵概念》，孙运来译，载吉林省民族研究所编《萨满教文化研究》第二辑，天津古籍出版社，1990，第160—168页。

2 [苏联]H.A. 阿列克谢耶夫：《西伯利亚突厥语族民族萨满教的万物有灵概念》，孙运来译，载吉林省民族研究所编《萨满教文化研究》第二辑，天津古籍出版社，1990，第177页。

大多数调查中，天的分层以七、九层为多，每层天都有不同的“腾格里”把持着。[1]

萨满教“天”和“神”都用“腾格里”来表达，天作为“上面、上天”的代称，也是神灵驻地，腾格里具有天与神的同一含义。古代回纥“腾格里”，一是指自然的天，一是指至高无上的天神。狭义的“腾格里”指至高至大的天帝，被认为是天上人间及宇宙的主宰。广义“腾格里”泛指诸神，如昆腾格里（日神）、爱腾格里（月神）、耶尔－苏卜腾格里（水土神）、塔格腾格里（山神）、雅新腾格里（雨神）、耶勒腾格里（风神）、库特腾格里（福神），等等。达斡尔崇拜的天，音译为腾格尔。在这个“天”的观念中，既没有具体的神灵形象，又不尊称它为神（巴日肯），只在供奉仪典中有“父天”(阿恰·腾格尔)、“母天”(额倭·腾格尔)和“公主天”（达列·喀托）、“官人天”（诺托尔·诺颜）的区分。蒙古语腾格里代表“天”“神灵”，长生天与腾格里不完全一致，萨满教的腾格里指的是长生天管辖下的众天神。也可以说，长生天是各种腾格里的集合称呼，某种程度上与至上神腾格里等同。[2]

《满洲四礼集》记载“在天者为神，在地者为祇，统言之曰祭天”。[3]萨满教祭天祭祀的是以天神为代表的至上神，这个至上神不仅支配风雨雷霆，安排宇宙山河，也能主宰人间祸福，已经与

---

1 乌兰：《蒙古族腾格里信仰研究》，博士学位论文，中央民族大学哲学与宗教学学院，2017。

2 孟慧英：《尘封的偶像——萨满教观念研究》，北京出版社，2000，第410页。

3 ［清］索宁安：《满洲四礼集》省非堂藏版，嘉庆元年。

天命观差距不大。

萨满教以腾格里天神为至上神，天是宇宙的统治者、长胜者，也是正义的支持者和生命的主宰者。天能洞察人间一切行为和思想，因此蒙古族把天看成世间一切事务的裁判者，常说："上天判定吧！"哈萨克族的自然崇拜中，除了称"天"为腾格里，还称"天父"，即"aspan ata"（维吾尔族也有相似的"天父"，称作"asman ata"）；同时也注入了神灵的意义，在祈祷和祝愿时，往往使用"愿苍天保佑""愿苍天诅咒"等词语。一个特殊的现象值得我们注意，当其他影响力巨大的宗教思想融入萨满教文化区域之时，萨满教的天神观会发生一种变化。比如，随着人们信仰的改变，"腾格里"一词被多次赋意：在信奉琐罗亚斯德教时，称呼该教的至高神阿胡拉·玛兹达为"艾兹罗阿腾格里"；信奉佛教时期，称呼佛祖为"波尔汗腾格里"。[1]

上述民间天神祭祀，实质是以上天的自然精神与神圣性指导社会信仰生活。不同的是，历代北方部族统治者出于建立政权和维持统治的需要自觉地把天神信仰发展为以天启、天道为核心内容的天命信仰，把天神的自然威力（萨满教属性）附加了必要的社会伦理内容使之成为天命观。这一点与古代中原地区的天命信仰、天命观如出一辙。

萨满教的天命观内容，从历史资料来看，有几个重要的特

1　孟慧英：《尘封的偶像——萨满教观念研究》，北京出版社，2000，第413页；《中国各民族宗教与神话大词典》编审委员会编《中国各民族宗教与神话大词典》，学苑出版社，1993，第621页。

点。首先，至上神向天命观的转变，不在于后者保留了多少至上神的超自然力量和权能，能否最大限度地实现和完成人的梦想，而在于把发生的一切看作上天权能和效用的安排与体现。其次，天命观需要提供的是对统治者的地位和他统治下的社会现实的合理的解释或说明。这样一来，以自己的意志决定一切、操纵一切的天神就自然而然地成为人间君主的护佑者。这个观念可以为新的国家建立者提供合理性与合法性证明：王朝的兴替是由天的意志决定的，人间的社会秩序也是天早已安排好的，这就是“天命”。

九、天命讨论的结语[1]

《蒙古秘史》开卷便说明成吉思汗祖先“奉天命而生”[2]，反映出典型的天命观（腾格里因吉雅）。天命是《蒙古秘史》中出现的一个重要概念。萨满教主张人在社会中的状况，是由其生来具有的命运决定的，而命运完全取决于腾格里天神的意志。顺从命运的安排，是敬天神的最重要表现，对抗是徒劳危险的。腾格里天神是社会秩序的制定者和维护者。天神创造了两种人，一种人是“察干牙速惕”——白骨人，这一部分人是高贵的阶层，是“天子之裔”，是统治者的必然之选；另一类人被称为“哈剌出

1　此节关于“天命讨论的结语”参考了孟慧英《尘封的偶像——萨满教观念研究》，北京出版社，2000；乌丙安《萨满信仰研究》，长春出版社，2014。

2　《蒙古秘史》卷一，余大钧译注，河北人民出版社，2001，第5页。

惕”——黔首人，天生是一般民众，服侍、顺从统治者是他们的天职。人间的统治者是由腾格里天神指定的，“白骨人”作为统治阶层都有担任最高首领的可能。[1]

清王朝兴起于十六世纪末十七世纪初，从《满文老档》《清太宗实录》等文献资料中可见，从努尔哈赤立朝开始，举凡用事、用人、用兵，一概不离“天灵”“天兆”“天意”“天理“天助”“天佑”“天命”。1616年，努尔哈赤统一了女真各部，建立了“大金国”，称帝即位时，年号即为“天命”。宣称：“天任命汗，汗任命诸大臣”，声称“靠天保佑必定会富裕起来”“抚育天委托给的国人，天也会嘉奖”。他把自己屡战不败的战绩视作“天宠”，每获胜战便以“天神使之躲避”“天神的保佑”等强调之。天命元年正月壬申日努尔哈赤召开了诸贝勒、大臣会议，公布说：“因我国没有汗，生活非常困苦，所以天为使国人安居乐业而生汗，应当给抚育全国贫苦黎民、恩养贤才士、应天命而生的汗上尊号。”尊号的满文原意是“天任命的抚育诸国的英明汗”。满族统治者不仅宣扬“皇权天授”，也信仰“靠天保佑必定会富裕起来”。[2]

上天是人世间各种事情的道德仲裁者，对人间事务的干预在于天惩与天佑，这是上天行使仲裁权力的普遍表现方式，即前文所谓“皇天无亲，惟德是辅”。把天的自然主宰和天的道德主宰结合在一起的天命观为历史上北方各部族的改朝换代或政治变革

1　孟慧英：《尘封的偶像——萨满教观念研究》，北京出版社，2000，第414—415页。

2　孟慧英：《尘封的偶像——萨满教观念研究》，北京出版社，2000，第415页。

提供了依据，也为统治集团施行道德教化提供了方便。

努尔哈赤多次指责明万历帝“违背天意”“天以为大恶”。致书朝鲜王时宣称：“天以非为非，以是为是……天以我为是，以尼堪（汉人）为非”“那大国的尼堪皇帝，同样在天的法度下生存。但尼堪皇帝却改变天的法度，违背天理，诸国苦之”“因为尼堪万历帝过错甚多，所以天以为非”“诸申（女真）国的英明汗善行甚多，天地佑我”。天命三年（1618年）努尔哈赤宣告出征明王朝的宣战仪式是在农历四月十三寅日巳刻举行的。这个仪式发布了著名的《告天文书》，祷告中列数“天以叶赫（部落）为非”“尼堪逆天而行”“帮助天以为非的叶赫”“天将哈达（部落）给我，天给我后，尼堪皇帝还助哈达，威胁我”“天以为非的人，必定失败而死，天以为是的人，必定胜利而存”等。[1]在近代锡伯族看来，人间的祸福、兴盛、衰落均由天定，任何人违抗不了天命。天在监视着人们的言行，民间谚语说：“苍天有眼”“天眼尖”“天耳长”。而且，天惩恶彰善，并为善者或冤者申冤报仇。如有冤屈，可向天申诉，受冤者往往写“状子”指西天烧化，并把自己的冤枉事如实述说给“天”，意为告天起誓，打赌者也指西天跪磕。[2]

可以看到，古代中国的北方统治集团都明确地将由天之意志决定的王权的兴替看作咎由自取，王朝可以因为仁德享有天佑，因失德而被天惩。这是典型的天命观思想，统治者行使权力，不能无所顾忌，要时时警惕天谴。比如，金王朝常以天人感应检修

1 乌丙安：《萨满信仰研究》，长春出版社，2014，第17—18页。
2 贺灵：《锡伯族的原始信仰研究》内部油印本，1989。

国政，遇到自然灾害等异常自然现象，都会与朝纲治乱联系起来，采取补救、调整等国政措施，以响应天命。努尔哈赤一样认为："抚育天委托给的国人，天也会嘉奖""即使天佑，心里从不怀一点骄傲"。成吉思汗主张"如果我们忠诚，长生天会保佑我们""如果我们团结，长生天会保佑我们"，认为"天道"可循。[1]这是地地道道的天命观思想，不但用来解释王朝的兴衰与改朝换代以及个人命运，同时还代表着中国古代先民对自然界和社会人生的集中关照和认识，并通过规范思维与行为的方式主导着社会生活各个方面。关于天命观与我们每一个人的关系，钱穆先生这样认为：中国人是把"天"与"人"和合起来看。中国人认为"天命"就表露在"人生"上。离开"人生"，也就无从来讲"天命"。离开"天命"，也就无从来讲"人生"，所以中国古人认为"人生"与"天命"最高贵最伟大处，便在能把他们两者和合为一。离开了人，又从何处来证明有天？所以中国古人，认为一切人文演进都顺从天道来。违背了天命，即无人文可言。中国人之"天人合一"论，能得宇宙人生会通合一之真相。在中国思想中，"天""人"两者间，并无"隐""现"分别。除却"人生"，你又何处来讲"天命"。这种观念，除了中国古人，亦为世界其他人类所少有。"天命""人生"和合为一，这一观念，中国古人早有认识。可以说，"天人合一"观，是中国古代文化最古老最有贡献的一种主张。[2]

1　孟慧英：《萨满教的天神与天命》，《内蒙古社会科学》2000年第1期。

2　钱穆：《中国文化中的"天人合一观"》，《中国文化》1991年第4期。

综上所述，中国北方部族的天（腾格里）崇拜，汉代就已经完成“奉天承运”和“天谴弗违”的从自然崇拜到哲学宗教思想体系的构建。无论是从文化机理与核心内涵看，还是从历史发展过程看都趋同于“天命观”，可以明确地说腾格里崇拜与天命崇拜完全属于一个文化系统。

本章节讨论天命、天命观念、天命观，目的在于说明天山区域早期居民以及之后的各历史时期居民，共同信仰天命，康家石门子岩刻画巨幅岩刻人像就蕴含着同样的天命观念。这一点过去从未得到过关注，目前提出来是因为它十分重要。至少我们可以明确两点：一是早期制作和崇拜康家石门子岩刻画的天山居民与同时期内地居民拥有几乎一样的天命观念；二是，此后数千年的历史过程中西域居民同样信仰天命，与内地居民拥有一样的天命观念，二者的文化底蕴都是以中国传统天命观为基本根脉。这对于理解康家石门子岩刻画的文化底蕴和核心内容至关重要。

至此，我们关于康家石门子岩刻画主要人像与山体环境文化内涵的讨论也告一段落，归纳而言本书认为年代大致为距今3000年左右的康家石门子第一阶段上区岩刻画人像与山体环境所展现的集体性、规模性的代表女神（生命与再生）、太阳（天）、山岳、神树崇拜方面文化曾于春秋战国时期传播到四川西南部地区和云贵一带，并直接影响或与当地同质文化融合发展，促使四川凉山彝族自治州盐源青铜树形器出现。而盐源青铜树形器则是中国西南地区汉魏时期风行一时的西王母主题青铜摇钱树的来源，是《山海经》等中国古文献及各地考古发现的西王母人物造型的重要文化原型，对中国古代特别是西南地区的西王母信仰观念的变迁具有深远的影响。因而天山康家石门子岩刻画所蕴含的女神崇拜、天崇拜、神树崇拜、神山崇拜等方面的文化是古代中国西王母文化交流发展现象的源头，中国西王母文化的起源很可能在天山。

主要参考文献

一、古籍

1. [汉] 桓宽著，郭沫若校订《盐铁论读本》，科学出版社，1957年。

2. [汉] 刘安等辑撰，张广保编著《淮南子》，北京燕山出版社，1995年。

3. [汉] 刘安撰，顾迁译注《淮南子》，中华书局，2009年。

4. [汉] 许慎撰，[清] 段玉裁注《说文解字注》经韵楼藏版，上海古籍出版社，1981年。

5. [晋] 常璩著，刘琳校注《华阳国志校注》，巴蜀书社，1984年。

6. [晋] 郭璞注《穆天子传》，上海古籍出版社，1990年。

7. [晋] 郭璞注，[清] 郝懿行笺疏《山海经笺疏》，中华书局，1982年。

8. [清] 郝懿行笺疏《山海经笺疏》，海王邨古籍丛刊，中国书店，1991年。

9.［清］纪昀《阅微草堂笔记》，天津古籍出版社，1994年。

10.［清］让廉《京都风俗志》，北京古籍出版社，1981年。

11.［清］阮元校刻《十三经注疏》，中华书局，1982年。

12.［清］孙星衍、吴人骥校《诸子集成》，中华书局，1996年。

13.［清］孙星衍撰，陈抗、盛冬铃点校《尚书今古文注疏》，中华书局，2004年。

14.［清］索宁安《满洲四礼集》省非堂藏族，嘉庆元年。

15.［清］王树枬等纂修，朱玉麒等整理《新疆图志》，上海古籍出版社，2015年。

16.［清］王先谦《荀子集解》，中华书局，2010年。

17.［清］徐松著，朱玉麒整理《西域水道记》外二种，中华书局，2005年。

18.［清］严可均校辑《全上古三代秦汉三国六朝文》全晋文卷，中华书局，1958年。

19.［清］姚福均《铸鼎余闻》，上海大东书局，1937年。

20.［清］于敏中等编纂《日下旧闻考》，北京古籍出版社，1981年。

21.［宋］洪兴祖编，白化文等校点《楚辞补注》，中华书局，2001年。

22.［唐］李泰等著，贺次君辑校《括地志辑校》，中华书局，1980年。

23.［唐］欧阳询撰，汪绍楹校《艺文类聚》，上海古籍出版社，1982年。

24.［唐］徐坚等《初学记》，中华书局，1962年。

25.［唐］玄奘、辩机著，季羡林等校注《大唐西域记校注》，中华书局，1985年。

26.［唐］李延寿《北史》，中华书局，1997年。

27.［汉］班固《汉书》，中华书局，1962年。

28.［宋］范晔《后汉书》，中华书局，1965年。

29.［元］脱脱等《金史》，中华书局，1975年。

30. 额尔登泰、乌云达赉校勘《蒙古秘史》校勘本，内蒙古人民出版社，1980年。

31. 内蒙古地方志编纂委员会总编室《内蒙古史志资料选编》。

32.［晋］陈寿撰，［宋］裴松之注《三国志》，中华书局，1969年。

33.［汉］司马迁著，［宋］裴骃集解，［唐］司马贞索隐，［唐］张守节正义《史记》，中华书局，2003年。

34.［唐］长孙无忌等撰《隋书经籍志》，中华书局，1985年。

35.［唐］魏征等《隋书》，中华书局，1973年。

36.［清］傅恒等奉敕撰《西域同文志》，乾隆二十八年武英殿刻本。

37.［明］宋濂等《元史》，中华书局，1976年。

38.［唐］令狐德棻等《周书》，中华书局，1971年。

39.［清］毕沅图注《山海经图说》，上海会文堂书局，1917年。

40. 李民、王健《尚书译注》，上海古籍出版社，2004年。

41. 徐元诰撰，王树民、沈长云点校《国语集解》，中华书局，2002年。

42. 杨伯峻《春秋左传注》，中华书局，1990年。

43. 中国第一历史档案馆、中国社会科学院历史研究所译注《满文老档》，中华书局，1990年。

44. 余大钧译注《蒙古秘史》，河北人民出版社，2001年。

45. 辽宁大学历史系编《清太宗实录》打印稿，1978年。

46. [明]刘侗、于奕正《帝京景物略》，北京出版社，1963年。

47. 钟兴麒等校注《西域图志校注》，新疆人民出版社，2002年。

48. 周秉钧《尚书易解》，华东师范大学出版社，2010年。

49. [宋]彭大雅著，王国维笺证《黑鞑事略笺证》，文殿阁书庄，1936年。

50. 袁珂校注《山海经校注》(修订本)，巴蜀书社，1992年。

51. 袁珂校注《山海经校注》，上海古籍出版社，1980年。

二、辞书

1. 安双成主编《汉满大辞典》，辽宁民族出版社，2007年。

2. 冯承钧原编，陆峻岭增订《西域地名》，中华书局，1980年。

3. 冯志文等编著《西域地名词典》，新疆人民出版社，2002年。

4. 胡增益主编《新满汉大词典》，新疆人民出版社，1994年。

5. 刘厚生等编《汉满词典》，民族出版社，2005年。

6. 麻赫默德·喀什噶里《突厥语大词典》，民族出版社，

2002年。

7. 麻赫穆德·喀什噶里《突厥语大词典》，新疆人民出版社，1984年。

8. 达·巴特尔主编，内蒙古自治区社会科学院蒙古语言文字研究所编《汉蒙词典》，民族出版社，2005年。

9.《中国各民族宗教与神话大词典》编审委员会编《中国各民族宗教与神话大词典》，学苑出版社，1993年。

三、专著、主编作品及文集

1. 陈梦家《殷虚卜辞综述》，中华书局，1988年。

2. 谢彬著，杨镰、张颐青整理《新疆游记》，新疆人民出版社，2010年。

3. 陈兆复《古代岩画》，文物出版社，2002年。

4. 呼图壁县地名委员会编《呼图壁县地名图志》，内部资料，1985年。

5. 中国社会科学院历史研究所编，郭沫若主编，胡厚宣总编辑《甲骨文合集》，中华书局，1999年。

6. 中国科学院考古研究所编辑《甲骨文编》，中华书局，1965年。

7. 丁山《中国古代宗教与神话考》，上海书店出版社，2011年。

8. 朱东润主编《中华文史论丛》第七辑（复刊号），上海古籍出版社，1978年。

9. 方诗铭、王修龄辑录《古本竹书纪年辑证》，上海古籍出版社，1981年。

10. 冯友兰《中国哲学史》上册，商务印书馆，1947年。

11. 管彦波《民族地理学》，社会科学文献出版社，2011年。

12. 甘肃省博物馆编，韩博文主编《甘肃彩陶》，科学出版社，2008年。

13. 韩儒林《穹庐集——元史及西北民族史研究》，上海人民出版社，1982年。

14. 何世明《基督教与儒学对谈》，宗教文化出版社，1999年。

15. 何星亮《中国自然神与自然崇拜》，生活·读书·新知三联书店上海分店，1992年。

16. 何志国《汉魏摇钱树初步研究》，科学出版社，2007年。

17. 黄怀信《逸周书校补注译》，西北大学出版社，1996年。

18. 黄文弼《新疆考古发掘报告(1957—1958)》，文物出版社，1983年。

19. 成都文物考古研究所编著《成都考古研究》(一)，科学出版社，2009年。

20. 成都文物考古研究所编著《成都考古研究》(三)，科学出版社，2016年。

21. 劳思光《新编中国哲学史》第一卷，三民书局股份有限公司，1981年。

22. 李青《古楼兰鄯善艺术综论》，中华书局，2005年。

23. 李肖冰《中国新疆古代陶器图案纹饰艺术》，新疆人民出版社、浙江教育出版社，2000年。

24. 李永宪《西藏原始艺术》，河北教育出版社，2000年。

25. 李志超《易道主义：中国古典哲学精华》，科学出版社，2017年。

26. 凉山彝族自治州博物馆、成都文物考古研究所编著《老龙头墓地与盐源青铜器》，文物出版社，2009年。

27. 刘泽华、葛荃主编《中国古代政治思想史》(修订本)，南开大学出版社，2001年。

28. 罗振玉《增订殷虚书契考释》，东方学会，1927年。

29. 胡厚宣主编，王宇信、杨升南总审校《甲骨文合辑释文》，中国社会科学出版社，1999年。

30. 田广金、郭素新编著《鄂尔多斯式青铜器》，文物出版社，1986年。

31. 牟钟鉴、张践《中国宗教通史》修订版，中国社会科学出版社，2007年。

32. 新疆文物考古研究所主编，穆舜英、祁小山编著《新疆彩陶》，文物出版社，1998年。

33. 欧阳洁编著《女性与社会权力系统》，辽宁画报出版社，2000年。

34. 孟慧英《尘封的偶像——萨满教观念研究》，北京出版社，2000年。

35. 芮明传、余太山《中西纹饰比较》，上海古籍出版社，1995年。

36. 宋兆麟《生育神与性巫术研究》，文物出版社，1990年。

37. 汤可可《中国钱币文化》，天津人民出版社，2004年。

38. 王炳华《西域考古历史论集》，中国人民大学出版社，2008年。

39. 王炳华《原始思维化石——呼图壁生殖崇拜岩刻》，商务印书馆，2014年。

40. 王仁湘《中国史前考古论集》，科学出版社，2003年。

41. 王仲荦著，郑宜秀整理《敦煌石室地志残卷考释》，中华书局，2007年。

42. 萧兵、叶舒宪《老子的文化解读：性与神话学之研究》，湖北人民出版社，1994年。

43. 谢端琚《甘青地区史前考古》，文物出版社，2002年。

44. 新疆维吾尔自治区文物事业管理局等主编《新疆文物古迹大观》，新疆美术摄影出版社，1999年。

45. 新疆文物考古研究所编著，王明哲主编《新疆察吾乎——大型氏族墓地发掘报告》，东方出版社，1999年。

46. 新疆维吾尔自治区文物考古研究所主编，王炳华编著《新疆天山生殖崇拜岩画》，文物出版社，1990年。

47. 徐锡台《周原甲骨文综述》，三秦出版社，1987年。

48. 徐旭生《中国古史的传说时代》(增订本)，文物出版社，1985年。

49. 叶舒宪《千面女神》，上海社会科学院出版社，2004年。

50. 于省吾《甲骨文字释林》，中华书局，1979年。

51. 张碧波、董国尧主编《中国古代北方民族文化史》专题文化卷，黑龙江人民出版社，1995年。

52. 张立文《中国哲学范畴发展史》，中国人民大学出版社，1988年。

53. 张增祺主编《滇国青铜艺术》，云南人民出版社、云南美术出版社，2000年。

54. 赵国华《生殖崇拜文化论》，中国社会科学出版社，1990年。

55. 赵力光、李文英编著《中国古代铜镜》，陕西人民出版社，1997年。

56. 呼图壁县志编纂委员会编，周万兴等主编《呼图壁县志》，新疆人民出版社，1992年。

57. 朱伯雄主编《世界美术史》第一卷，山东美术出版社，2006年。

58. 朱芳圃著，王珍整理《中国古代神话与史实》，中州书画出版社，1982年。

59. 朱天顺《中国古代宗教初探》，上海人民出版社，1982年。

60. 宿白主编《苏秉琦与当代中国考古学》，科学出版社，2001年。

61. 贺灵《锡伯族的原始信仰研究》内部油印本，1989年。

62. 霍巍《西南考古与中华文明》，巴蜀书社，2011年。

63. 林梅村《古道西风——考古新发现所见中西文化交流》，生活·读书·新知三联书店，2000年。

64. 林沄《林沄学术文集》，中国大百科全书出版社，1998年。

65. 蒙文通《巴蜀古史论述》，四川人民出版社，1981年。

66. 文物出版社编辑部编《文物与考古论集》，文物出版社，1986年。

67.《考古文物研究——纪念西北大学考古专业成立四十周年文集》，三秦出版社，1996年。

68. 云南省博物馆编，张增祺著《中国西南民族考古》，云南人民出版社，1990年。

四、期刊

1. 巴音格楞蒙古自治州文管所《且末县扎洪鲁克古墓葬1989年清理简报》,《新疆文物》1992年第2期。

2. 陈港娟、任萌《盐源铜树形器性质及来源研究》,《文博》2018年第4期。

3. 霍巍《西藏曲贡村石室墓出土的带柄铜镜及其相关问题初探》,《考古》1994年第7期。

4. 丛德新、罗志宏《重庆巫山县东汉鎏金铜牌饰的发现与研究》,《考古》1998年第2期。

5. 费孝通《谈深入开展民族调查问题》,《中南民族大学学报(人文社会科学版)》1982年第3期。

6. [美]傅伟勋《儒家思想的时代课题及其解决线索》,《孔子研究》1987年第4期。

7. 盖山林《岩画学刍议》,《潜科学杂志》1983年第6期。

8. 甘肃省博物馆《武威皇娘娘台遗址第四次发掘》,《考古学报》1978年第4期。

9. 甘肃省博物馆大地湾发掘小组《甘肃秦安王家阴洼仰韶文化遗址的发掘》,《考古与文物》1984年第2期。

10. 孟慧英《萨满教的天神与天命》,《内蒙古社会科学》2000年第1期。

11. 郭静云《殷商的上帝信仰与“帝”字字形新解》,《南方文物》2010年第2期。

12. 郭沫若《古代文字之辩证的发展》,《考古学报》1972年第1期。

13. 郭物《通过天山的沟通——从岩画看吉尔吉斯斯坦和中国新疆在早期青铜时代的文化联系》,《西域研究》2011年第3期。

14. 何志国《摇钱树内涵溯源》,《中华文化论坛》2000年第4期。

15. 何志国《陕南出土的摇钱树佛教图像》,《中原文物》2008年第5期。

16. 刘来成《河北怀来北辛堡战国墓》,《考古》1966年第5期。

17. 贺西林《东汉钱树的图像及意义——兼论秦汉神仙思想的发展、流变》,《故宫博物院院刊》1998年第3期。

18. 黄瑞英《先秦“天命”观的发展及其道德内涵——从周公到孔子》,《南京邮电学院学报(社会科学版)》2005年第4期。

19. 李绍明《马长寿与藏彝民族走廊研究》,《广西民族大学学报(哲学社会科学版)》2008年第6期。

20. 李树辉《康家石门子岩画的创作者和创作年代》,《西北民族大学学报(哲学社会科学版)》2013年第4期。

21. 李帅《盐源出土人兽纹铜树形器渊源考》,《江汉考古》2016年第1期。

22. 李逸友《内蒙古和林格尔县出土的铜器》,《文物》1959年第6期。

23. 李友广《先期天命观念溯源》,《理论界》2009年第2期。

24. 练春海《汉代艺术与信仰中的天梯》,《民族艺术》2009年第4期。

25. 辽宁省昭乌达盟文物工作站、中国科学院考古研究所东北工作队《宁城县南山根的石椁墓》,《考古学报》1973年第2期。

26. 林梅村《吐火罗人的起源与迁徙》,《西域研究》2003年第3期。

27. 林向《四川西南山地盐源盆地出土的战国秦汉青铜树》,《华夏考古》2001年第3期。

28. 刘成、陈金宝、高莉《浅谈岩画保护理论与实践——以新疆呼图壁康家石门子岩画保护为例》,《中国岩画》2016年第1期。

29. 刘弘《若木·神树·鸡杖》,《四川文物》1998年第5期。

30. 刘世旭《四川盐源县出土的人兽纹青铜祭祀枝片考释》,《四川文物》1998年第5期。

31. 刘学堂《丰产巫术:原始宗教的一个核心——新疆考古新发现的史前丰产巫术遗存》(上),《新疆师范大学学报(哲学社会科学版)》2007年第2期。

32. 户晓辉《跨文化视野下的呼图壁生殖岩画》,《西域研究》

1994年第1期。

33. 吕微《“昆仑”语义释源》，《民间文学论坛》1987年第5期。

34. 牛汝辰《天山（祁连）名称考源》，《中国地名》2016年第9期。

35. 钱穆《中国文化中的“天人合一观”》，《中国文化》1991年第4期。

36. 沈艳《“卍”字纹初探》，《数位时尚（新视觉艺术）》2011年第6期。

37. 宋耀良《呼图壁岩画对马图符研究》，《文艺理论研究》1990年第5期。

38. 宋兆麟《中国史前的女神信仰》，《中国历史博物馆馆刊》1995年第1期。

39. 苏北海《龟兹石窟壁画裸体艺术溯源》，《新疆艺术》1989年第6期。

40. 刘弘、唐亮《老龙头墓葬和盐源青铜器》，《中国历史文物》2006年第6期。

41. 田广金《桃红巴拉的匈奴墓》，《考古学报》1976年第1期。

42. 童恩正《我国西南地区青铜剑的研究》，《考古学报》1977年第2期。

43. 王炳华《呼图壁县康家石门子生殖崇拜岩雕刻画》，《新疆文物》1988年第2期。

44. 王志俊《关中地区仰韶文化刻划符号综述》，《考古与文物》1980年第3期。

45. 乌恩《哲学、宗教学视野中的蒙古萨满教》,《内蒙古社会科学》1995年第6期。

46. 巫新华《试析天山康家石门子岩画的早期西王母文化意涵》,《新疆艺术》2017年第5期。

47. 巫新华《丝路新疆——沟通亚欧大陆各古代文明的十字路口》(上),《新疆艺术》2015年第5期。

48. 巫新华《天山康家石门子岩画与古代中外交流》,《原道》2018年第2期。

49. 吴妍春、王立波《西域高尖帽文化解析》,《西域研究》2004年第1期。

50. 新疆考古所《新疆和硕新塔拉遗址发掘简报》,《考古》1988年第5期。

51. 新疆维吾尔自治区博物馆考古队《新疆奇台县半截沟新石器时代遗址》,《考古》1981年第6期。

52. 霍巍《再论西藏带柄铜镜的有关问题》,《考古》1997年第11期。

53. 新疆文物考古研究所、石河子军垦博物馆《石河子文物普查简报》,《新疆文物》1998年第4期。

54. 新疆文物考古研究所、石河子市博物馆《石河子市古墓》,《新疆文物》1994年第4期。

55. 新疆文物考古研究所、吐鲁番地区文物局《鄯善洋海一号墓地发掘简报》,《新疆文物》2004年第1期。

56. 新疆文物考古研究所《2002年小河墓地考古调查与发掘

报告》,《边疆考古研究》2004年第1期。

57. 新疆文物考古研究所《新疆罗布泊小河墓地2003年发掘简报》,《文物》2007年第10期。

58. 新疆文物考古研究所等《托里县萨孜村古墓葬》,《新疆文物》1996年第2期。

59. 徐心希《试论商周神权政治的构建与整合——兼论商周时期的日神与天神崇拜》,《殷都学刊》2006年第1期。

60. 叶舒宪《西王母神话:女神文明的中国遗产》,《百色学院学报》2011年第5期。

61. 叶舒宪《伊甸园生命树、印度如意树与“琉璃”原型通考——苏美尔青金石神话的文明起源意义》,《民族艺术》2011年第3期。

62. 云南省博物馆文物工作队《云南德钦永芝发现的古墓葬》,《考古》1975年第4期。

63. 翟国强《北方草原文化南渐研究——以滇文化为中心》,《思想战线》2014年第3期。

64. 张光直《濮阳三跷与中国古代美术上的人兽母题》,《文物》1988年第11期。

65. 张嘉馨、吴楚克《康家石门子岩画调查与研究之一》,《艺术探索》2018年第4期。

66. 张茂华《“摇钱树”的定名、起源和类型问题探讨》,《四川文物》2002年第1期。

67. 赵慧民《西藏曲贡出土的铁柄铜镜的有关问题》,《考古》

1994年第7期。

68. 周志清《滇风北渐——滇文化因素在川西高原的扩散》，《成都文物》2013年第4期。

69. 陈炜湛《汉字起源试论》，《中山大学学报（社会科学版）》1978年第1期。

70. 周志清《浅议川、滇西部青铜文化中的“北方草原因素”遗物及其文化因素》，《考古与文物》2007年增刊。

71. 新疆博物馆、和硕县文化馆《和硕县新塔拉、曲惠原始文化遗址调查》，《新疆文物》1986年第1期。

五、学位论文及会议论文

1. 刘隽《摇钱树及其图像的初步研究》，四川大学硕士学位论文，2005年。

2. 罗佳《东天山地区史前艺术考论》，西安美术学院博士学位论文，2013年。

3. 邵会秋《新疆史前时期文化格局的演进及其与周邻地区文化的关系》，吉林大学博士学位论文，2007年。

4. 赵允卿《东北民族天神崇拜研究》，中央民族大学民族学与社会学学院博士学位论文，2005年。

5. 乌兰《蒙古族腾格里信仰研究》，中央民族大学哲学与宗教学学院博士学位论文，2017年。

6. 刘国祥《红山文化研究》，中国社会科学院研究生院博士学位论文，2015年。

7. 张勤《西王母神话传说研究》，苏州大学博士学位论文，2005年。

8. 王小健《有关远古女神崇拜的几种解释》，载《中国古代社会与思想文化研究论集》第三辑，中国会议数据库，2008年。

六、译著

1. ［埃及］尼阿玛特·伊斯梅尔·阿拉姆著，朱威烈、郭黎译《中东艺术史·古代》，上海人民美术出版社，1985年。

2. ［德］埃利希·诺伊曼著，李以洪译《大母神——原型分析》，东方出版社，1998年。

3. ［德］恩斯特·卡西尔著，甘阳译《人论》，上海译文出版社，2004年。

4. 中共中央马克思、恩格斯、列宁、斯大林著作编译局编《马克思恩格斯选集》，人民出版社，1972年。

5. ［法］丹尼、马松主编，芮传明译《中亚文明史》第一卷，中国对外翻译出版公司，2002年。

6. ［法］雷纳·格鲁塞著，龚钺译，翁独健校《蒙古帝国史》，商务印书馆，1989年。

7. ［法］雷奈·格鲁塞著，常任侠、袁音译《东方的文明》，中华书局，1999年。

8. ［法］列维－布留尔著，丁由译《原始思维》，商务印书馆，1981年。

9. ［美］马丽加·金芭塔丝著，苏永前、吴亚娟译，祖晓伟校《女神的语言：西方文明早期象征符号解读》，社会科学文献出版社，2016年。

10.［美］米里亚姆·R.德克斯特主编，［美］马丽加·金芭塔丝著，叶舒宪等译《活着的女神》，广西师范大学出版社，2008年。

11.［日］池田知久著，王启发、曹峰译《道家思想的新研究——以〈庄子〉为中心》，中州古籍出版社，2009年。

12.［日］松田寿男著，陈俊谋译《古代天山历史地理学研究》，中央民族学院出版社，1987年。

13.［苏联］H.M.休金娜著，姬增禄、阎菊玲译《中央亚细亚地图是怎样产生的》，新疆人民出版社，2012年。

14.［伊朗］贾利尔·杜斯特哈赫选编，元文琪译《阿维斯塔——琐罗亚斯德教圣书》，商务印书馆，2005年。

15.［英］道森编，吕浦译，周良霄注《出使蒙古记》，中国社会科学出版社，1983年。

16.［亚美尼亚］乞剌可思·刚扎克赛等著，何高济译《海屯行纪·鄂多立克东游录·沙哈鲁遣使中国记》，中华书局，1981年。

17.［法］M.耶律亚德著，杨儒宾译《宇宙与历史：永恒回归的神话》，联经出版事业公司，2000年。

18.［美］O.A.魏勒著，历频译《性崇拜》，中国文联出版公司，1988年。

后　记

与康家石门子岩刻画结缘，源自2016年呼图壁县委县政府的邀请，以及好友的多次促请。2016年11月，笔者协同中央电视台“探索·发现”栏目黄大路、王静等友人前往呼图壁进行考察与纪录片拍摄。

在康家石门子岩刻画考察过程中，黄大路导演提供了西昌博物馆一幅盐源县出土的青铜树形器的照片。仔细揣摩，不禁一惊：眼前岩刻画中主要人像与青铜树形器居中的人像仿佛穿越时空的一对孪生姊妹，冥冥中舞动起来。瞬间的图景，随即成为我日后工作的重点，也是本书的缘起。

在呼图壁县委宣传部、县文旅广新局、县文物局的支持与帮助下，经进一步详细考察，我们发现，康家石门子岩刻画绝大多数画面存在后期人为介入增加凿刻的痕迹——即后来者在最早的岩刻画画面上附加凿刻了新的画，考古学术语称这种添加现象为“打破关系”。

随后的考古调查工作便沿着这个思路展开。呼图壁县委宣传部随即邀请四川省文博考古研究院院长高大伦亲临现场考察。高大伦教授的考察结论与笔者的学术推论、判断完全一致。其间，县文物局专家详细介绍了康家石门子岩刻画保护项目负责人刘成团队之前关于岩刻画存在打破关系，许多岩刻画画面是不同历史阶段附加雕刻而成的观点，对此我们大家也一致认可。

2017年5—7月，呼图壁县委宣传部为做好康家石门子岩刻画进一步研究与旅游文化开发利用工作，与中国社会科学院考古研究所新疆考古队合作，联合组成康家石门子岩刻画考古调查组，进行了细致的考古田野调查，并形成初步的田野调查报告。

同年8月2日至5日，在呼图壁县委县政府的支持下，中国社会科学院世界宗教研究所当代宗教研究室主任陈进国研究员、首都师范大学儒教文化研究中心主任陈明教授、国家博物馆考古部主任杨林研究员、中央民族大学考古学系主任肖小勇教授、成都文物考古研究院院长王毅研究员、四川省凉山彝族自治州西昌市考古所所长与博物馆馆长唐亮研究员、成都文物考古研究院院长助理周志清副研究员、马来西亚学者西王母研究专家王琛发教授、中国社会科学院边疆研究所王宇副研究员、伊犁师范大学历史学院丁磊副教授等海内外专家学者对新疆呼图壁县康家石门子岩刻画进行了深入的实地考察，并召开了多场学术讨论，大家就以上发现达成共识。

2019年初，昌吉回族自治州党委宣传部启动“昌吉州丝绸之路文化丛书”项目，笔者有幸参与其中，在呼图壁县委县政府以及宣传部的支持下承担了《天山女神——康家石门子岩刻画文化探新》的写作任务，2020年初完成初稿。其间，蒙昌吉州、呼图壁县以及学界同仁不辞辛劳的指导、帮助与督促，使笔者在学术与书稿写作方面获益匪浅。

在此，借书稿付梓之际，诚挚感谢昌吉州党委宣传部，呼图壁县委县政府、县委常委、县宣传部、县文旅广新局、县文物局等各级机构与领导的大力支持和帮助。同时，感谢昌吉州、呼图壁县以及所有给予我无私帮助的朋友，正是得益于你们的支持与鼓励才有本书观点的系统呈现。

由于本人水平有限，加之选题创新难度较大以及落笔仓皇，故书稿难免存在疏漏之处，希望各界朋友多多谅解并批评指正！